A nova idade das trevas

James Bridle

A nova idade das trevas

A tecnologia e
o fim do futuro

tradução
Érico Assis

todavia

Para Navine

I.

Cova

"Ah, se a tecnologia tivesse inventado um jeito de te achar em caso de emergência", meu computador dizia sem parar.

Depois do resultado das eleições de 2016 nos Estados Unidos, assim como vários conhecidos, e quem sabe incitado pela mentalidade de manada das redes sociais, comecei a assistir de novo a *West Wing: Nos bastidores do poder* — um exercício de nostalgia diante da impotência. Não ajudou em nada, mas me rendeu o vício, quando estava sozinho, de assistir a um ou dois episódios por noite, na volta do trabalho ou durante viagens de avião. Depois de ler as últimas pesquisas apocalípticas sobre mudança climática, vigilância absoluta e incertezas no contexto político global, um teatrinho neoliberal da década passada não era o pior lugar para se esconder. Então chega a noite em que estou na metade de um episódio da terceira temporada e Leo McGarry, chefe de gabinete do presidente Bartlett, está arrependido por ter participado de uma reunião do AA e, em decorrência dela, ter perdido o estágio inicial de uma emergência.

"O que você teria feito há meia hora que já não fizeram?", o presidente pergunta.

"Eu saberia há meia hora o que sei agora", responde McGarry. "É exatamente por isso que eu nunca mais vou a essas reuniões: são um luxo."

Bartlett circunda McGarry, provocando-o: "Eu sei. Ah, se a tecnologia tivesse inventado um jeito de te achar em caso de emergência! Quem sabe um aparato telefônico com número personalizado, para o qual pudéssemos ligar e informar que precisamos do senhor...". O presidente enfia a mão no bolso de Leo e tira seu celular: "Quem sabe uma coisinha que nem esta, sr. Moto!".

Só que o episódio não continuava. A imagem na tela mudava, mas meu laptop tinha travado e uma frase do áudio se repetia em loop: "Ah, se a tecnologia tivesse inventado um jeito de te achar em caso de emergência! Ah, se a tecnologia tivesse inventado um jeito de te achar em caso de emergência! Ah, se a tecnologia tivesse inventado um jeito de te achar em caso de emergência!".

Este livro trata do que a tecnologia tenta nos dizer em caso de emergência. Também é um livro a respeito do que sabemos, de como sabemos e do que não temos como saber.

Ao longo do último século, a aceleração tecnológica transformou nosso planeta, nossa sociedade e nós mesmos, mas não conseguiu transformar o entendimento que temos dessas coisas. Os motivos são complexos e as respostas também, no mínimo porque estamos absolutamente emaranhados em sistemas tecnológicos que, por sua vez, moldam a maneira como agimos e pensamos. Não podemos viver à parte deles; não conseguimos pensar sem eles.

Nossas tecnologias são cúmplices nos maiores desafios atuais: um sistema econômico descontrolado que precariza milhões de pessoas e continua a ampliar o abismo entre ricos e pobres; o colapso do consenso político e social em todo o globo, que resulta na ascensão de nacionalismos, divisões sociais, conflitos étnicos e guerras nas sombras; e um clima em aquecimento, uma ameaça existencial a todos nós.

Perpassando ciência e sociedade, política e educação, guerra e comércio, as novas tecnologias não apenas incrementam nossas aptidões, mas também as moldam e nos dirigem com um propósito, que pode ser benéfico ou maléfico. Cada vez mais é necessário pensar as novas tecnologias de outras maneiras, criticá-las, para ter uma participação significativa nesse moldar e dirigir. Se não entendemos como as tecnologias complexas funcionam, como os sistemas tecnológicos se interconectam e como os sistemas de sistemas interagem, ficamos impotentes dentro desses sistemas, e o potencial que eles têm é aprisionado de maneira ainda mais fácil pelas elites egoístas e por corporações desumanas. Exatamente pelo fato de que as tecnologias interagem entre si de modos inesperados, em geral estranhos, e já que estamos completamente emaranhados nelas, esse entendimento não pode ser limitado aos aspectos práticos de como as coisas vieram a ser, e como elas continuam a funcionar no mundo de formas que costumam ser invisíveis e entrelaçadas. O que é necessário não é compreensão, mas alfabetização.

A alfabetização real em relação aos sistemas consiste em muito mais do que apenas entendê-los, e pode ser compreendida e praticada de várias maneiras. Vai além do uso funcional do sistema e abrange o contexto e suas consequências. Recusa-se a ver a aplicação de um só sistema como panaceia, insistindo na inter-relação de todos eles e nas limitações inerentes a qualquer solução única. O alfabetizado é fluente não só no idioma de um sistema, mas em sua metalinguagem — a linguagem que ele usa para falar de si e para interagir com outros sistemas —, e é sensível às limitações e aos usos e abusos potenciais da metalinguagem. O alfabetizado está, crucialmente, apto tanto a criticar quanto a responder às críticas.

Um dos argumentos que se costuma apresentar em reação ao entendimento fraco que o público tem da tecnologia é o apelo para que se incremente a instrução tecnológica — no modo mais simples, que se ensine programação. O apelo é feito com frequência por políticos, tecnologistas, eruditos e líderes empresariais, e costuma ser apresentado em termos abertamente funcionais e pró-mercado: a economia da informação precisa de mais programadores, e um dia as crianças vão precisar de emprego. É um bom começo. Mas aprender a programar não basta, assim como aprender a instalar uma pia não é suficiente para entender as complexas interações entre lençóis freáticos, geografia política, infraestrutura decadente e política social que define, molda e gera os verdadeiros sistemas de suporte à vida em sociedade. O mero entendimento funcional dos sistemas é insuficiente; também é necessário pensar em histórias e consequências. De onde vieram tais sistemas, quem os projetou e para quê, e quais dessas intenções ainda os espreitam hoje?

O segundo perigo no entendimento puramente funcional da tecnologia é o que eu chamo de pensamento computacional. O pensamento computacional é uma extensão do que os outros chamaram de solucionismo: a crença de que qualquer problema se resolve quando se aplica a computação. Seja qual for o problema prático ou social pelo qual passamos, existe um app. Mas o solucionismo também é insuficiente; essa é uma das coisas que a tecnologia tenta nos dizer. Além desse erro, o pensamento computacional pressupõe — muitas vezes em nível inconsciente — que o mundo é de fato como os solucionistas propõem. Ele internaliza o solucionismo a tal nível que é impossível pensar ou articular o mundo em termos que não sejam computáveis. O pensamento computacional é predominante no mundo atual, impulsionando as piores tendências em nossas sociedades e interações, e devemos nos opor a ele com a alfabetização efetiva em sistemas. Se a filosofia é aquela fração do pensamento humano que lida com o que a ciência não pode explicar, então a alfabetização em sistemas é o pensamento que lida com um mundo que não é computável, embora reconheça que ele é irrevogavelmente moldado e animado pela computação.

O ponto fraco de "aprender programação" por si só também pode ser discutido pelo lado oposto: você devia estar apto a entender sistemas tecnológicos sem ter de aprender a programar, assim como não é necessário ser encanador para usar o banheiro, e tampouco viver com medo de que seu encanamento queira matá-lo. Mas não se deve descartar a possibilidade de que seu encanamento deseje sua morte: os sistemas computacionais complexos embasam a maior parte da infraestrutura social contemporânea e, se eles não forem seguros para o uso do público, não há alfabetização e instrução suficiente sobre sua malignidade que vá nos salvar a longo prazo.

Neste livro, vamos falar um pouco do encanamento, mas a cada passo também precisamos ter em mente as necessidades dos que não são encanadores: a de entender e mesmo conviver com o que nem sempre entendemos. Costuma ser um suplício conceber e descrever o objetivo e a escala das novas tecnologias — ou seja, temos dificuldade até para pensar na tecnologia. Não precisamos de tecnologia nova, e sim de novas metáforas: uma metalinguagem para descrever o mundo que os sistemas complexos geraram. Uma nova abreviatura, que ao mesmo tempo reconheça e trate da realidade em um mundo no qual as pessoas, a política, a cultura e a tecnologia estão absolutamente emaranhadas. Sempre estivemos conectados — de maneira desigual, ilógica, alguns mais do que outros, mas de modo total e inevitável. O que muda na rede é que essa conexão fica visível e é inegável. A todo momento nos deparamos com a interconexão radical entre as coisas e nós, e devemos considerar essa percepção de novas maneiras. É insuficiente falar da internet e de tecnologias amorfas, à parte e sem responsabilização, como coisas que causam ou aceleram o abismo em nosso entendimento e mobilização. Na falta de um termo melhor, uso a palavra "rede" para incluir a nós e a nossas tecnologias em um só vasto sistema — que compreende mobilização e entendimentos humanos e não humanos, saber e não saber, na mesma sopa de mobilização. A cova não está em nós e em nossas tecnologias, mas dentro da própria rede, e é através da rede que passamos a conhecê-la.

Por fim, a alfabetização em sistemas possibilita, executa e reage a críticas. Os sistemas que vamos discutir são críticos demais para ser pensados, entendidos, projetados e aplicados por poucos, sobretudo quando esses poucos se alinham muito fácil com — ou são subordinados a — elites e estruturas de poder antiquadas. Há uma relação concreta e causal entre a complexidade dos sistemas com que nos deparamos todos os dias; a opacidade com que a maioria desses sistemas é montada ou descrita; e as questões fundamentais e globais de desigualdade, violência, populismo e fundamentalismo. Muitas vezes as novas tecnologias são apresentadas como se fossem inerentemente emancipatórias, mas isso é em si mesmo um exemplo do pensamento computacional, do qual somos culpados. Aqueles entre nós que fomos os primeiros usuários e apoiadores das novas tecnologias, que tivemos a experiência de seus diversos prazeres e que nos beneficiamos das oportunidades, e portanto defendemos, quase sempre por ingenuidade, sua realização mais ampla, não corremos menos risco diante de seu emprego acrítico. Mas a defesa da crítica não se faz a partir de ameaças individuais, tampouco da identificação com os menos afortunados e menos entendidos. O individualismo e a empatia são ambos insuficientes na rede. Tem de haver possibilidade de sobrevivência e solidariedade sem entendimento.

Não vamos e não podemos entender tudo, mas somos capazes de pensar. A capacidade de pensar sem reivindicar, ou mesmo buscar, um entendimento completo é a chave para a sobrevivência na nova idade das trevas porque, como veremos, em geral é impossível entender tudo. A tecnologia é e pode ser guia e auxiliar nesse pensamento, desde que não privilegiemos seu output: os computadores não estão aqui para nos dar respostas, mas são ferramentas para fazer perguntas. Como retomaremos ao longo do livro, entender uma tecnologia de maneira profunda e sistemática geralmente nos possibilita reconstruir suas metáforas a serviço de outros modos de pensar.

A partir dos anos 1950, um novo símbolo começou a surgir nos diagramas que os engenheiros elétricos desenhavam para descrever os sistemas que construíam. O símbolo era um círculo impreciso, ou um fungo, ou um balão de pensamento. Acabou se definindo na forma de uma nuvem. Seja lá em que coisa o engenheiro estivesse trabalhando, ela podia se conectar à rede, e isso era tudo que você tinha de saber. A outra nuvem podia ser um sistema elétrico ou uma troca de dados ou outra rede de computadores, ou o que fosse. Não fazia diferença. A nuvem era uma maneira de reduzir a complexidade: ela nos possibilitava pensar apenas no que estivesse próximo e à mão, e não nos preocupar com o que acontecia do lado de lá. Com o tempo, conforme as redes ficaram maiores e mais conectadas, a nuvem se tornou cada vez mais importante. Sistemas menores eram definidos por sua relação com a nuvem, pela velocidade com que podiam trocar informação com ela, pelo que podiam extrair dela. A nuvem estava ficando mais pesada, tornando-se um recurso: a nuvem podia fazer isso, podia fazer aquilo. A nuvem podia ser potente e inteligente. Tornou-se um jargão empresarial e um argumento de venda. Virou mais do que um código da engenharia; virou uma metáfora.

Hoje, a nuvem é a metáfora central da internet: um sistema global de grande potência e energia que ainda assim retém a aura do numenal e do numinoso, algo quase impossível de entender. Nós nos conectamos à nuvem; trabalhamos na nuvem; guardamos coisas na nuvem e recuperamos coisas dela; pensamos pela nuvem. Pagamos pela nuvem e só a notamos quando ela não funciona. É algo que vivenciamos o tempo todo sem entender de fato o que é e como funciona. Estamos nos treinando para depender da nuvem apenas a partir de uma noção nebulosa do que se confia a ela e o que se confia que ela vai fazer.

Além das vezes em que ela não funciona, a primeira crítica à nuvem é de que se trata de uma metáfora muito ruim. A nuvem não é imponderável; não é amorfa, nem mesmo invisível, se você souber onde procurar. A nuvem não é um lugar distante e mágico, feito de vapor d'água e ondas de rádio, onde tudo funciona. É uma infraestrutura física que consiste em linhas telefônicas, fibra óptica, satélites, cabos no leito oceânico e vastos depósitos cheios de computadores, que consomem imensas quantidades de água e energia e que habitam jurisdições nacionais e legais. A nuvem é um novo tipo de indústria, e é uma indústria voraz. A nuvem não tem só uma sombra; ela tem uma pegada. Foram absorvidos à nuvem muitos dos prédios anteriormente pesados da esfera cívica: os lugares onde compramos, fazemos transações bancárias, socializamos, fazemos empréstimos de livros e votamos. Obscurecidos, eles ficam menos visíveis e menos receptivos a críticas, investigações, preservação e regulamentação.

Outra crítica é que essa falta de compreensão é proposital. Há bons motivos, desde segurança nacional ao sigilo corporativo até vários tipos de infrações, para ofuscar o que há dentro da nuvem. O que evapora é a mobilização e a propriedade: a maioria de seus e-mails, fotos, updates, documentos empresariais, dados relativos a empréstimos na biblioteca e eleições, prontuários médicos, avaliações de crédito, likes, memórias, experiências, preferências personalizadas e desejos reprimidos está na nuvem, na infraestrutura de outra pessoa. Existe um motivo para o Google e o Facebook gostarem de construir *data centers* na Irlanda (impostos mais baixos) e na Escandinávia (luz e resfriamento mais baratos). Há um motivo para que impérios globais, supostamente pós-coloniais, se agarrem a pedacinhos de territórios em disputa (como Diego Garcia e

Chipre): é porque a nuvem pousa nesses pontos e pode-se explorar o status ambíguo que eles têm. A nuvem se molda a geografias de poder e influência, e ajuda a reforçá-las. A nuvem é uma relação de poder, e a maior parte das pessoas não está no alto.

São críticas válidas, e uma maneira de interrogar a nuvem é ver onde está sua sombra: investigar a localização de *data centers* e cabos submarinos e ver o que eles nos dizem a respeito da disposição real do poder em ação hoje. Podemos semear a nuvem, condensá-la e obrigá-la a nos entregar algumas histórias. Conforme ela some, alguns segredos podem ser revelados. Ao entender o modo como a figura da nuvem é usada para ofuscar a verdadeira operação da tecnologia, temos como começar a entender de que maneiras a tecnologia em si esconde sua mobilização — através de máquinas opacas e código inescrutável, assim como distanciamento físico e construtos jurídicos. E, por sua vez, podemos aprender algo a respeito da operação do poder em si, que vinha fazendo esse tipo de coisa muito antes de haver nuvens e caixas-pretas para se ocultar.

Contudo, além dessa visão funcional da nuvem, além de seu reaterramento, podemos virar a figura da nuvem mais uma vez para gerar uma nova metáfora? É possível que a nuvem absorva não só nossa incapacidade de entender, mas nosso entendimento da falta de entendimento? Temos como suplantar o pensamento computacional de base com o pensamento de nuvem, que reconhece o desconhecimento e faz dele chuva produtiva? No século XIV, um autor desconhecido do misticismo cristão escreveu sobre "A nuvem do não saber" que paira entre a humanidade e a divindade: a encarnação da bondade, da justiça e da atitude justa. Essa nuvem não pode ser perfurada pelo pensamento, mas pelo desapego do pensamento, e através da insistência no aqui e agora — não no futuro previsto, computado — como domínio da mobilização. "Corra atrás da experiência, e não do conhecimento", o autor insiste.

"Por motivo de orgulho, o conhecimento pode enganá-lo, mas o afeto gentil e amável não o enganará. O conhecimento tende a alimentar a prepotência, mas o amor constrói. O conhecimento é tomado de trabalho, mas o amor, tomado de descanso."[1] É essa nuvem que buscamos conquistar com a computação, mas que é frequentemente desfeita pela realidade de nosso empenho. O pensamento em nuvem, a adoção do não saber, talvez nos possibilitem reverter o pensamento computacional, e é o que a própria rede nos impulsiona a fazer.

A grande qualidade significante da rede é a falta de uma intenção única e sólida. Ninguém se determinou a criar a rede, ou o maior modelo que se construiu dela, a internet. Com o passar do tempo, sistemas e mais sistemas, culturas e mais culturas foram conectados através de programas públicos e investimentos privados; através de relações pessoais e protocolos tecnológicos; com aço, vidro e elétrons; no espaço físico e no espaço da mente. Por sua vez, a rede deu expressão aos ideais mais abjetos e mais altivos, conteve e alvoroçou os desejos mais mundanos e mais radicais, e praticamente nada disso foi previsto por seus progenitores — que somos todos nós. Não havia e não há problemas a resolver, apenas o empreendimento coletivo: a geração emergente, inconsciente de uma ferramenta para a geração inconsciente. Pensar a rede revela a insuficiência do pensamento computacional e a interconexão de todas as coisas, assim como sua infinitude; ela insiste na necessidade constante de repensar e refletir sobre os pesos e contrapesos, sobre intenção e falhas coletivas, sobre papéis, responsabilidades, preconceitos e possibilidades. É isto que a rede ensina: nada basta, fora tudo.[2]

Nosso grande fracasso em pensar a rede até o momento foi supor que suas ações eram inerentes e inevitáveis. Por inerentes, falo da noção de que emergiram, ex nihilo, das coisas que criamos em vez de envolver nossas próprias ações como parte de sua cocriação. Por inevitável, falo da crença em uma linha direta de progresso tecnológico e histórico à qual nossa resistência é inútil. Tal crença foi atacada repetidamente por pensadores das ciências sociais e da filosofia durante décadas, mas ainda não foi derrotada. Em vez disso, ela foi reificada pela própria tecnologia: em máquinas que supostamente devem levar a cabo seus desejos incrustados. Assim abdicamos de nossas objeções ao progresso linear, caindo na cova do pensamento computacional.

A onda que mais carrega o progresso dos últimos séculos tem sido a ideia central do próprio Iluminismo: que mais conhecimento — mais *informação* — conduz a melhores decisões. Pode-se, é claro, aplicar qualquer conceito de "melhores" que se queira. Apesar das investidas da modernidade e da pós-modernidade, esse pilar central passou a definir não apenas o que é praticado, mas o que é considerado possível a partir das novas tecnologias. Falava-se da internet, em sua juventude, como a "superestrada da informação" — um canal de conhecimento que, pela luz cintilante dos cabos de fibra óptica, ilumina o mundo. Qualquer fato, qualquer quantum de informação, está disponível a um toque no teclado — ou assim nos levaram a crer.

Portanto estamos, hoje, conectados a vastos repositórios de conhecimento, e ainda assim não aprendemos a pensar. Aliás, vale o oposto: aquilo que se pensava para iluminar o mundo, na prática, o escurece. A abundância de informação e a pluralidade de visões de mundo que hoje nos é acessível através da internet não renderam uma realidade consensual coerente, mas a despertada pela insistência fundamentalista em narrativas simplistas, teorias da conspiração e política pós-factual. É em torno dessa contradição que gira a nova idade das trevas: uma era na qual o valor que depositamos no conhecimento é aniquilado pela abundância desse produto rentável, e na qual procuramos em nós mesmos novas maneiras de entender o mundo. Em 1926, H.P. Lovecraft escreveu:

> A coisa mais misericordiosa do mundo, penso eu, é a incapacidade da mente humana em correlacionar todo o seu conteúdo. Vivemos em uma ilha plácida da ignorância em meio a mares negros de infinito, e não se pensou que íamos viajar longe. As ciências, cada uma progredindo em sua direção à parte, até o momento pouco dano nos causaram; mas algum dia a junção do conhecimento dissociado abrirá perspectivas tão apavorantes da realidade, e da posição temível que nela temos, que ou ficaremos loucos com a revelação ou fugiremos da luz mortal na paz e segurança de uma nova idade das trevas.[3]

O modo como entendemos e pensamos nosso lugar no mundo, assim como nossa relação um com o outro e com as máquinas, acabará decidindo se é à loucura ou à paz que nossas tecnologias nos conduzirão. As trevas sobre as quais escrevo não são trevas literais, tampouco representam ausência ou oclusão do conhecimento, como afirma a visão popular da idade das trevas. Não é uma expressão de niilismo nem de desesperança. É, isso sim, uma referência tanto à natureza quanto à oportunidade da crise presente: a aparente incapacidade de enxergar com clareza o que está à nossa frente e agir de forma significativa, com mobilização e justiça, no mundo — e, reconhecendo essas trevas, buscar novas maneiras de ver sob outra luz.

Em seu diário particular, em 18 de janeiro de 1915, nas horas mais cruéis da Primeira Guerra Mundial, Virginia Woolf observou que "o futuro é escuro, o que acredito que seja o melhor que o futuro pode ser". Como Rebecca Solnit escreveu:

É extraordinário declarar que o desconhecido não precisa ser transformado no conhecido através da falsa divinação, ou da projeção de sinistras narrativas políticas ou ideológicas; é uma celebração das trevas, disposta — como indica o *"eu creio"* — a ser incerta até sobre sua própria afirmação.[4]

Donna Haraway aprimora esse raciocínio,[5] observando que Woolf insistiu sobre isso em *Três guinéus*, publicado em 1938:

> Devemos pensar. Que pensemos em escritórios; em ônibus; enquanto estamos na multidão assistindo a Coroações e Desfiles do Lorde Prefeito; pensemos ao passar pelo Cenotáfio; e por Whitehall; na galeria da Casa dos Comuns; nos Tribunais de Justiça; pensemos em batismos e casamentos e funerais. Que nunca cessemos de pensar — o que é essa "civilização" em que nos encontramos? O que são essas cerimônias e por que devíamos fazer parte delas? O que são essas profissões e por que deveríamos ganhar dinheiro com elas? Aonde, em resumo, nos leva essa procissão dos filhos de homens instruídos?[6]

Os conflitos sociais e de classe, as hierarquias e injustiças históricas a que Woolf faz referência em suas procissões e cerimônias em medida alguma se atenuaram hoje, mas alguns dos lugares para pensar nelas mudaram. As multidões que em 1938 forravam os desfiles do lorde prefeito de Londres e da coroação hoje são distribuídas pela rede, e as galerias e os pontos de adoração igualmente migraram para *data centers* e cabos submarinos. Não podemos dispensar a rede; podemos apenas pensar através dela e dentro dela. E podemos escutá-la, quando ela tenta nos alertar em caso de emergência.

Nada aqui é argumento contra a tecnologia: fazer isso seria discutir contra nós mesmos. Na verdade, é um argumento a favor do envolvimento mais atencioso com a tecnologia, acoplado a um entendimento radicalmente diferente do que é possível pensar e saber do mundo. Sistemas computacionais, como ferramentas, enfatizam um dos aspectos mais potentes da humanidade: nossa capacidade de agir efetivamente no mundo e moldá-lo aos nossos desejos. Mas revelar e articular esses desejos, e garantir que eles não rebaixem, sobreponham, eliminem ou apaguem os desejos dos outros, continua sendo nossa prerrogativa.

Tecnologia não é meramente criar e usar ferramentas: é criar metáforas. Ao criar uma ferramenta, instanciamos uma certa compreensão do mundo que, assim reificado, é capaz de alcançar certos efeitos no próprio mundo. Assim ela se torna outro componente mobilizável de nosso entendimento do mundo — mesmo que costume ficar inconsciente. Podemos dizer que é uma metáfora oculta: alcança-se uma espécie de transferência, mas ao mesmo tempo uma espécie de dissociação, ao atribuir um pensamento ou um modo de pensar a uma ferramenta que não precisa mais do pensamento para se ativar. Para pensar de novo ou de forma nova, precisamos reencantar nossas ferramentas. O relato presente é apenas a primeira parte do reencantamento, uma tentativa de repensar nossas ferramentas — não reaproveitá-las nem redefini-las, necessariamente, mas ter consideração por elas.

Quando se tem um martelo, diz o ditado, tudo parece prego. Mas isso não é pensar o martelo. O martelo, propriamente concebido, tem muitos usos. Ele pode tanto puxar quanto pregar pregos; pode forjar ferro, moldar madeira e pedra, revelar fósseis e consertar âncoras para as cordas de escalada. Pode dar uma sentença, pedir ordem ou ser arremessado em uma disputa de força atlética. Manejado por um deus, ele gera o clima. O martelo de Thor, Mjölnir, que criava trovões e relâmpagos quando batido no chão, também deu luz a amuletos em forma de martelo pensados para proteger contra a ira do deus — ou, dada sua semelhança com cruzes, contra a conversão forçada. Martelos e machados pré-históricos, revelados no trabalho com a terra por gerações posteriores, eram chamados de "pedras do trovão" e se acreditava que haviam caído do céu durante tempestades. Essas ferramentas misteriosas se tornaram objetos mágicos: quando seus propósitos originais passaram, eles estavam aptos a assumir um novo significado simbólico. Temos de reencantar nossos martelos — todas as nossas ferramentas — para que sejam menos como a do carpinteiro e mais como a de Thor. Mais como pedras do trovão.

A tecnologia também não é feita totalmente — ex nihilo — pelos humanos. Ela depende, assim como depende nossa vida (bactérias, lavouras, material de construção, roupas e espécies domesticadas), das possibilidades das coisas não humanas. A infraestrutura das transações de alta frequência (que vamos explorar no Capítulo 5), e o sistema econômico que ela acelera e caracteriza, é um ajuste ao aço e ao silício, à velocidade da luz no vidro, à neblina, aos passarinhos e aos esquilos. A tecnologia pode dar uma lição excelente sobre a mobilização de atores não humanos, de rochas a insetos, sempre que eles obstruem ou autorizam, mastigam ou resolvem, nossas linhas de comunicação e poder.

Essa relação, entendida corretamente, também é uma percepção da instabilidade inerente à tecnologia: seu alinhamento ou ressonância temporal e temporário com certas outras propriedades incertas dos materiais e animais sujeitos a mudança. Em resumo, de sua nebulosidade. A exploração, no Capítulo 3, das *affordances* mutantes dos materiais para computação em resposta a tensões ambientais é um exemplo: as coisas fazem coisas de modo diferente conforme o tempo. A tecnologia vem com uma aura de fixidez: uma vez atreladas às coisas, as ideias parecem assentadas e inexpugnáveis. Martelos, devidamente empregados, podem rachá-las de novo. Ao reencantar algumas ferramentas, podemos ver os vários modos pelos quais a percepção é imanente dentro de várias modalidades da vida contemporânea e cotidiana. Ao longo do caminho, o que pode ser apresentado como "revelações" sobre a "verdade" do mundo deve sempre se manter a um braço de distância, como meros (ou não meros; desprezíveis) repensares daquele mundo. Aliás, o braço de distância deveria ser um gesto ressonante, representativo da obra, pois manter algo a um braço de distância gera, de outra perspectiva, o efeito de apontar para algo à distância, algo além da percepção imediata, e promete mais.

O argumento proposto neste livro é de que, tal como a mudança climática, os efeitos da tecnologia estão dispersos pelo globo e já afetam todas as áreas de nossa vida. Os efeitos são potencialmente catastróficos e resultam da incapacidade de compreender os produtos turbulentos e conectados de nossas próprias invenções. Assim, eles perturbam o que nós ingenuamente passamos a esperar como ordem natural das coisas, e exigem que repensemos de forma radical a maneira como vemos o mundo. Mas o outro ímpeto deste livro é dizer que nem tudo está perdido: se somos mesmo capazes de pensar de outras maneiras, então também somos capazes de repensar o mundo, e assim entender e viver de modo diferente dentro dele. E como nossa compreensão atual decorre de nossas descobertas científicas, nosso novo pensamento deve emergir das e junto às nossas invenções tecnológicas, que são manifestações bastante reais do estado contestado, complexo e contraditório do mundo em si. Nossas tecnologias são extensões de nós, codificadas em máquinas e infraestruturas, em armações de conhecimento e ação; se realmente pensadas, elas sugerem o modelo de um mundo mais verdadeiro.

Fomos condicionados a pensar nas trevas como espaço de perigo, até de morte. Mas as trevas também podem ser espaço de liberdade e possibilidade, um espaço de igualdade. Para muitos, o que é discutido aqui será óbvio, pois sempre viveram nas trevas que parecem tão ameaçadoras aos privilegiados. Temos muito a aprender sobre o não saber. A incerteza pode ser produtiva, até mesmo sublime.

A cova final e mais crucial é a que se abre a nós como indivíduos quando não conseguimos reconhecer e articular as condições atuais. Não se engane: há aspectos da nova idade das trevas que são ameaças reais e existenciais imediatas, sendo os mais óbvios o aquecimento global e os ecossistemas em choque no planeta. Há também os efeitos correntes do consenso em colapso, da ciência que fracassa, horizontes de previsão truncados, e paranoia pública e privada — todos os quais evidenciam discórdia e violência. As disparidades de renda e de entendimento são ambas mortais em um prazo nem tão longo assim. Todos estão conectados: todos são fracassos no pensar e no falar.

Escrever sobre a nova idade das trevas, mesmo que eu consiga impregnar o texto da esperança em rede, não é agradável. Exige dizer coisas que preferiríamos não dizer, pensar em coisas que preferiríamos não pensar. Fazer isso muitas vezes nos deixa com uma sensação oca na barriga, uma espécie de desespero. E não conseguir fazer isso seria o fracasso em reconhecer o mundo tal como ele é, continuar a viver na fantasia e na abstração. Penso em meus amigos, e nas coisas que nos dizemos quando somos honestos e, em certo nível, como isso nos apavora. Há certa vergonha em falar das exigências do presente, assim como uma vulnerabilidade profunda, mas isso não pode fazer com que paremos de pensar. Não podemos fracassar uns com os outros.

2.
Computação

Em 1884, o crítico de arte e pensador John Ruskin deu uma série de palestras na London Institution com o título "A nuvem de tormenta do século XIX". Ao longo das noites de 14 a 18 de fevereiro, ele apresentou uma retrospectiva de descrições do céu e das nuvens a partir da arte clássica e europeia, assim como relatos de montanhistas nos Alpes que ele tanto amava, além de observações próprias dos céus no sul da Inglaterra nas últimas décadas do século XIX.

Nessas palestras, ele propôs a ideia de que o céu apresentava um novo tipo de nuvem, que ele chamou de "nuvem de tormenta" ou às vezes de "nuvem da peste". Essa nuvem

> nunca foi vista por olhos que não os hoje vivos [...] Não há descrição dela, até onde li, da parte de observadores da Antiguidade. Nem Homero nem Virgílio, nem Aristófanes nem Horácio reconhecem alguma dessas nuvens entre as arrastadas por Júpiter. Chaucer não tinha termo para elas, nem Dante, Milton ou Thomson. Nos tempos modernos, Scott, Wordsworth e Byron também ficam inscientes; e o mais observador e descritivo dos homens da ciência, De Saussure, é absolutamente silente em relação a elas.[1]

A "observação atenta e constante" dos céus por parte de Ruskin o levara a crer que havia novos ventos soprando distantes da Inglaterra e do continente, um "vento da peste" que trazia uma nova situação climática. Citando uma anotação de seu próprio diário em 1º de julho de 1871, ele informa que:

> o céu está coberto por uma nuvem cinza; não é uma nuvem de chuva, mas um véu negro e seco, que raio de sol algum penetrará; parcialmente difusa em névoa, uma névoa fraca, o bastante para deixar objetos distantes ininteligíveis, mas ainda sem substância, ou enrugada, ou de cor própria...
>
> E é algo novo para mim, assim como temível. Tenho cinquenta anos, mais do que isso; desde os cinco, dediquei as melhores horas de minha vida ao sol das manhãs da primavera e do verão; e, até hoje, nunca vi nada assim.
>
> E os homens da ciência estão agitados como formigas, examinando o sol, a lua e as sete estrelas, e agora já podem me contar tudo a respeito, creio eu; e como se movimentam e do que são constituídos.
>
> E eu, de minha parte, não dou dois tostões furados para o movimento desses astros, tampouco do que são constituídos. Não posso fazê-los se movimentarem de um modo diferente de como já se movimentam, nem consigo constituí-los de algo melhor do que já são. Mas eu me importo muito, e daria tudo para me dizerem de onde vem esse vento amargo e do que ele se constitui.[2]

Ele então passa a esclarecer muitas observações similares: de ventos fortes que surgem do nada a nuvens negras que cobrem o sol ao meio-dia, e chuvas de breu que putrefizeram seu jardim. E embora ele reconheça — em comentários aos quais os ambientalistas começaram a se ater — a presença de várias e múltiplas chaminés industriais na região de suas observações, a maior preocupação de Ruskin é com o caráter moral das nuvens e a maneira como elas pareciam emanar de campos de batalha e locais de inquietação social.

"Qual a melhor coisa a se fazer?, você me pergunta. A resposta é simples. Possa ou não assimilar os sinais do céu, você pode assimilar os sinais dos tempos."³ As metáforas que usamos para descrever o mundo, como a nuvem da peste de Ruskin, formam e moldam a compreensão que temos do mundo. Hoje, outras nuvens, que geralmente ainda emanam de espaços de manifestação e contestação, proveem as maneiras que temos para pensar o mundo.

Ruskin tratou a fundo da qualidade divergente da luz quando afetada pela nuvem de tormenta, pois a luz também possui qualidade moral. Em suas palestras, ele defendeu a tese de que o *"fiat lux* da criação" — o momento em que o Deus do Gênesis diz: "Faça-se a luz" — é também o *fiat anima*, a criação da vida. A luz, insistiu ele, é "tanto o ordenamento da Inteligência quanto o ordenamento da Visão". Aquilo que vemos molda não só o que pensamos, mas como pensamos.

Poucos anos antes, em 1880, Alexander Graham Bell demonstrara pela primeira vez um aparelho chamado *photophone*. Invenção para fazer companhia ao telefone, o *photophone* possibilitou a primeira transmissão "sem fio" da voz humana. Ele funcionava com o repicar de um feixe de luz em uma superfície reflexiva, que vibrava com a voz do falante, recebida por uma célula fotovoltaica primitiva que fazia as ondas de luz voltarem a ser som. Nos telhados de Washington, Bell conseguiu se fazer entender apenas com a luz a uma distância de duzentos metros.

Tendo aparecido anos antes da divulgação da primeira luz elétrica efetiva, o *photophone* era totalmente dependente de céus límpidos que projetassem luz no refletor. Ou seja, as condições atmosféricas podiam afetar o som que se produzia, alterando a saída. Bell, animado, escreveu ao pai: "Ouvi conversas articuladas ao nascer do sol! Ouvi um raio de sol rir, tossir e cantar! Consegui ouvir uma sombra e percebi até de ouvido a passagem de uma nuvem pelo disco do Sol".⁴

A reação inicial à invenção de Bell não foi promissora. Um analista do *New York Times* perguntou, sarcástico, se "um fio de raios de sol" podia ser pendurado nos postes de telégrafo e se precisariam de isolamento. "Até que se veja um homem passando pelas ruas com um rolo de raios de sol nº 12 no lombo, para suspendê-los de poste a poste, ficará a sensação geral de que o *photophone* do professor Bell força tremendamente a credulidade humana", escreveu.[5]

Esse fio de raios de sol é exatamente o que vemos hoje disposto globo afora. A invenção de Bell foi a primeira a empregar a luz como meio de transporte de informação complexa — como observou o crítico, sem querer, ela exigiria apenas o isolamento do raio de sol para que pudesse transportá-los por distâncias inimagináveis. Hoje, os raios de sol de Bell organizam os dados que passam sob as ondas do oceano na forma de cabos de fibra óptica que transmitem luz, e por sua vez organizam a inteligência coletiva do mundo. Eles possibilitam o agrupamento de vastas infraestruturas de computação que organizam e governam todos nós. O *fiat lux* de Ruskin, como *fiat anima*, é reificado na rede.

Pensar através de máquinas é uma coisa que antecede as próprias máquinas. A existência do cálculo prova que alguns problemas podem ser manejáveis antes da possibilidade de resolvê-los na prática. A história, vista como um desses problemas, pode ser transformada em equação matemática e, quando resolvida, dar o resultado do futuro. Era nisso que acreditavam os primeiros pensadores computacionais do século XX. Sua persistência em nossa época, praticamente não questionada e até mesmo inconsciente, é o tema deste livro. Hoje personalizada em nuvem digital, a história do pensamento computacional começa com a meteorologia.

Em 1916, o matemático Lewis Fry Richardson trabalhava no front ocidental; sendo um quacre, tinha compromisso com o pacifismo e por isso se inscrevera na Unidade de Ambulâncias dos Amigos (Friends' Ambulance Unit), uma divisão quacre que incluía também o artista Roger Penrose e o filósofo e escritor de ficção científica Olaf Stapledon. Ao longo de vários meses, entre visitas ao front e períodos de descanso em choupanas úmidas na França e na Bélgica, Richardson fez o primeiro cálculo total de condições atmosféricas por processo numérico: a primeira previsão diária computada sem um computador.

Antes da guerra, Richardson fora superintendente do Observatório Eskdalemuir, uma estação meteorológica remota no oeste da Escócia. Entre os documentos que levou consigo quando foi para a guerra estavam os registros completos de um dia de observações na Europa, compilados em 20 de maio de 1910 por centenas de observadores no continente. Richardson acreditava que, aplicando-se uma série de operações matemáticas complexas a anos de coleta de dados climáticos, seria possível sugerir numericamente as observações para prever como as condições evoluiriam em horas sucessivas. Para tanto, ele preparou uma pilha de formulários de cálculo, com uma sequência de colunas para temperatura, velocidade do vento, pressão e outras informações, cuja confecção levou semanas. Ele dividiu o continente em uma série de pontos de observação uniformemente espaçados e executou seus cálculos com caneta e papel, sendo seu escritório "um monte de feno em um alojamento gelado".[6]

Quando terminou, Richardson testou sua previsão diante dos dados observados e descobriu que seus números estavam exagerados em nível absurdo. Mesmo assim, provou-se a utilidade do método: decomponha-se o mundo em uma série de perímetros e aplique uma série de técnicas matemáticas para resolver as equações atmosféricas em cada quadradinho. O que faltava era a tecnologia para executar esse pensamento na escala e na velocidade das condições climáticas.

Em *Weather Prediction by Numerical Process* [Previsão do tempo pelo processo numérico], publicado em 1922, Richardson revisou e resumiu seus cálculos, e traçou um pequeno experimento intelectual para obtê-los com mais eficiência com a tecnologia à disposição. No experimento, os "computadores" ainda eram seres humanos, e as abstrações do que viríamos a entender como computação digital foram dispostas na escala da arquitetura:

Depois de tanto raciocínio pesado, podemos brincar com uma fantasia? Imagine um salão grande como um teatro, mas no qual círculos e galerias circundam o espaço geralmente ocupado pelo palco. As paredes dessa câmara são pintadas de forma a montar um mapa do globo. O teto representa as regiões do Norte polar, a Inglaterra fica na galeria, os trópicos no círculo superior, a Austrália no primeiro andar e a Antártida no poço.

Um enorme número de computadores trabalha no clima, cada um na parte do mapa onde se localiza, mas cada computador trata de uma equação ou parte de uma equação. O trabalho de cada região é coordenado por um oficial de alta patente. Vários "sinais noturnos" apresentam valores instantâneos, para que os computadores vizinhos possam consultá-los. Cada número é assim mostrado em três zonas adjacentes para manter a comunicação com o norte e o sul no mapa.

Do chão do poço se ergue um pilar que vai até a metade da altura do salão. No alto há um grande púlpito. Ali fica o homem encarregado de todo o teatro; ele é cercado de assistentes e mensageiros. Uma de suas funções é manter uma velocidade uniforme de progresso em todas as partes do globo. Nesse aspecto, ele é tal como o condutor de uma orquestra em que os instrumentos são réguas de cálculo e calculadoras. Mas, em vez de acenos com um bastão, ele dispara um feixe de luz rósea na região que estiver à frente das demais e um feixe de luz azul na que estiver atrasada.

Quatro escrivães veteranos no púlpito captam o clima futuro na velocidade em que é computado, e despacham--no por tubos pneumáticos a uma sala em silêncio total. Lá ele será codificado e telefonado à estação de transmissão por rádio. Mensageiros carregam pilhas de formulários de cálculo usados para o depósito no porão.

No prédio vizinho há um departamento de pesquisa, onde se desenvolvem melhorias. Mas há muita experimentação em pequena escala antes que se faça qualquer alteração na rotina complexa do teatro computacional. No porão, um entusiasta observa redemoinhos no forro líquido de uma grande vasilha giratória, mas até o momento a aritmética se mostra o melhor caminho. Em outro prédio ficam todas as salas usuais: financeiro, correspondência e administração. Do lado de fora, quadras esportivas, casas, montanhas e lagos, pois se considera que aqueles que computam o clima deveriam respirá-lo com liberdade.[7]

No prefácio do relatório, Richardson escreveu:

> Talvez algum dia, no turvo futuro, seja possível avançar as computações de modo a serem mais velozes do que as previsões climáticas e a um custo menor do que a economia que a humanidade ganharia com a informação. Mas isso é um sonho.[8]

E continuaria sendo um sonho por mais cinquenta anos, que talvez fosse resolvido pelo uso de tecnologias militares que o próprio Richardson rejeitaria. Depois da guerra, ele se filiou ao Departamento de Meteorologia com a intenção de prosseguir a pesquisa, mas se demitiu em 1920, quando o local foi tomado pelo Ministério da Aeronáutica. A pesquisa sobre previsão climática numérica ficou estagnada por anos, até ser incitada pela explosão de potência computacional que emanou de outro conflito, a Segunda Guerra Mundial. A guerra desatou vastos recursos financeiros para pesquisa, além da sensação de urgência em sua aplicação, mas também criou problemas complexos: uma fluxo vasto, devastador, de informação que caía de um mundo recém-conectado e um sistema de produção de conhecimento em expansão veloz.

No artigo intitulado "As We May Think" [Como podemos pensar], publicado na revista *Atlantic* em 1945, o engenheiro e inventor Vannevar Bush escreveu:

> Há um volume de pesquisas que só cresce. Mas é cada vez mais evidente que, enquanto a especialização se amplia, já estamos saturados. O pesquisador fica pasmo com as descobertas e conclusões de milhares de colegas — conclusões que surgem e não temos tempo de entender, quanto menos lembrar. Entretanto, a especialização se torna cada vez mais necessária ao progresso, e o esforço para criar pontes entre disciplinas continua superficial.[9]

Bush, durante a guerra, teve o cargo de diretor do Departamento de Pesquisa e Desenvolvimento Científico (o OSRD, Office of Scientific Research and Development) dos Estados Unidos, o veículo primordial de pesquisa e desenvolvimento militar. Foi um dos progenitores do Projeto Manhattan, o projeto de pesquisa altamente confidencial da guerra que levou ao desenvolvimento da bomba atômica norte-americana.

A solução que Bush apresentou para estes dois problemas — a informação avassaladora disponível às mentes questionadoras e os fins cada vez mais destrutivos da pesquisa científica — foi um aparelho que ele chamou de "memex":

Um memex é um aparelho no qual o indivíduo armazena todos os seus livros, registros e comunicações, e que é mecanizado de forma a ser consultado com grande velocidade e flexibilidade. É um suplemento ampliado e íntimo de sua memória. Consiste em uma escrivaninha, e embora se suponha que possa ser operado à distância, é no móvel que funciona primariamente. No topo ficam telas translúcidas inclinadas, nas quais se pode projetar material para leitura. Há um teclado e um conjuntos de botões e alavancas. No mais, lembra uma escrivaninha comum.[10]

Em essência, e tendo a vantagem do retrospecto, Bush propunha o computador eletrônico conectado. Sua grande sacada foi combinar, exatamente do modo como um memex possibilitaria à pessoa, múltiplas descobertas em múltiplas disciplinas — avanços em telefonia, máquinas operatrizes, fotografia, armazenagem de dados e estenografia — em uma máquina só. A incorporação do próprio tempo à matriz rende o que hoje identificaríamos como hipertexto: a capacidade de vincular documentos coletivos de maneiras múltiplas e criar associações entre domínios do conhecimento em rede: "Formas totalmente novas de enciclopédias surgirão, trazendo uma malha de trilhas associativas, prontas para ser jogadas no memex e ali ampliadas".[11]

Essa enciclopédia, prontamente acessível à mente indagadora, não iria apenas ampliar o raciocínio científico, mas civilizá-lo:

As aplicações da ciência construíram para o homem uma casa bem equipada, para ensiná-lo a viver nela com saúde. Elas possibilitaram lançar milhares de pessoas umas contra as outras com armas cruéis. Elas ainda têm como permitir que o homem abarque o grande acervo de conhecimento e cresça graças à sabedoria da espécie. Pode ser que ele morra em conflito antes que aprenda a manejar esse acervo para o seu próprio bem. Todavia, na aplicação da ciência às necessidades e aos desejos do homem, seria um estágio particularmente infeliz para encerrar o processo ou para perder as esperanças quanto ao resultado.[12]

Um dos colegas de Bush no Projeto Manhattan era outro cientista, John von Neumann, que compartilhava de apreensões parecidas quanto aos volumes de informação avassaladores produzidos e exigidos pelos experimentos científicos da época. Ele também ficou cativado pela ideia de prever, e até de controlar, o clima. Em 1945, Von Neumann se deparou com uma cópia mimeografada de "Outline of Weather Proposal" [Resumo de proposta meteorológica], escrito por um pesquisador dos Laboratórios RCA chamado Vladímir Zworykin. Von Neumann havia passado a guerra dando consultoria ao Projeto Manhattan, fazendo viagens frequentes ao laboratório secreto em Los Alamos, no Novo México, e foi testemunha da primeira explosão de uma bomba atômica, de codinome Trinity, em julho de 1945. Foi o principal proponente do método de implosão utilizado no teste de Trinity e da bomba Fat Man lançada em Nagasaki, e ajudou a projetar as lentes que foram críticas para focar a explosão.

Zworykin, assim como Vannevar Bush, reconhecia que as capacidades de busca e recuperação de informações do novo equipamento computacional, junto a sistemas modernos de comunicação eletrônica, possibilitavam a análise simultânea de vastas quantidades de dados. Mas, em vez de se concentrar na produção de conhecimento humano, ele previu seus efeitos na meteorologia. Ao unir os relatos de diversas estações climáticas, de vários locais, talvez fosse possível construir um modelo exato das condições climáticas de um dado momento. Uma máquina tão precisa não seria meramente capaz de mostrar essa informação, mas de prever, com base em padrões anteriores, o que aconteceria a seguir. A intervenção seria o próximo passo lógico:

> A meta eventual a se atingir é a organização internacional de meios para estudar fenômenos climáticos como fenômenos globais e direcionar a meteorologia mundial, até onde for possível, de tal maneira que se minimize os danos advindos de perturbações catastróficas, e beneficiar o mundo em larga escala com condições climáticas incrementadas onde possível. Essa organização internacional pode contribuir com a paz mundial ao integrar o interesse do mundo em um problema comum e direcionar o esforço científico a funções de paz. Admite-se que os eventuais efeitos de longo alcance na economia mundial possam contribuir à causa da paz.[13]

Em outubro de 1945, Von Neumann escreveu a Zworykin, afirmando: "Concordo plenamente com você". A proposta estava totalmente alinhada com o que Von Neumann havia aprendido no extenso programa de pesquisa do Projeto Manhattan, que se apoiava em simulações complexas dos processos físicos para prever resultados no mundo real. Ele escreveu o que se pode entender como frase fundadora do pensamento computacional: "Iremos prever todo processo estável, e controlar todo processo instável".[14]

Em janeiro de 1947, Von Neumann e Zworykin dividiram um palco em Nova York na reunião conjunta da Sociedade Americana de Meteorologia e do Instituto de Ciências Aeronáuticas. A fala de Von Neumann sobre "Usos futuros da computação de alta velocidade na meteorologia" foi seguida pela "Discussão da possibilidade de controle climático", de Zworykin. No dia seguinte, o *New York Times* relatou o congresso sob a manchete "Weather to Order" [Clima sob encomenda], comentando que "se o dr. Zworykin estiver certo, quem fará o clima do futuro serão os inventores das máquinas de cálculo".[15]

Em 1947, o inventor das máquinas de cálculo *par excellence* era o próprio Von Neumann, que havia fundado o Projeto do Computador Eletrônico em Princeton dois anos antes. O projeto devia se basear no computador analógico de Vannevar Bush — o Analisador Diferencial Bush, desenvolvido no MIT nos anos 1930 — e nas contribuições do próprio Von Neuman ao primeiro computador eletrônico de uso geral, o Integrador Numérico e Computador Eletrônico (ou Eniac, Electronic Numerical Integrator and Computer). O Eniac foi entregue formalmente à Universidade da Pensilvânia em 15 de fevereiro de 1946, mas suas origens são militares: projetado para fazer cálculos de artilharia para o Laboratório de Pesquisa em Balística do Exército dos Estados Unidos, ele passou a maior parte

O Eniac (Electronic Numerical Integrator and Computer) na Filadélfia, Pensilvânia. Glen Beck (ao fundo) e Betty Snyder (primeiro plano) programam o Eniac no prédio 328 do Laboratório de Pesquisa em Balística.

de seus primeiros anos de funcionamento prevendo a produção cada vez maior da primeira geração de bombas atômicas termonucleares.

Assim como Bush, Von Neumann posteriormente ficou muito preocupado com a possibilidade de uma guerra nuclear — e com o controle climático. Em um ensaio para a revista *Fortune* em 1955, com o título "Can We Survive Technology?" [Temos como sobreviver à tecnologia?], ele escreveu:

> As temíveis possibilidades de guerra nuclear atualmente podem dar lugar a outras ainda mais temíveis. Depois que o controle do clima global virar possibilidade, talvez todos os nossos engajamentos atuais pareçam simples. Não devemos nos enganar: assim que tais possibilidades se tornarem factíveis, elas serão exploradas.[16]

O Eniac acabou se tornando a fantasia dos cálculos matemáticos de Richardson em forma sólida, por insistência de Von Neumann. Em 1948, o Eniac foi levado da Filadélfia ao Laboratório de Pesquisa em Balística no Campo de Testes de Aberdeen, em Maryland. Nessa época, ele recobria três das quatro paredes do laboratório de pesquisa, montado a partir de 18 mil válvulas de vácuo, 70 mil resistores, 10 mil capacitores e 6 mil comutadores. O equipamento foi disposto em 42 quadros, cada um deles de sessenta centímetros de lado e noventa de profundidade, e empilhados a até três metros. Ele consumia 140 quilowatts de força e emitia tanto calor que tiveram de instalar ventiladores de teto especiais. Para reprogramá-lo, era necessário virar à mão centenas de comutadores rotativos de dez polos, e os operadores passavam entre as pilhas de equipamento, conectavam cabos e conferiam centenas de milhares de articulações soldadas à mão. Entre os operadores estava Klára Dán von Neumann, a esposa de John von Neumann, que escreveu a maior parte do código meteorológico e revisou o trabalho de outras pessoas.

Em 1950, uma equipe de meteorologistas se reuniu em Aberdeen para executar a primeira previsão automatizada de 24 horas do clima, exatamente conforme Richardson havia proposto. Nesse projeto, as fronteiras do mundo seriam as dos Estados Unidos continental; uma grade o dividia em quinze fileiras e dezoito colunas. O cálculo programado na máquina consistia em dezesseis operações sucessivas, cada uma das quais tinha de ser planejada cuidadosamente e perfurada em cartões, que por sua vez gerava um novo baralho de cartas que devia ser reproduzido, conferido e classificado. Os meteorologistas faziam turnos de oito horas, com o apoio de programadores, e o processamento completo levou quase cinco semanas, 100 mil cartões perfurados da IBM e 1 milhão de operações matemáticas. Mas quando se examinou os registros do experimento, Von Neumann, o diretor, descobriu que o tempo computacional efetivo foi quase exatamente 24 horas. "Há motivo para ter esperança", escreveu ele, de que "em breve o sonho de Richardson de fazer a computação progredir mais rápido do que o clima se torne realidade."[17]

Harry Reed, matemático que trabalhou no Eniac em Aberdeen, mais tarde lembraria o efeito pessoal de trabalhar com computação em tal escala. "O Eniac em si, estranhamente, era um computador muito pessoal. Hoje pensamos no computador pessoal como aquele que você carrega consigo. O Eniac era do tipo em que se morava dentro."[18] Mas, na verdade, hoje, todos moramos dentro de uma versão do Eniac: um vasto maquinário computacional que circunda todo o globo e se amplia ao espaço sideral na rede de satélites. É essa máquina, imaginada por Lewis Fry Richardson e efetivada por John von Neumann, que governa de um modo ou de outro cada aspecto da existência atual. E uma das situações mais marcantes desse regime computacional é que ele praticamente ficou invisível para nós.

Foto de divulgação do IBM SSEC, 1948.

É quase possível apontar o momento exato em que a computação militarizada e a crença na previsão e no controle que ela encarna e produz fugiram de vista. O Eniac era, para os iniciados, uma máquina de fácil leitura. Cada tipo de operação matemática ativava um tipo de processo eletromecânico: os operadores no experimento de meteorologia descreveram como podiam identificar quando se adentrava uma determinada fase conforme um sapatear de três notas que o embaralhador tocava.[19] Até o observador casual conseguia assistir às luzes piscando e sinalizando operações distintas que percorriam as paredes da sala.

Em comparação, o Calculador Eletrônico de Sequência Seletiva (ou SSEC, Selective Sequence Electronic Calculator) da IBM, instalado em Nova York em 1948, não era de leitura tão simples. Ele era chamado de calculador porque em 1948 computadores ainda eram pessoas, e o presidente da IBM, Thomas J. Watson, queria assegurar ao público que seus produtos não haviam sido feitos para tomar o lugar das pessoas.[20] A IBM construiu a máquina para rivalizar com o Eniac — mas ambos eram descendentes do Harvard Mark I, que colaborou com o Projeto Manhattan. O SSEC foi instalado à plena vista

Elizabeth "Betsy" Stewart com o SSEC.

do público dentro de uma antiga sapataria feminina próxima à sede da IBM na rua 57 Leste, por trás de um vidro grosso. (Prédio que hoje é o QG corporativo do grupo de artigos de luxo LVMH.) Preocupado com as aparências, Watson ordenou a seus engenheiros que retirassem as feias colunas de susten-tação que dominavam o espaço; como eles não conseguiram, trataram fotos de divulgação com aerógrafo para que os jornais mostrassem o visual que Watson queria.[21]

Às multidões que se espremiam contra o vidro, mesmo com as colunas na frente, o SSEC irradiava uma aparência moderna, lustrosa. Sua estética se baseava no Mark I, que foi projetado por Norman Bel Geddes, arquiteto da famosa exposição Futurama na Feira Mundial de Nova York de 1939. O SSEC ficava abrigado na primeira sala de computadores que utilizou piso elevado, hoje padrão em *data centers*, para esconder os horrendos cabos do público, e era controlado a partir de uma grande mesa pela operadora-chefe Elizabeth "Betsy" Stewart, do Departamento de Ciência Pura da IBM.

Para cumprir o decreto de Watson, impresso e assinado na parede da sala — de que a máquina "auxilie o cientista nas instituições de aprendizado, de governo e de indústria, a explorar as consequências do pensamento humano nos confins mais distantes do tempo, espaço e condições físicas" —, a primeira rodada do SSEC foi dedicada a calcular as posições da lua, das estrelas e dos planetas para os voos propostos da Nasa. Os dados resultantes, contudo, nunca foram usados de fato. Em vez disso, depois das primeiras semanas, a máquina foi praticamente tomada para cálculos confidenciais de um programa chamado Hippo, pensado pela equipe de John von Neumann em Los Alamos para simular a primeira bomba de hidrogênio.[22]

A programação do Hippo levou quase um ano e, quando estava pronta, foi rodada continuamente no SSEC, 24 horas por dia, sete dias por semana, durante meses. Os resultados dos cálculos foram no mínimo três simulações completas da explosão de uma bomba de hidrogênio: cálculos feitos à plena vista do público, em uma vitrine de Nova York, sem que alguém na rua tivesse a mínima noção do que se passava. O primeiro teste termonuclear norte-americano em larga escala baseado nos cálculos do Hippo foi realizado em 1952; hoje, todas as grandes potências nucleares têm bombas de hidrogênio. O pensamento computacional — violento, destruidor e absurdamente caro, em termos tanto de dinheiro quanto de atividade cognitiva humana — saiu de vista. Virou inquestionado e inquestionável, e assim perdurou.

Como veremos, a incapacidade crescente da tecnologia em prever o futuro — sejam os mercados flutuantes das bolsas de valores digitais, os resultados e as aplicações da pesquisa científica ou a instabilidade acelerada do clima global — deriva diretamente desses equívocos quanto a neutralidade e inteligibilidade da computação.

O sonho de Richardson e Von Neumann — de "fazer a computação progredir mais rápido do que o clima" — foi concretizado em abril de 1951, quando o Whirlwind I, o primeiro computador digital apto a dar resultados em tempo real, foi conectado no MIT. O Projeto Whirlwind [Turbilhão] havia começado como tentativa de construir um simulador de voo polivalente para a Força Aérea: conforme avançou, os problemas de coleta e processamento de dados em tempo real atraíram interessados de várias áreas, desde as primeiras redes de computador até a meteorologia.

Para reproduzir melhor as condições que os pilotos podiam de fato encarar, uma das principais funções do Whirlwind I era simular flutuações aerodinâmicas e atmosféricas, no que se podia dizer que era um sistema de previsão meteorológica. Esse sistema não só funcionava em tempo real, mas, por necessidade, em rede: conectado e alimentado por uma gama de sensores e departamentos, de sistemas de radar a estações climáticas. Os jovens técnicos do MIT que trabalharam naquilo vieram a formar o cerne da Agência de Projetos de Pesquisa Avançada da Defesa (ou Darpa, de Defense Advanced Research Projects Agency) — progenitora da internet — e a DEC (Digital Equipment Corporation), a primeira empresa a fabricar um computador empresarial a preço acessível. Toda a computação contemporânea deriva deste nexo: esforços militares para prever e controlar o clima e assim controlar o futuro.

O projeto do Whirlwind foi fortemente influenciado pelo Eniac; ele, por sua vez, foi a base do Ambiente Terrestre Semiautomático (ou Sage, Semi-Automatic Ground Environment), o vasto sistema computacional que gerenciou o Comando de Defesa Aérea da América do Norte (Norad, North American Air Defense Command) dos anos 1950 aos 1980. "Centros de direção" de quatro andares foram instalados em 27 estações de comando e controle pelos Estados Unidos, e seus terminais gêmeos — um para operação, outro para backup — incluíam uma pistola de luz para alvos designados (que lembrava a "Zapper" da Nintendo) e cinzeiros integrados ao console. O Sage está bem registrado na vasta e paranoica estética dos sistemas computacionais da Guerra Fria, do *Dr. Strangelove* de 1964 a *Jogos de guerra*, filme de grande sucesso de 1983 que contava a história de uma inteligência informática incapaz de distinguir realidade de simulação, famoso por sua frase de encerramento: "O único movimento vencedor é não jogar".

Para fazer um sistema complexo como esse funcionar, 7 mil engenheiros da IBM foram designados para compilar o maior programa de computador já criado, e se dispuseram 25 mil linhas telefônicas dedicadas para conectar as várias localidades.[23] Apesar disso, o Sage é mais conhecido pelas derrapadas: deixar fitas de treinamento rodando e o turno seguinte confundir dados de simulação com ataques de mísseis de verdade, ou assinalar bandos de pássaros migratórios como esquadrilhas de bombardeiros soviéticos. Os históricos de projetos de computação tratam tipicamente tais casos como falhas anacrônicas, comparando-as a projetos de software cheios de exageros e a iniciativas de TI do governo que não chegam perto de suas metas apregoadas e são desbancadas por sistemas subsequentes, com engenharia melhor, antes mesmo de ser finalizadas, o que alimenta um ciclo de obsolescência e revisão permanente. Mas e se essas histórias forem a verdadeira história da computação? Uma cantilena de fracassos na distinção entre simulação e realidade; o fracasso crônico em identificar a cova conceitual no cerne do pensamento computacional, de nossa construção do mundo?

Fomos condicionados a crer que os computadores deixam o mundo mais nítido e mais eficiente, que eles reduzem a complexidade e simplificam soluções para os problemas que nos afligem, e que ampliam nossa mobilização para lidar com domínios da vivência cada vez mais vastos. Mas e se nada disso for verdade? Uma leitura atenta da história da informática revela uma opacidade cada vez maior aliada à concentração de poder e a retirada do poder para domínios ainda mais estreitos da experiência. Ao reificar as preocupações do presente em arquiteturas inquestionáveis, a computação congela os problemas do momento imediato em dilemas abstratos, intratáveis; ela fica obcecada pelas limitações inerentes a uma pequena classe de enigmas matemáticos e materiais em vez de questões mais amplas de uma sociedade realmente democrática e igualitária.

Ao fundir aproximação e simulação, os sumos sacerdotes do pensamento computacional substituem o mundo por modelos falhos de si mesmos; e ao fazê-lo, como modeladores, eles assumem o controle do mundo. Assim que ficou óbvio que o Sage era mais do que inútil para impedir uma guerra nuclear, ele se transmutou, depois de uma reunião durante um voo do presidente da American Airlines com um vendedor da IBM, no Sabre (Semi-Automated Business Research Environment, ou Ambiente de Pesquisa Empresarial Semiautomatizado) — uma corporação multinacional para gerenciar reservas de passagens.[24] Todas as peças estavam no lugar: as linhas telefônicas, o radar meteorológico, o poder de processamento cada vez mais privatizado e a capacidade de gerenciar fluxos de dados em tempo real em uma era de turismo forte e gastos altos. Uma máquina projetada para impedir que aeronaves comerciais fossem acidentalmente abatidas — algo obrigatório em qualquer sistema de defesa aérea —, redirecionada para gerenciar os mesmos voos, com o apoio dos bilhões de dólares de investimento em defesa. Hoje, o Sabre conecta mais de 57 mil agentes de viagem e milhões de viajantes a mais de quatrocentas companhias aéreas, 90 mil hotéis, trinta empresas de aluguel de carro, duzentos operadores de turismo e dezenas de ferrovias, barcas e cruzeiros. Um grãozinho da paranoia computacional da Guerra Fria está no cerne de bilhões de viagens feitas todo ano.

A aviação será tema recorrente neste livro como espaço em que tecnologia, pesquisa, interesses de defesa e segurança, assim como a computação, convergem em um nexo de opacidade/transparência e visibilidade/invisibilidade. Uma das representações visuais mais extraordinárias que se tem na internet é a que se vê nos websites de acompanhamento de voos em tempo real. Qualquer pessoa, a qualquer momento, pode se conectar e assistir a milhares e milhares de aviões em voo, acompanhá-los de cidade a cidade, aglomerando-se sobre o Atlântico, avançando em grandes rios de metal pelas rotas aéreas internacionais. Pode-se clicar em qualquer um dos pequenos ícones de avião e ver seu rastro, marca e modelo, companhia e número do voo, origem e destino, altitude, velocidade e tempo de voo. Cada voo transmite um sinal ADS-B, que é captado por uma rede de radioamadores: outros milhares de indivíduos que decidiram armar receptores e compartilhar seus dados online. A visão desses localizadores de voos, assim como do Google Earth e outros serviços de imagem por satélite, é absolutamente sedutora, a ponto de provocar uma alegria quase vertiginosa — um esplendor da era digital. O sonho de todo planejador da Guerra Fria agora disponível ao grande público em websites de acesso livre. Mas essa visão do alto é

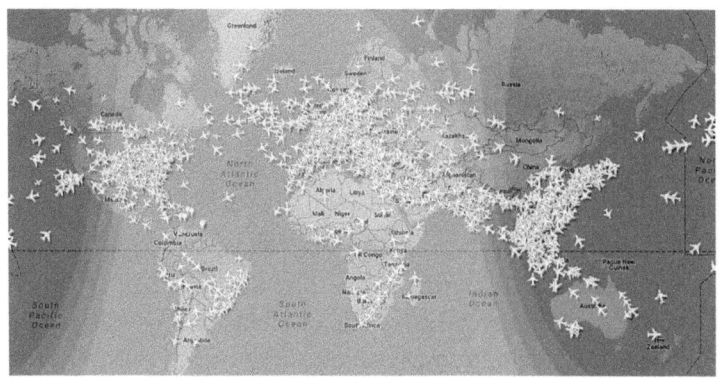

Tela do Flightradar24.com que mostra 1500 de 12 151 voos com
rastreio, outubro de 2017. Observe os balões do "Project Loon",
do Google, sobre Porto Rico depois do Furacão Maria.

ilusória, pois também serve para bloquear e apagar outras atividades privadas e estatais, desde os jatos particulares de oligarcas e políticos até voos sigilosos de vigilância e de mano-
bras militares.[25] Para cada coisa mostrada, há algo escondido.

Em 1983, Ronald Reagan ordenou que o Sistema de Posicionamento Global (GPS), então criptografado, fosse aberto para
civis, depois de um voo coreano que entrou no espaço aéreo
russo ter sido abatido. Com o tempo, o GPS passou a ancorar
muitas aplicações contemporâneas e se tornou mais um dos
sinais invisíveis e inquestionados que modulam a vida cotidiana — mais uma dessas coisas que, mais ou menos, "funciona". É o GPS que possibilita o pontinho azul no meio do
mapa e que faz o planeta inteiro se dobrar em torno do indivíduo. Seus dados direcionam os trajetos de carros e caminhões,
localizam navios, impedem que aviões colidam, despacham tá-
xis, acompanham inventários logísticos e convocam ataques de
drones. Basicamente um vasto relógio no espaço, o sinal de in-
tervalo dos satélites de GPS regula redes elétricas e bolsas de
valores. Mas nossa dependência crescente do sistema mascara

o fato de que ele ainda pode ser manipulado por aqueles que controlam seus sinais, incluindo o governo dos Estados Unidos, que mantém a prerrogativa de negar seletivamente sinais de posicionamento à região que quiser.[26] No verão de 2017, uma série de informes do mar Negro mostrou uma interferência proposital no GPS sobre uma vasta área, onde os sistemas de navegação de navios os posicionavam a dezenas de quilômetros de sua posição real. Muitos foram direcionados para a terra e se viram virtualmente ilhados em uma base aérea russa — a suposta fonte da tentativa de falsificação do sinal.[27] O Kremlin é cercado por um campo similar, como descobriram jogadores de Pokémon Go, um jogo baseado em geolocalização, que viram seus personagens no jogo teletransportados para quadras de distância do ponto onde estavam no centro de Moscou.[28] (Jogadores arrojados aproveitaram o fato, usando blindagem eletromagnética e geradores de sinal, para ganhar pontos sem sair de casa.)[29] Em outros casos, funcionários cujo serviço é monitorado à distância pelo GPS, como motoristas de caminhão que fazem longas distâncias, conseguem emperrar o sinal para fazer paradas ou pegar trajetos não autorizados — derrubando outros usuários pelo caminho. Cada um desses exemplos ilustra como a computação é crucial para a vida contemporânea, e ao mesmo tempo revela seus pontos cegos, seus perigos estruturais e os pontos fracos que se pode engendrar.

Tirando outro exemplo da aviação, pense a experiência de estar em um aeroporto. O aeroporto é o exemplo canônico do que os geógrafos chamam de "código/espaço".[30] Códigos/espaços expõem o entrelaçamento da computação com o ambiente construído e com a vivência cotidiana em um nível bastante específico: em vez de apenas sobrepor e incrementar, a computação se torna um componente crucial desses espaços, a ponto de o ambiente e a experiência do ambiente deixarem de funcionar na ausência de código.

No caso do aeroporto, o código é ao mesmo tempo simplificador e coprodutor do ambiente. Antes de visitar o aeroporto, os passageiros lidam com um sistema de reservas eletrônico — como o Sabre — que registra seus dados, identifica-os e os disponibiliza a outros sistemas, como balcões de check-in e da imigração. Se, quando eles estiverem no aeroporto, o sistema não estiver disponível, não será uma mera inconveniência. Os procedimentos de segurança modernos acabaram com a possibilidade de identificação ou processamento por papel: o software é o único árbitro aceito no processo. Não há o que fazer; ninguém pode sair do lugar. Por causa disso, uma queda do software revoga o status que o prédio tem como aeroporto, transformando-o em um grande barraco de gente irritada. É assim que a computação amplamente invisível vira coprodutora de nosso ambiente — sua necessidade crítica se revela apenas em momentos de falha, como uma lesão cerebral.

Códigos/espaços servem cada vez mais para descrever outras coisas que não só prédios inteligentes. Graças à difusão do acesso à rede e à natureza autorreplicante do código corporativo e centralizador, cada vez mais atividades cotidianas são dependentes de software complementar. As viagens diárias, mesmo as particulares, dependem de roteamento de software, informações de trânsito e veículos cada vez mais "autônomos" — os quais, obviamente, não têm nada de autônomos, pois exigem atualizações e inputs constantes para andar. O trabalho é cada vez mais programado, seja em sistemas logísticos ponta a ponta ou servidores de e-mail, que por sua vez exigem atenção e monitoramento constante de operários que dependem deles. Nossa vida em sociedade é mediada pela conectividade e pela revisão algorítmica. Conforme os smartphones se tornam computadores potentes de propósito geral e a computação some em cada aparelho ao nosso redor, de eletrodomésticos inteligentes a sistemas de navegação veicular, o mundo inteiro se torna código/espaço. Longe de tornar a ideia do código/espaço obsoleta, essa ubiquidade sublinha nossa incapacidade de entender o impacto da computação justamente em nosso modo de pensar.

Quando se compra um e-book de um loja online, ele continua sendo propriedade do vendedor e seu empréstimo é passível de revogação a qualquer momento — como aconteceu quando a Amazon deletou, remotamente, milhares de cópias de *1984* e *A revolução dos bichos* dos Kindles dos clientes em 2009.[31] Os serviços de streaming de música e vídeo filtram a mídia disponível por jurisdição e determinam algoritmicamente as preferências "pessoais". As revistas científicas determinam o acesso ao conhecimento conforme afiliação institucional e uma contribuição financeira, enquanto as bibliotecas físicas e de acesso livre fecham. A funcionalidade atual da Wikipédia depende de um exército de agentes de software — os *bots* — que garantem e mantêm a formatação correta, fazem conexões entre artigos e moderação de conflitos ou de incidentes de vandalismo. No último levantamento, os *bots* representavam dezessete dos vinte editores mais atuantes e constituem coletivamente por volta de 16% de todas as revisões no projeto enciclopédico: uma contribuição concreta e mensurável à produção do conhecimento por parte dos próprios programas.[32] Ler um livro, escutar uma música, pesquisar e aprender: essas e muitas outras atividades são cada vez mais governadas pela lógica algorítmica e policiadas por processos computacionais opacos e ocultos. A cultura em si é código/espaço.

O perigo da ênfase na coprodução do espaço físico e cultural por parte da computação é que esta, por sua vez, oculta as vastas desigualdades de poder das quais depende e que reproduz. A computação não só incrementa, enquadra e molda a cultura; ao agir de modo subjacente à sua consciência cotidiana e casual, ela *se torna* cultura.

Aquilo que a computação busca mapear e modelar, ela acaba dominando. O Google se determinou a indexar todo o conhecimento humano e se tornou fonte e árbitro do conhecimento: tornou-se o que as pessoas pensam. O Facebook se determinou a mapear as conexões entre as pessoas — o grafo social — e se tornou a plataforma para essas conexões, reformatando irrevogavelmente as relações sociais. Assim como um sistema de controle aéreo que confunde uma revoada de pássaros com uma esquadra de bombardeiros, o software é incapaz de distinguir entre seu modelo do mundo e a realidade — e, uma vez condicionados, nós também não.

O condicionamento se dá por dois motivos: porque a junção de opacidade e complexidade deixa boa parte do processo computacional ilegível; e porque a computação em si é percebida como uma coisa neutra em termos de política e emoção. A computação é opaca: ela acontece dentro da máquina, atrás da tela, em prédios remotos — dentro, por assim dizer, da nuvem. Mesmo quando se penetra nessa opacidade, pela apreensão direta de códigos e dados, ela segue além da compreensão da maioria. Dada a aglutinação de sistemas complexos nas aplicações contemporâneas em rede, não há uma só pessoa que enxergue o panorama total. A fé na máquina é um pré-requisito para a sua utilização, e isso embasa outros vieses cognitivos que entendem reações automatizadas como inerentemente mais confiáveis do que as não automatizadas.

Esse fenômeno é conhecido como viés da automação, que já se observou em vários domínios computacionais, desde softwares de correção ortográfica até pilotos automáticos, e em todo tipo de pessoa. O viés da automação garante que daremos mais valor à informação automatizada do que à nossa experiência, mesmo quando ela conflita com outras observações — especialmente quando essas observações são ambíguas. A informação automatizada é clara e direta, e perturba as áreas cinzentas que atrapalham a cognição. Outro fenômeno próximo, o viés de confirmação, reformula nossa percepção do mundo para deixá-lo mais alinhado com a informação automatizada, afirmando mais uma vez a validade das soluções computacionais, a ponto de podermos descartar por completo observações que sejam inconsistentes com o ponto de vista da máquina.[33]

Estudos sobre pilotos em cockpits de aeronaves com tecnologia avançada renderam exemplos diversos do viés da automação. Os pilotos do voo da Korean Air Lines cuja destruição levou à liberação do GPS foram vítimas da variedade mais comum do viés. Pouco depois de decolar de Anchorage, Alasca, em 31 de agosto de 1983, a tripulação programou o piloto automático com a direção que lhe foi passada pelo controle de tráfego e cedeu o controle do avião. O piloto automático estava pré-programado com uma série de balizas que conduziriam o avião pelo trajeto sobre o Pacífico até Seul, mas, devido a um erro na configuração ou a uma interpretação errada nos mecanismos do sistema, o piloto automático não seguiu a rota designada; ele seguiu fixo em sua direção inicial, o que o deixou cada vez mais ao norte do trajeto previsto. Ao deixar o espaço aéreo do Alasca, com cinquenta minutos de voo, o avião estava doze milhas ao norte da posição esperada; conforme ele seguiu, sua divergência subiu para cinquenta, depois cem milhas do trajeto previsto. Segundo os investigadores, havia várias pistas durante essas horas que podiam ter alertado a tripulação do que se passava. Eles notaram o tempo de voo que crescia lentamente entre as balizas, mas não deram bola. Reclamaram que a recepção do rádio estava ruim conforme se afastavam cada vez mais das rotas comuns. Mas nenhum desses efeitos levou os pilotos a questionar o sistema nem a conferir sua posição. Eles continuaram a confiar no piloto automático mesmo ao entrar no espaço aéreo militar soviético, sobre a península de Kamchatka. Caças foram despachados para interceptar o avião, que seguiu adiante. Três horas depois, ainda sem se dar conta da situação, eles foram alvejados por um Sukhoi Su-15 armado com dois mísseis ar-ar, que detonaram a uma distância suficiente para destruir os sistemas hidráulicos. A transcrição do áudio da cabine nos últimos minutos de voo mostra várias tentativas de reativar o piloto automático, conforme um anúncio automático alertava uma descida de emergência.[34]

Esses acontecimentos se repetiram, assim como suas implicações se confirmaram, em diversos experimentos em simulador. O pior é que esses vieses não estão limitados a erros por omissão, mas incluem também os erros por comissão. Quando os pilotos da Korean Air Lines seguiram cegamente as orientações do piloto automático, estavam pegando o caminho do menor esforço. Mas já se demonstrou que até pilotos experientes tomarão medidas drásticas diante de alertas automáticos, inclusive diante de provas do que eles mesmos observam. Ficaram famosos os alarmes de incêndio supersensíveis nas primeiras aeronaves Airbus A330, que levaram diversos voos a mudar a rota, em geral com certo risco, mesmo quando os pilotos conferiam visualmente que não havia sinais de incêndio. Em um estudo do Simulador de Voo Avançado da Nasa Ames, transmitiram-se alertas de incêndio contraditórios à tripulação durante o preparo para a decolagem. O estudo descobriu que 75% das tripulações que seguiram a orientação do sistema automatizado desligaram o motor errado, enquanto apenas 25% das que seguiram a checklist tradicional no papel fez o mesmo, apesar de ambas terem acesso a informações extras que deviam ter influenciado sua decisão. As fitas das simulações mostraram que aqueles que seguiram o sistema automatizado tomaram decisões mais rápidas e com menos discussão, sugerindo que a disponibilidade de uma ação sugerida imediata os impediu de conferir o problema mais a fundo.[35]

Com o viés da automação, a tecnologia não precisa funcionar mal para ser uma ameaça à nossa vida — e o GPS, mais uma vez, é um culpado frequente. Tentando chegar a uma ilha da Austrália, um grupo de turistas japoneses dirigiu até uma praia e mar adentro porque seu sistema de navegação por satélite garantia que aquela era uma rota viável. Tiveram de ser resgatados antes de a maré subir, a aproximadamente quinze metros da costa.[36] Outro grupo, no estado de Washington, entrou com o carro em um lago quando foi direcionado a sair da estrada principal e entrar em um embarcadouro. Quando os serviços de emergência chegaram, encontraram o carro boiando na água, só o bagageiro superior à vista.[37] Entre os patrulheiros do Parque Nacional do Vale da Morte, essas ocorrências se tornaram tão comuns que já existe uma expressão, "morte por GPS": o que acontece quando turistas que não conhecem a região seguem as instruções em vez dos sentidos.[38] Em uma região onde várias estradas são intransitáveis para veículos comuns e as temperaturas diurnas podem chegar a 50°C, sem água por perto, perder-se pode resultar em morte. Nesses casos, o sinal de GPS não foi enganado e não se desviou. Simplesmente se fez uma pergunta ao computador e ele respondeu — e os seres humanos seguiram a resposta até a morte.

Na base do viés da automação está outro mais profundo, firmemente enraizado não na tecnologia, mas no próprio cérebro. Diante de problemas complexos, em particular sob pressão do horário — e quem de nós não está o tempo todo sob pressão do tempo? —, as pessoas buscam dispensar o mínimo de esforço cognitivo, dando preferência a estratégias que são tão fáceis de seguir quanto de justificar.[39] Dada a opção de abdicar da tomada de decisão, o cérebro toma o caminho do mínimo esforço cognitivo, o atalho mais curto, que é apresentado quase instantaneamente por assistentes automatizados. A computação, em qualquer escala, é um hack cognitivo, que entrega à máquina tanto o processo de decisão quanto a responsabilidade. Conforme a vida se acelera, a máquina começa a lidar cada vez mais com tarefas cognitivas, reforçando sua autoridade — independentemente das consequências. Reformatamos nossa compreensão do mundo para melhor nos adaptar aos alertas constantes e aos atalhos cognitivos que os sistemas automatizados nos dão. A computação toma o lugar do pensamento consciente. Pensamos cada vez mais como a máquina, ou não pensamos.

Na linhagem que inclui o mainframe, o computador pessoal, o smartphone e a rede global na nuvem, percebemos como passamos a viver dentro da computação. Mas a computação não é mera arquitetura: ela se tornou o alicerce de nosso pensamento. A computação evoluiu a ponto de se tornar algo tão ubíquo e tão sedutor que passamos a dar preferência a ela mesmo quando processos mais simples, mecânicos, físicos ou sociais dão conta do que precisamos. Por que falar quando se pode escrever? Por que usar uma chave quando se pode usar o telefone? Conforme a computação e seus produtos cada vez mais nos cercam, ganham poder e capacidade de gerar a verdade, e começam a assumir cada vez mais tarefas cognitivas, a realidade em si adquire a aparência de computador; e nossas modalidades de pensamento vão junto.

Assim como as telecomunicações globais ruíram tempo e espaço, a computação mistura passado e futuro. Aquilo que se reúne como dados é modelado tal como são as coisas, e então projetado à frente — com a suposição implícita de que as coisas não mudarão radicalmente nem vão divergir de experiências prévias. Desse modo, a computação não apenas governa nossas ações no presente, mas constrói um futuro que melhor se ajusta a seus parâmetros. O que é possível se torna o que é computável. O que é difícil de quantificar e difícil de modelar, o que nunca foi visto ou não se delineia em padrões conhecidos, aquilo que é incerto ou ambíguo é excluído do campo de futuros possíveis. A computação projeta um futuro que parece o passado — o que o torna, por sua vez, incapaz de lidar com a realidade do presente, que nunca é estável.

O pensamento computacional subjaz a muitas das questões polêmicas de nossos tempos; aliás, a divisão, sendo uma operação computacional, é sua característica primária. O pensamento computacional insiste na resposta fácil, que exige o mínimo esforço cognitivo. Além disso, ele insiste em que há uma resposta — uma resposta inviolável à qual se pode chegar —, e apenas uma resposta. O "debate" sobre a mudança climática, quando não se trata de simples conspiração do petrocapitalismo, é caracterizado por sua incapacidade computacional de lidar com a incerteza. Incerteza, entendida matemática e cientificamente, não é a mesma coisa que desconhecimento. Incerteza, em termos científicos e climatológicos, é uma medida precisa do que sabemos. E conforme nossos sistemas computacionais se ampliam, eles nos mostram cada vez mais quanto não sabemos.

O pensamento computacional triunfou porque primeiro nos seduziu com seu poder, depois nos atordoou com sua complexidade, e por fim se firmou em nosso córtice como pressuposto. Seus efeitos e resultados, seu modo de pensar, agora são tão parte de nosso cotidiano que se opor a ele parece tão incomensurável e fútil quanto se opor ao próprio clima. Mas admitir as diversas maneiras como o pensamento computacional é produto da supersimplificação, de dados ruins e da ofuscação proposital também nos possibilita reconhecer como ele falha e revela suas limitações. Como veremos, o próprio caos do clima está além de seu alcance.

Nas margens da cópia de revisão de *Numerical Prediction*, Lewis Fry Richardson escreveu:

Einstein comentou em algum lugar que foi guiado a suas descobertas pela ideia de que as leis importantes da física eram muito simples. Já se ouviu R.H. Fowler dizer que, de duas fórmulas, a mais elegante é a que tem mais probabilidade de ser verdade. Dirac buscou uma explicação alternativa ao spin do elétron porque achava que a Natureza não podia ter projetado aquilo de um jeito tão complicado. Esses matemáticos foram brilhantemente bem-sucedidos ao lidar com a geometria das massas e cargas pontuais. Caso se dispusessem a entrar na meteorologia, a área se enriqueceria muito. Mas imagino que teriam de abandonar a ideia de que a verdade é tão simples.[40]

Ele levou quarenta anos em sua formulação, mas nos anos 1960 Richardson enfim encontrou um modelo para a sua incerteza; um paradoxo que praticamente resume o problema existencial do pensamento computacional. Enquanto trabalhava nas "estatísticas de disputas letais", uma tentativa precoce de análise científica de conflitos, ele decidiu encontrar a correlação entre a probabilidade de duas nações entrarem em guerra e a extensão da fronteira entre elas. Mas descobriu que muitas dessas extensões apareciam em estimativas absurdamente diferentes de acordo com a fonte. O motivo, como ele veio a descobrir, era que a extensão da fronteira dependia das ferramentas que se usava para medi-la: conforme elas ficaram mais precisas, a extensão aumentou, pois se passou a levar em conta variações cada vez menores na linha divisória.[41] As linhas costeiras eram ainda piores, o que levou à consideração de que é mesmo impossível fazer um levantamento muito preciso da extensão da fronteira de uma nação. Esse "paradoxo da linha costeira" passou a ser conhecido como efeito Richardson, e serviu de base para o trabalho de Benoît Mandelbrot com os fractais. Ele demonstra, com uma clareza radical, a premissa contraintuitiva da nova idade das trevas: quanto mais ficamos obsessivos em computar o mundo, mais complexo e incognoscível ele parece.

3.
Clima

No YouTube havia um vídeo a que eu assisti várias e várias vezes até ser retirado. Então encontrei GIFs do vídeo em sites de notícias e fiquei vendo-os: reduzidos ao momento-chave, uma parcela da fantasia. Um homem com botas de borracha, todo camuflado, espingarda de caça no ombro, caminha pela vasta extensão da tundra siberiana na primavera. O solo é verde-amarronzado, denso, forrado de gramíneas e perfeitamente plano em todas as direções, até tocar no azul pálido de um horizonte que parece ficar a cem quilômetros. Ele dá passos largos, trota, em um ritmo de expedicionário para percorrer uma larga porção do território por dia. Só que, quando o homem caminha, o chão treme e ondula; a terra gramada vira líquida e se agita.[1] O que parece chão sólido é apenas um fino tapete de matéria vegetal, uma crosta orgânica em cima de uma sopa que começa a balançar. O permafrost debaixo da tundra está derretendo. No vídeo, é como se a qualquer momento o chão fosse rachar, a bota do caçador fosse passar da superfície e ele acabasse sendo engolido pela contracorrente, tomado pelos lençóis verdes.

Na verdade, o mais provável é o oposto: o chão vai fazer pressão *para cima*, cuspindo solo úmido e gás quente. Em 2013, ouviu-se uma explosão misteriosa no extremo norte da Sibéria. Moradores a cem quilômetros do local informaram que houve um brilho no céu. Os cientistas, que chegaram ao ponto isolado na península de Taimyr meses depois, descobriram uma cratera imensa, nova, com quarenta metros de comprimento e trinta de profundidade.

Taimyr chega a máximas de 5°C no verão e desaba a −30°C no inverno. Sua paisagem desolada é tomada por pingos (ou hidrolacólitos): os montículos e morrinhos que se formam quando a pressão hidrostática leva núcleos de gelo até a superfície. Quando crescem, os pingos abrem a vegetação rasteira e quebram o gelo, formando o que parecem cordilheiras de vulcõezinhos atarracados, rachados e com crateras no ápice. Mas os pingos, tal como o permafrost, estão derretendo — e, em alguns casos, explodindo. Em abril de 2017, pesquisadores na Sibéria instalaram a primeira de uma rede de sensores sísmicos na península de Yamal, cujo nome significa "o fim da Terra". Próximo ao porto recém-inaugurado de Sabetta, na nascente do rio Ob, os sensores conseguem medir movimentos no solo em um raio de mais de duzentos quilômetros. Eles foram projetados para emitir alertar de pingos a ponto de explodir — ou coisa pior — que podem causar danos à infraestrutura industrial do porto ou das jazidas de gás natural em Bovanenkovo e Kharasavay.

O que possibilitou a escolha de Sabetta como porto de exportação das vastas reservas de gás natural siberiano foram as mesmas forças que criaram os pingos explosivos: a temperatura global em ascensão. Conforme o gelo do Ártico derrete, reservas de petróleo e gás antes inacessíveis se tornam viáveis. Estima-se que 30% das reservas de gás natural restantes no mundo fiquem no Ártico.[2] A maioria dessas reservas fica em alto-mar, a menos de quinhentos metros de água, e agora se tem acesso a elas devido exatamente ao impacto catastrófico do último século de extração e dependência do combustível fóssil. Os sensores que foram instalados para proteger a infraestrutura industrial são necessários por causa das condições geradas pela própria infraestrutura. É feedback positivo:

não para a vida — humana, animal, vegetal — nem para o bom senso; mas para o aspecto cumulativo, expansivo e acelerado.

O feedback positivo subjacente e localizado que está em jogo aqui é a liberação de metano pelo permafrost ao derreter: aquela tundra lodosa e balançante. O permafrost que ficou sob a tundra siberiana pode ter profundidades de mais de um quilômetro, com camadas continuamente congeladas de solo, pedra e sedimento. Estão presos nesse gelo milhões de anos de vida, que começam a voltar à superfície agora. No verão de 2016, um surto que matou um garotinho e hospitalizou mais de quarenta pessoas na península de Yamal foi atribuído à exposição a carcaças de renas antes enterradas pelo permafrost. As carcaças estavam infectadas com a bactéria antraz, que ficou dormente no gelo durante décadas ou séculos, congelada sob a tundra.[3] Associada a essa bactéria mortífera havia matéria orgânica morta, que, conforme o gelo derrete, começa a se decompor e a soltar nuvens de metano — o gás que provoca o efeito estufa, muito mais eficiente do que o dióxido de carbono para reter calor na atmosfera terrestre. Estima-se que,

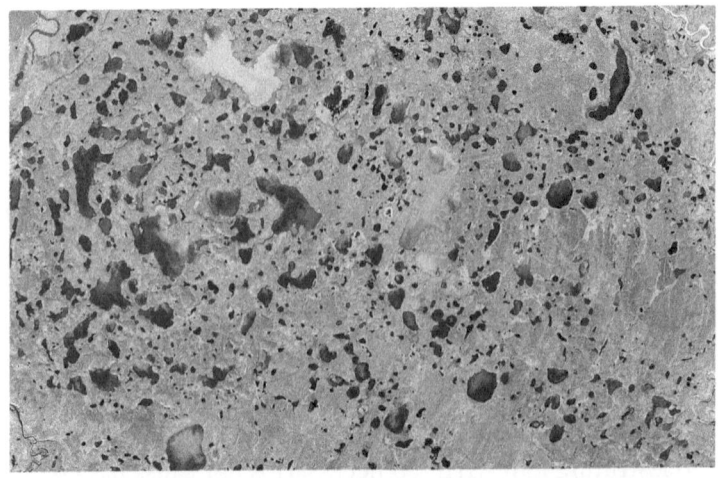

Paisagem da península de Tuktoyaktuk, Sibéria.

em 2006, o permafrost siberiano tenha liberado 3,8 milhões de toneladas de metano na atmosfera; em 2013, esse número subiu para 17 milhões de toneladas. É o metano, mais do que qualquer outra coisa, que está fazendo a tundra sacudir e explodir.

É óbvio que não existe efeito local em um mundo conectado. O que percebemos como condições meteorológicas de um momento recobre o globo como o clima: minúsculos instantes de turbulência por meio dos quais mal e mal conseguimos captar uma totalidade invisível, incognoscível. Como observou o artista Roni Horn: "A meteorologia é o grande paradoxo de nossa era. O tempo bom geralmente é tempo errado. O bom acontece no imediato e no individual, e o ruim acontece no sistema".[4] O que aparece na tundra como incerteza crescente quanto a piso firme é a desestabilização de todo o planeta. O próprio chão balança, apodrece, rompe-se e fede. Não se pode depender do chão.

Os pingos que explodiram e abriram lagos de planície siberiana derretida, vistos do alto, lembram tomografias do cérebro de pacientes com encefalopatia espongiforme, com córtices encaroçados e manchados pela morte de células nervosas. As doenças priônicas que causam a encefalopatia espongiforme — scrapie, kuru, doença da vaca louca, a doença de Creutzfeldt-Jakob (DCJ) e derivadas — vêm de proteínas desdobradas, de restos de matéria elementar que se distorceram e ficaram disformes. Elas se espalham pelo corpo convertendo suas duplicatas devidamente dobradas em sua própria imagem. Quando as infecções priônicas chegam ao cérebro, provocam demência acelerada, perda da memória, mudanças de personalidade, alucinações, nervosismo, depressão e, por fim, a morte. O cérebro em si começa a parecer uma esponja, oca e desnaturada, incapaz de encontrar sentido de si e de seu fim. O permafrost — o gelo permanente — está derretendo. As palavras não fazem mais sentido, e com elas se vão os modos que temos para pensar o mundo.

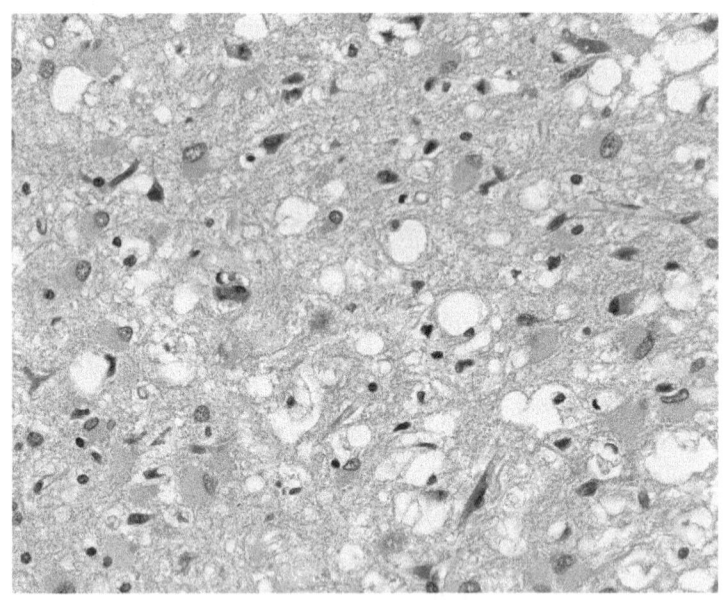

Fotomicrografia de tecido cerebral (com ampliação
de cem vezes) sofrendo de DCJ.

Em 19 de junho de 2006, representantes de cinco países nórdicos se reuniram na remota ilha ártica de Spitsbergen, parte do
arquipélago de Svalbard, para deitar a pedra fundamental de uma
máquina do tempo. Ao longo dos dois anos seguintes, operários
escavaram 120 metros em uma montanha de calcário, onde abriram cavernas com mais de 150 metros de extensão e dez metros
de comprimento. A máquina do tempo foi pensada para transportar um dos recursos mais preciosos da humanidade para o futuro
incerto, contornando certos horrores do presente. Em embala-
gens de alumínio seladas a vácuo, guardadas em estojos plásticos
em prateleiras industriais, ficarão milhões e milhões de sementes:
amostras de plantações coletadas em diversos pontos do mundo.

A 1120 quilômetros do polo Norte, Svalbard é o povoado que
fica mais ao norte na Terra. Apesar de remoto, sempre foi um

ponto de encontro internacional. Visitado por pescadores e caçadores nórdicos pelo menos desde o século XII, sua "descoberta", em 1596, por exploradores holandeses, abriu as ilhas para a exploração baleeira e mineral. Os britânicos chegaram em 1604 e começaram a caçar morsas; no fim do século, os russos chegaram buscando ursos-polares e pelo de raposa. Embora tenham sido escorraçados por incursões britânicas no mar de Barents nos anos 1820, eles voltariam, como todos os demais, atrás de carvão. Durante a Segunda Guerra Mundial, o arquipélago foi evacuado e ocupado por um destacamento de tropas alemãs que guarnecia uma estação meteorológica. Isolados a partir de maio de 1945, foi só em fins de setembro que eles foram resgatados por uma nau norueguesa que caçava focas, o que fez deles os últimos soldados alemães a se renderem aos Aliados.

A descoberta de jazidas de carvão no fim do século XIX acelerou discussões de soberania que até então haviam ficado em aberto. O arquipélago funcionara como um território sem dono, leis ou regras durante séculos, fugindo à jurisdição de qualquer país. O Tratado de Svalbard de 1920, formulado dentro das negociações de Versalhes, concedia a soberania à Noruega, mas dava direitos iguais de participação em atividades comerciais nas ilhas — sobretudo mineração — a todos os signatários. O arquipélago seria desmilitarizado, e até hoje é uma região que não exige visto de entrada: qualquer pessoa pode se fixar e trabalhar nas ilhas independentemente do país de origem ou de cidadania, desde que tenha meios de sustento. Além de 2 mil noruegueses e quase quinhentos russos e ucranianos, Svalbard é o lar de centenas de não nórdicos, incluindo operários tailandeses e iranianos. Nos últimos anos, refugiados em busca de asilo que tiveram admissão negada na Noruega conseguiram chegar a Svalbard para esperar os sete anos de residência que se exige para obter nacionalidade norueguesa.[5]

O Silo Global de Sementes de Svalbard — muitas vezes chamado de "a arca" ou de "cofre do juízo final" — foi inaugurado em 2008. Como instalação de apoio aos bancos genéticos de todo o mundo, a posição de Svalbard é duplamente apropriada. Sua zona de exceção geopolítica torna significativamente mais fácil persuadir organizações nacionais a armazenar suas preciosas — e geralmente confidenciais — coleções. E enterrado sob o permafrost, o Silo também é um freezer natural: alimentado pelo carvão da própria região, ele fica refrigerado a -18ºC. Mesmo que as máquinas se deteriorem, o substrato rochoso local passa o ano inteiro abaixo de zero. O Silo Global é um esforço para criar um santuário que seja isolado tanto geográfica quanto temporalmente: suspenso em território neutro e no tempo profundo dos invernos árticos.

Bancos de sementes são cruciais para manter um arremedo de biodiversidade genética. São fruto de um movimento que começou nos anos 1970, quando se percebeu que a Revolução Verde na agricultura estava levando fazendeiros a abandonar suas sementes usuais, desenvolvidas há séculos em cada local, para dar lugar a criações novas e híbridas. Acredita-se que há um século a Índia tinha mais de 100 mil variedades de arroz; hoje tem poucos milhares. O número de variações da maçã nas Américas caiu de 5 mil para centenas. No somatório geral, segundo uma estimativa da Organização das Nações Unidas para a Alimentação e a Agricultura, perdeu-se 75% da biodiversidade de culturas agrícolas.[6] A diversidade é essencial para se contrapor ao risco de novas doenças ou pestes que possam surgir, ameaçando dizimar variedades homogêneas. Acredita-se que a coleção de Svalbard será um armazenamento seguro para várias linhagens em caso de catástrofe: tecnicamente um empréstimo a longo prazo, seu conteúdo só pode ser acessado quando não se conseguir a semente de nenhuma outra fonte. Em janeiro de 2012, o banco nacional de sementes das

Filipinas foi destruído em um incêndio, seis anos depois de ser seriamente prejudicado por enchentes, enquanto os do Afeganistão e do Iraque foram totalmente destruídos por conflitos.[7] Em 2015, o Centro Internacional de Pesquisa em Agricultura em Áreas Secas (Icarda) solicitou o primeiro saque no cofre: 130 das 325 caixas que havia depositado, com um total de 116 mil amostras.

O Icarda foi fundado em 1977, tendo seu quartel-general em Alepo, Síria, e ramificações pelo Oriente Médio, pelo norte da África e pela Ásia Central. O trabalho da organização se concentra nas necessidades e nos riscos à segurança alimentar específicos à região: o desenvolvimento de novas variedades de plantio, gestão de recursos hídricos, conservação e educação rural, especialmente feminina. Em 2012, combatentes rebeldes na guerra civil síria tomaram o controle do banco de genes do centro a trinta quilômetros de Alepo, onde havia uma coleção singular de 150 mil espécies de sementes de trigo, cevada, lentilha e fava de 128 países. Embora tenha deixado parte da equipe para conservar a instalação, o Icarda foi obrigado a mudar seu QG para Beirute e perdeu o acesso que tinha à coleção.

A coleção do Icarda — por enquanto resguardada em Svalbard e em breve a ser redistribuída para o Marrocos, a Turquia e outros pontos — é especializada em culturas que se adaptaram às condições ambientais árduas do Oriente Médio e do norte da África. O benefício à biodiversidade inerente a esse arquivo, desenvolvido e manipulado por fazendeiros e pela natureza ao longo de gerações, não é a resistência a doenças e pragas, mas a resiliência climática. É desse recurso que os cientistas esperam extrair novos traços genéticos que moderem as desolações da mudança climática — por exemplo, misturando culturas resistentes ao calor e à seca, como grão-de-bico e lentilhas, a milho e soja para que as últimas sejam viáveis em ecossistemas em mutação acelerada, além de mais quentes.[8]

Essa mutação é tão rápida que pegou até o Silo Global de surpresa. O ano de 2016 foi o mais quente já registrado — pelo terceiro ano consecutivo, com pesquisas que sugerem que a Terra não ficava tão quente havia 115 mil anos. Em novembro, os cientistas informaram que as temperaturas no Ártico estavam 20°C acima da média, e os níveis de mar de gelo, 20% abaixo da média de 25 anos. Em Svalbard, caiu chuva forte em vez de neve e o permafrost começou a derreter. Uma inspeção no cofre em maio de 2017 apurou que o túnel de entrada fora inundado por água derretida, que regelou quando caiu sob a superfície e formou uma geleira interna, a qual teve de ser desbastada para se conseguir acesso ao banco. Projetado para funcionar por longos períodos sem intervenção humana, o Silo agora está sob vigilância 24 horas, com o acréscimo da impermeabilização de emergência do túnel de entrada e canaletas escavadas em torno do local para levar a água derretida para fora. "O Ártico, principalmente Svalbard, aquece mais rápido do que o resto do mundo. O clima está mudando drasticamente e todos estamos surpresos com sua velocidade", disse aos jornalistas Ketil Isaksen, um meteorologista norueguês.[9]

A mudança climática já está em andamento e seus efeitos são visíveis tanto na paisagem geopolítica quanto na geográfica. O conflito sírio, que obrigou os cientistas do Icarda a fugir para Beirute e pedir assistência ao Silo Global, é parcialmente atribuível a mudanças no meio ambiente.[10] Entre 2006 e 2011, mais de metade da zona rural síria sofreu a pior seca da qual já se teve registro. Mais intensa e mais longa do que se podia explicar pelas variações naturais no clima, a seca foi vinculada à mudança climática acelerada. Ao longo de poucos anos, 85% do gado morreu porque as lavouras definharam. O presidente Bashar al-Assad redistribuiu os tradicionais direitos sobre as águas entre seus aliados políticos, obrigando os fazendeiros a cavar açudes ilegais. Os que protestaram sofreram prisão, tortura e morte. Mais de 1 milhão de aldeões fugiram da zona rural para as cidades. Quando o ressentimento rural e a pressão demográfica encontraram a opressão totalitária oprimindo as cidades, teve-se o gatilho final para um levante que se espalhou velozmente pelas áreas mais afetadas pela seca. Informes da mídia e ativistas já tacharam o conflito sírio de primeira guerra climática de larga escala do século XXI, vinculando o clima diretamente a vastos números de refugiados que chegam à Europa. Os cientistas são mais circunspectos quanto a fazer conexões explícitas entre conflitos e clima — mas não quanto ao clima mutante em si. Mesmo que a Síria se recupere politicamente nos próximos anos, ela pode perder quase 50% de sua capacidade agrícola até 2050. Disso não haverá volta.

Por que deveríamos nos preocupar tanto com o Silo Global? O Silo é de importância precípua porque é um bastião não só de diversidade, mas da diversidade do conhecimento e da diversidade *como* conhecimento. O Silo Global carrega coisas — material, conhecimento e modos de saber — de um presente incerto para um futuro ainda menos certo. Ele é alimentado não meramente por coisas, mas pela pura variedade das coisas que comporta. O combustível do Silo Global é heterogêneo; é variado e incompleto: essa também é a natureza do conhecimento e do mundo. É uma oposição necessária à monocultura — nesse caso nem uma metáfora, mas a monocultura literal de famílias de plantas projetadas para funções geográficas e temporais específicas que, quando generalizada, fracassa em conciliar a desordem do mundo tal como se apresenta no momento. A crise climática também é uma crise do conhecimento e do entendimento; é uma crise de comunicação, do saber, no passado, no presente e no futuro.

Nas regiões árticas, todo mundo é cientista climático. Arqueólogos em busca dos resquícios de culturas antigas estão escavando a história profunda do planeta para retirar evidências que possam nos ajudar a entender como a terra — e o ser-humano — se comportou em períodos de transformação climática veloz, e, assim, como lidaremos com isso hoje. Na costa oeste da Groenlândia, nas margens do grande fiorde de gelo de Ilulissat, o permafrost que cerca o antigo povoado de Qajaa preserva as relíquias de três civilizações, com as três ocupando o mesmo local durante os últimos 3,5 mil anos. Foram as culturas saqqaq, dorset e thule, sendo que a primeira se assentou no sul da Groenlândia por volta de 2500 a.C., e os grupos subsequentes aos poucos suplantaram seus predecessores, até o contato com os europeus se intensificar no século XVIII. A história de cada uma dessas culturas chega até nós através dos sambaquis: camadas de refugo de cozinha e caça deixadas por outras gerações, que afundaram na terra e esperam a investigação dos arqueólogos.

Esses sambaquis nos ajudaram a encontrar sentido em movimentações populacionais e eventos ambientais anteriores. O que ocorreu nas culturas groenlandesas não é singular em termos culturais, mas sim arqueológicos. Diferentemente de sítios da Idade da Pedra mundo afora, onde só restam pedras, os sítios árticos, graças ao frio intenso do permafrost, preservavam muito mais informação sobre a cultura material humana antiga. Os sambaquis no Qajaa contêm flechas de madeira e osso, facas com cabo, lanças, agulhas de costura e outros objetos que não restaram em outras partes do planeta. Eles também contêm resquícios de DNA.[11]

Assim como a história e o futuro entrelaçados dos bancos de sementes, entender como as primeiras civilizações e culturas se adaptaram, mudaram, lidaram ou não conseguiram lidar com outros períodos de tensão ambiental é uma maneira que temos para encontrar, quem sabe, uma resposta nossa — se esse entendimento não for destruído antes que possamos chegar lá.

No próximo século, esses depósitos arqueológicos singulares — repositórios de conhecimento e de informação — vão desaparecer por completo depois de milhares de anos de estabilidade. Pesquisadores do Centro de Permafrosts da Universidade de Copenhague perfuraram o solo que cerca os sambaquis de Qajaa e outro ponto no nordeste da Groenlândia para retirar cernes de solo congelado. Estes, acomodados em sacos plásticos, se mantiveram congelados no caminho até o laboratório, onde foram examinados atrás de sinais de produção de calor. Conforme a terra aquece, bactérias adormecidas há muito tempo no solo começam a acordar e se ativar. As próprias bactérias produzem calor, fazendo o solo se aquecer mais, degelar e despertar mais bactérias — mais feedback positivo. Conforme o gelo derrete e as águas começam a drenar, o oxigênio flui pelas camadas de terra, decompondo-as e degradando-as. As bactérias recém-despertas começam a se alimentar dos resíduos orgânicos, deixando para trás nada mais do que pedra e dando vazão a mais carbono aquecido. "Quando o gelo derrete e a água é drenada", escreve o professor Bo Elberling, coordenador do estudo e diretor do Centro de Permafrosts, "não há volta."[12]

Em um relatório sobre o manto de gelo da Groelândia de outubro de 2016, Thomas McGovern, professor de arqueologia que trabalhou nos sambaquis durante décadas, detalhou como o derretimento acelerado do manto de gelo está reduzindo a lodo um registro arqueológico de milênios, que mal começamos a compreender:

> Nos velhos tempos, esses locais passavam a maior parte do ano congelados. Quando eu visitava o sul da Groenlândia nos anos 1980, conseguia pular em trincheiras que cientistas dos anos 1950 e 1960 tinham deixado abertas, e você via saindo pelas laterais o pelo, as penas, a lã e os ossos de

animais muito bem preservados. Estamos perdendo tudo. Temos um equivalente da Biblioteca de Alexandria no solo e ele está pegando fogo.[13]

A declaração de McGovern é perturbadora em dois aspectos. O primeiro é a imensa sensação de perda, pois a possibilidade de acessar nosso próprio passado e saber mais sobre ele nos escapa no exato instante em que seria mais útil. Mas o segundo aspecto é ainda mais existencial: tem a ver com nossa necessidade intensa de descobrir cada vez mais sobre o mundo, reunir e processar mais dados a seu respeito, para que os modelos que construamos deste mundo sejam mais robustos, mais precisos e mais úteis.

Mas também ocorre o oposto: nossas fontes de dados estão sumindo e com elas as estruturas através das quais organizamos o mundo. O derretimento do permafrost é tanto um sinal de perigo quanto uma metáfora: um colapso acelerado de nossa infraestrutura ambiental e também cognitiva. As certezas do presente estão fundadas na suposição das geologias de conhecimento cada vez maiores e cada vez mais cristalizadas; é confortante imaginar uma terra que resfria, que toma forma, que se manifesta em formas distintas e sólidas. Porém, tal como na Sibéria, o aspecto esponjoso da paisagem groenlandesa reitera a volta ao fluido: o alagadiço e pantanoso, o indiferenciado e o gasoso. A nova idade das trevas exigirá mais formas líquidas de saber do que se possa derivar das bibliotecas do passado por si só.

O conhecimento que se deriva ou se descobre no passado é uma das abordagens para lidar com os impactos catastróficos da mudança climática. Mas nossas tecnologias e os processos já existentes também deveriam ser aptos a nos proteger, até certa medida, de seus excessos — isto é, se as tecnologias e estratégias cognitivas não estiverem elas mesmas entre as primeiras vítimas da mudança climática.

O Conselho de Ciência e Tecnologia (Council for Science and Technology), órgão consultivo do governo britânico, publicou em 2009 um relatório com o título "Infraestrutura nacional para o século XXI", analisando o futuro das redes de comunicação, energia, transporte e água. O relatório enfatizou que a infraestrutura nacional britânica, assim como a internet, constituíam "uma rede de redes" — e uma rede de redes frágil, fragmentada na distribuição e na governança, imprecisa quanto às responsabilidades e responsabilizações, em grande parte não cartografada e cronicamente mal financiada. As causas-chave da situação que o estudo indica incluem os silos do governo, o baixo investimento público e privado e a falta geral de compreensão a respeito sequer de como essas redes complexas de matéria e conhecimento começam a funcionar — muito menos como não funcionam.

O relatório foi claro, contudo, quanto a um desafio, o qual iria e deverá sobrepujar todos outros problemas — o clima em mutação:

A resiliência diante da mudança climática é o desafio mais significativo e complexo a longo prazo. Prevê-se que os efeitos da mudança climática levarão a temperaturas de verão e inverno mais altas, aumento do nível dos mares, tempestades de maior intensidade, incêndios florestais, secas, alta de enchentes, ondas de calor e alteração da disponibilidade de recursos, como, por exemplo, a água. Os desafios para a infraestrutura atual são tanto os de se adaptar a tais impactos quanto de apoiar a transição radical a uma economia de baixo carbono. A Estratégia de Segurança Nacional publicada pelo governo em março de 2008 reconhece a mudança climática como, potencialmente, o maior desafio à estabilidade e à segurança global, considerando os impactos mundiais que se esperam. A adaptação efetiva é a chave para mitigar o risco, em relação a infraestrutura e outras áreas.[14]

Mais uma vez, o notável nos efeitos diretos da mudança climática prevista no relatório é sua fluidez e imprevisibilidade:

> Os sistemas de encanamento para o acesso à água potável e para esgoto estarão mais propensos a rachar conforme as mudanças climáticas levem a um maior movimento do solo por consequência de ciclos de umidade e secagem... As represas estarão mais propensas a assoreamento em função da erosão acelerada do solo, e aumentará também o risco de deslizamento de barragens de aterro por motivos de chuva intensa.

Outro informe do governo britânico, publicado no ano seguinte pela consultoria ambiental AEA, esquadrinha os impactos específicos da mudança climática nas tecnologias de informação e comunicação.[15] As TICs, nesse contexto, são definidas como "o total dos sistemas e artefatos que possibilitam a transmissão, recepção, captação, armazenagem e manipulação de tráfego de voz e dados em e entre aparelhos eletrônicos" — ou seja, tudo que possamos considerar parte ou artefato de nosso universo digital contemporâneo, desde cabos de fibra óptica, antenas de recepção e transmissão, até computadores, *data centers*, chamadas telefônicas e satélites. Ficaram fora do escopo do estudo, por exemplo, os cabos de energia elétrica, apesar de seu serviço ser essencial às TICs. (O estudo do Conselho de Ciência e Tecnologia, por outro lado, observa que "um dos fatores limitantes para transferência de eletricidade por linhas aéreas é sua capacidade térmica, afetada pela temperatura ambiente. Ápices de temperatura global mais elevados reduzirão esses limites e, assim, a capacidade da rede de transferir eletricidade".)[16]

Relatórios escritos para governos geralmente são mais cabais e claros do que as declarações e diretrizes dos governos. Tal como nos Estados Unidos, onde as Forças Armadas puseram em prática planos de dez anos para se adaptar à mudança climática mesmo com negacionistas no Poder Executivo, os relatórios britânicos aceitam a ciência climática como ela é divulgada, o que rende uma leitura assustadoramente lúcida quanto ao valor das redes:

> Todos os artefatos supracitados funcionam dentro de um sistema — interconectados, interdependentes e totalmente emaranhados entre si, servindo a regras absolutas de interoperabilidade. As TICs são o único setor da infraestrutura que conecta diretamente cada usuário a cada outro usuário no tempo e no espaço utilizando vários trajetos simultâneos e que é capaz de uma redistribuição dinâmica em tempo real. Assim, nesse caso, o ativo nacional é a rede, e não cada um de seus componentes — e é a operação da rede que depende de toda a infraestrutura e possibilita a geração de valor [...] enquanto a rede é o ativo no nível da infraestrutura, o valor da rede não está no ativo em si, mas na informação que a percorre. Quase toda a economia depende da capacidade de transmitir, receber e converter fluxos de dados digitais praticamente em tempo real — seja retirar dinheiro em um caixa rápido, usar um cartão de crédito ou débito, enviar um e-mail, controlar uma bomba de água ou interruptor à distância, despachar ou receber aeronaves, ou mesmo uma simples ligação telefônica.[17]

As redes de informação contemporâneas são também estruturas econômicas e cognitivas da sociedade: como elas vão lidar com a era da mudança climática? E que danos elas causam no presente?

O aumento das temperaturas globais afetará infraestruturas de dados que já esquentam, assim como as pessoas que trabalham com elas ou em torno delas. Os *data centers* e cada computador pessoal dissipam uma vasta quantidade de calor e exigem quantidades correspondentes de resfriamento, desde hectares de sistemas de ar-condicionado em prédios industriais até os ventiladores que resfriam seu laptop quando um vídeo de gatinho no YouTube faz sua CPU entrar em *overdrive*. O aumento da temperatura ambiente implica custos de resfriamento maiores — e a possibilidade de falha total. "O iPhone precisa esfriar para que você possa usá-lo", implora a mensagem de erro no último celular da Apple quando a temperatura ambiente fica acima de 45°C. Hoje, essa reação já pode acontecer quando se deixa o aparelho em um carro quente na Europa, mas projeta-se que será ocorrência diária nas regiões do Golfo na segunda metade do século XXI depois das ondas de calor recorde em 2015, quando o Iraque, o Líbano, a Arábia Saudita e os Emirados sofreram com temperaturas diurnas próximas dos 50°C.

Um relatório da AEA sobre TICs e clima identifica vários efeitos que as redes de informação vão sentir. No nível da infraestrutura física, ele observa que boa parte dessa rede é parasita de estruturas que não foram projetadas para o seu uso contemporâneo, tampouco para os efeitos da mudança climática: torres de telefones celulares enxertadas em campanários de igrejas, *data centers* em fábricas antigas, centrais telefônicas dentro de agências postais vitorianas. No subterrâneo, cabos de fibra óptica passam por canais de esgoto que se tornam incapazes de lidar com o aumento de tempestades e enchentes: os pontos de aterramento dos cabos, de onde a internet vem à terra a partir de links de dados submersos, são suscetíveis ao nível ascendente dos mares, que serão particularmente destrutivos no sudeste e no leste da Inglaterra, locais de conexões cruciais para o continente. As instalações costeiras ficarão cada vez mais suscetíveis à corrosão salina, enquanto torres e postes de transmissão vão ceder e cair conforme o solo, atacado por seca e enchentes, rasga e cede.

No espectro eletromagnético, a força e a eficácia da transmissão sem fio ficarão reduzidas conforme as temperaturas subirem. O índice refrativo da atmosfera é altamente dependente da umidade e afeta de forma severa a curvatura das ondas eletromagnéticas, assim como a taxa com que elas perdem força. Temperaturas maiores e chuvas farão os feixes de *data links* ponto a ponto — como as redes de transmissões por micro-ondas — variar de posição e atenuarão sinais de radiodifusão. Conforme a terra aquece e fica mais úmida, serão exigidas densidades cada vez maiores de postes de telefonia, e sua manutenção será mais complexa. A vegetação em mutação também pode impactar a propagação de informação.

Em resumo: o wi-fi vai ficar pior, não melhor. Em uma das projeções, o solo instável pode até reduzir a confiabilidade dos pontos de referência para cálculos de transmissão de telecomunicação e satélites. A precisão cai; transmissões se sobrepõem e se interferem; o ruído vence o sinal. Os sistemas que construímos para poupar tempo e espaço estão sob ataque do tempo e do espaço.

A computação é tanto vítima quanto colaboradora da mudança climática. Até 2015, os *data centers* que armazenam e processam exabytes de informação digital mundo afora consumiam em torno de 3% da eletricidade mundial — e respondiam por 2% do total de emissões globais. É quase a mesma pegada de carbono das companhias aéreas. Os 416,2 terawatt-hora de eletricidade que os *data centers* globais consumiram em 2015 excederam o total de consumo do Reino Unido, de trezentos terawatt-hora.[18]

A projeção é de que esse consumo se amplie muito, resultado tanto do crescimento da infraestrutura digital quanto do feedback positivo das temperaturas globais em alta. Em reação aos vastos incrementos em armazenamento digital e capacidade computacional na última década, a quantidade de energia que os *data centers* usam duplica a cada quatro anos, e se espera que triplique nos próximos dez. Um estudo no Japão sugeriu que, em 2030, as exigências de energia só para serviços digitais vão superar a capacidade de geração atual de todo o país.[19] Nem as tecnologias que afirmam explicitamente que promoverão transformações radicais na sociedade estão isentas. A criptomoeda Bitcoin, projetada para derrubar sistemas financeiros hierárquicos e centralizados, exige a energia de nove lares norte-americanos para executar uma só transação; se continuar crescendo, em 2019 ela exigirá a produção energética anual de todos os Estados Unidos para se sustentar.[20]

Além disso, esses números refletem a potência de processamento, mas não registram a rede mais ampla de atividades digitais capacitada pela computação. Essas atividades — dispersas, fragmentadas, às vezes virtuais — também consomem recursos vastos e são, dada a natureza das redes contemporâneas, difíceis de se ver e de unir. Exigências imediatas e locais de energia, facilmente visíveis e quantificáveis por parte do indivíduo, são desprezíveis se comparadas ao custo da rede, assim como a produção e a gestão individual de lixo, aparentemente mitigada pelo consumo ético e pela reciclagem, viram nada em comparação com os ciclos industriais do globo.

Um relatório de 2013, "A nuvem começa no carvão — Big Data, Big Redes, Big Infraestrutura e Big Potência", calcula que "carregar um só tablet ou smartphone exige uma quantia desprezível de eletricidade; usar um dos dois para assistir a uma hora de vídeo por semana consome, por ano, mais eletricidade nas redes remotas do que o uso de duas geladeiras novas em um ano".[21] E esse relatório não é produto de um grupo ambientalista digno e bem-intencionado. Ele foi contratado pela Associação Nacional de Mineração e pela Coalizão Norte-Americana pela Eletricidade com Carvão Não Poluente: um lobby a favor do uso de mais combustível fóssil para dar conta da demanda inevitável.

O que os gigantes do carvão ressaltam, talvez de modo involuntário, é que o uso de dados é tão qualitativo quanto quantitativo. *O que* vemos acaba tendo mais importância do que *como* vemos — e não só no ambiente. Um consultor da indústria citado na imprensa defendeu: "Precisamos ser mais responsáveis quanto aos fins para os quais usamos a internet... Os *data centers* não são os culpados — quem manda no jogo são as redes sociais e os celulares. São os filmes, a pornografia, os jogos de azar, os sites de relacionamentos, as compras — tudo que envolva imagens".[22] Como na maioria das afirmações protoambientais, as soluções propostas são tanto pedidos de regulamentação (taxar dados), regressões conservadoras (banir pornografia ou passar das fotos coloridas às preto e branco para economizar custos de transmissão) ou tecnoajustes infelizes (como o milagroso grafeno) — todas absurdas, impraticáveis e incapazes de pensar na escala das redes que tentam abordar.

Conforme a cultura digital fica mais rápida, de mais largura de banda e mais baseada em imagens, também se torna mais custosa e aniquiladora — tanto no sentido literal quanto no figurativo. Ela exige mais insumo e energia, e afirma a supremacia da imagem — a representação visual dos dados — como representação do mundo. Mas essas imagens não são mais verdade, e nenhuma delas é menos real do que nossa imagem do futuro. Conforme o passado se derrete no permafrost, o futuro também é sacudido pela atmosfera. O clima em mutação abala não meramente nossas expectativas, mas nossa capacidade de prever qualquer futuro.

Pouco depois da meia-noite de 1º de maio de 2017, o serviço usual de Moscou a Bangkok da Aeroflot, o voo SU270, atingiu um bolsão de turbulência violenta quando se aproximava de seu destino final.[23] Sem alerta, os passageiros foram lançados dos assentos, alguns bateram no teto da aeronave e caíram sobre os vizinhos ou nos corredores. Imagens gravadas internamente mostram passageiros confusos e ensanguenta-dos deitados nos corredores, cercados por bandejas de refei-ção e bagagens de mão.[24] Ao pousar, 27 passageiros foram le-vados imediatamente ao hospital, vários com fraturas e ossos quebrados.

"Fomos lançados contra o teto do avião, era praticamente im-possível se segurar", um dos passageiros disse à imprensa. "Pa-recia que não ia parar de sacudir, que íamos bater." A embaixada russa disse à Reuters que "houve ferimentos porque alguns pas-sageiros não haviam afivelado os cintos de segurança". Em co-municado à imprensa, a Aeroflot assegurou que "uma tripula-ção experiente pilotava o voo. O piloto tem mais de 23 mil horas de voo e o copiloto, mais de 10,5 mil horas. Contudo, a turbu-lência que atingiu o Boeing 777 era de previsão impossível".[25]

Em junho de 2016, um "breve momento de turbulência grave" sobre o golfo de Bengala deixou feridos 34 passageiros e seis tripulantes do voo MH1 da Malaysian Airlines de Londres a Kuala Lumpur.[26] As bandejas de refeição foram catapultadas da cozinha, e as agências de notícias mostraram passageiros sendo levados em macas, usando cintas no pescoço.

Três meses depois, um Boeing 777 da United Airlines que ia de Houston a Londres teve de fazer um pouso de emergên-cia no Aeroporto Shannon, da Irlanda, depois de uma "turbu-lência grave e inesperada" no meio do Atlântico. "Ele caiu qua-tro vezes seguidas", disse um passageiro.

Foi um puxão muito forte no corpo. E na terceira ou quarta vez os bebês começaram a acordar e a chorar, as pessoas acordavam sem entender o que se passava. Eu pensei: isso não é uma turbulência. Isso é o que se sente em uma queda. Não lembra nada do que eu já senti. É o mais próximo da sensação de ser disparado por um canhão. Você é puxado para baixo com tanta força que trava por um segundo, e isso aconteceu quatro vezes seguidas. Quem não estivesse com o cinto de segurança teria esmagado a cabeça.[27]

O voo foi recepcionado por ambulâncias na pista e dezesseis pessoas foram hospitalizadas.

O episódio mais grave de "turbulência de céu claro" já registrado foi o que atingiu o voo 826 da United Airlines que ia de Tóquio a Honolulu em 1997. Com duas horas de voo, minutos depois de o capitão ligar o aviso de afivelar cintos de segurança em reação ao alerta de outra aeronave, o Boeing 747 sofreu uma queda forte e voltou com tanta força que um tripulante, um comissário de bordo que estava se segurando em uma bancada, se viu de cabeça para baixo, com os pés no ar.

Uma passageira que estava sem cinto de segurança saiu do assento, bateu no teto e caiu no corredor. Ela ficou inconsciente e teve hemorragia grave. Apesar de tentativas de ressuscitação pelos comissários de bordo e por um passageiro médico, foi dada como morta logo depois. Após o avião dar meia-volta e aterrissar com segurança em Tóquio, quinze passageiros passaram por tratamento de fraturas na coluna e no pescoço, e outros 87 por machucados, distensões e feridas menores. A carcaça foi aposentada e nunca mais decolou.

Um informe posterior da Comissão Nacional de Segurança em Transportes dos Estados Unidos descobriu que sensores na aeronave registraram uma aceleração máxima de 1,814 G na primeira ascensão brusca, antes de desabar para G negativa extrema de −0,824. O avião também sofreu uma rotação descontrolada de dezoito graus — sem nenhuma pista visual ou mecânica ao piloto do que estava prestes a acontecer.[28]

Pode-se prever uma turbulência até certo nível com a análise meteorológica. A Organização Internacional da Aviação Civil (Icao, International Civil Aviation Organization) publica diariamente "mapas de condições climáticas substanciais" que

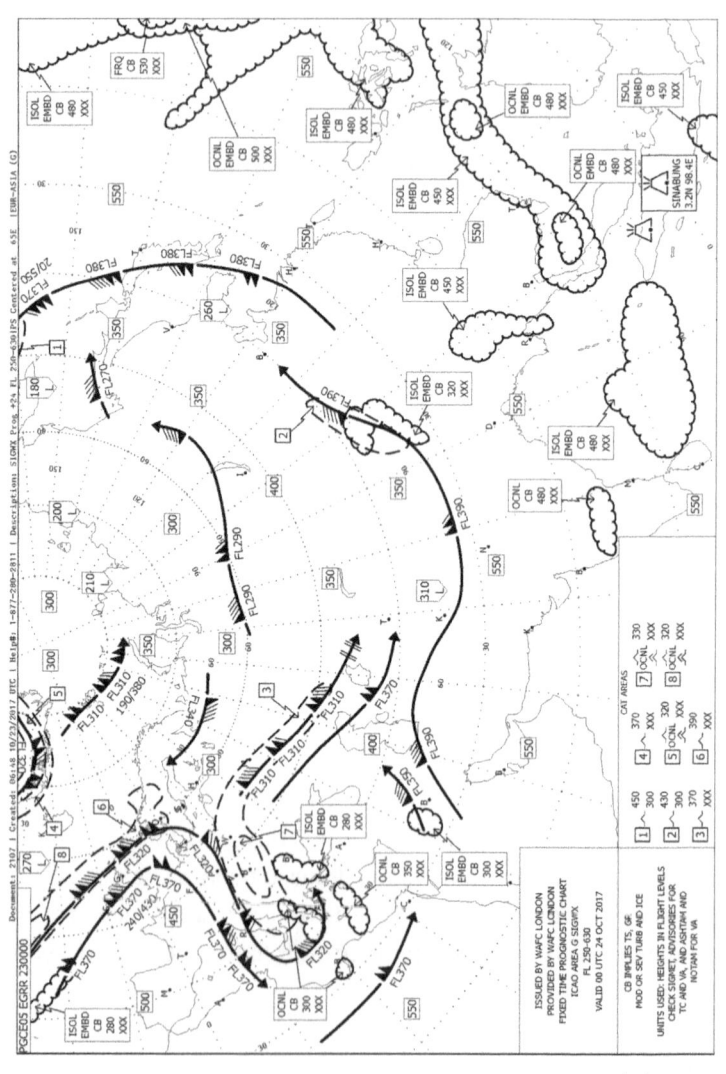

Mapa de condições climáticas substanciais na Europa e na Ásia,
fornecido pelo World Area Forecast Centre de Londres, 24 out. 2017.

incluem informações sobre altura e extensão de nuvens, velocidade eólica, frentes climáticas e possíveis turbulências. O indicador principal que se usa para determinar a possibilidade de turbulência é o Número de Richardson — aquele mesmo Lewis Fry Richardson que desenvolveu a medida em uma série de artigos da área de meteorologia nos anos 1920, relacionada a seu trabalho sobre previsão climática numérica. Ao examinar as temperaturas relativas e velocidades eólicas em diferentes zonas da atmosfera, caso essas medidas estejam disponíveis, pode-se determinar a possível turbulência entre elas.

A "turbulência de céu claro" leva esse nome porque vem literalmente do nada. Ela acontece quando se dá o encontro de massas de ar em velocidades absurdamente diferentes: conforme os ventos cortam um ao outro, criam-se vórtices e movimentos caóticos. Embora muito estudada — particularmente na alta troposfera, onde operam as aeronaves em voos de longa duração —, é algo quase impossível de se detectar ou prever. Por esse motivo, ela é muito mais perigosa do que as formas previsíveis de turbulência que acontecem perto de tempestades e sistemas climáticos vastos, pois os pilotos não têm como se preparar nem desviar dela. E os incidentes de turbulência de céu claro crescem a cada ano.

Embora o anedotário da turbulência tal como a descrita possa ter disseminação ampla, muitos incidentes, ainda que significativos em termos globais, não são relatados, e é difícil ter acesso aos números. Uma circular de orientação quanto à prevenção de ferimentos relacionados a turbulência, publicada pela Superintendência Federal de Aviação (FAA, Federal Aviation Administration) dos Estados Unidos em 2006, afirma que a frequência de acidentes por turbulência cresce de modo regular há mais de uma década, de 0,3 acidente por milhão de decolagens em 1989 a 1,7 em 2003.[29] Esses números estão seriamente desatualizados.

O motivo para o aumento na turbulência é o nível crescente de dióxido de carbono na atmosfera. Em um artigo publicado na *Nature Climate Change* em 2013, Paul Williams, do Centro Nacional de Ciências Atmosféricas da Universidade de Reading, e Manoj Joshi, da Faculdade de Ciências Ambientais da Universidade de East Anglia, traçam as implicações de uma atmosfera aquecida para a aviação transatlântica:

Aqui mostramos, utilizando simulações de modelos climáticos, que a turbulência de céu claro muda significativamente dentro do corredor de voo transatlântico quando a concentração de dióxido de carbono na atmosfera se duplica. Em altitudes de cruzeiro dentro de 50-75°N e 10-60°W no inverno, a maioria das medidas de turbulências de céu claro mostra um crescimento de 10% a 40% na potência média da turbulência e crescimento de 40% a 170% na frequência de ocasiões de turbulência moderada ou maior. Nossos resultados sugerem que a mudança climática levará a voos transatlânticos mais turbulentos em meados deste século. Os tempos de viagem podem se ampliar e o consumo de combustível, assim como as emissões, devem aumentar.[30]

Os autores desse estudo sobre turbulência enfatizam mais uma vez a natureza do feedback na alta das turbulências: "A aviação é parcialmente responsável pela mudança do clima, mas nossas conclusões mostram pela primeira vez como a mudança climática pode afetar a aviação". Esses efeitos serão sentidos sobretudo nos corredores aéreos movimentados da Ásia e do Atlântico Norte, provocando interrupções, atrasos e danos. O futuro é um trajeto acidentado e estamos perdendo até nossa capacidade de prever os choques no caminho.

Cresci nos subúrbios do sul de Londres, sob o trajeto de pouso do aeroporto de Heathrow. Ao fim do dia, sempre às

18h30, o Concorde ribombava no céu, vindo de Nova York, chacoalhando portas e caixilhos como um foguete. Naquela época, ele já voava havia mais de uma década. Seu primeiro voo foi em 1969, e a programação de voos começou em 1976. O percurso transatlântico levava três horas e meia — se você tivesse como comprar uma passagem, que nos níveis mais econômicos ficava em torno de 2 mil libras, ida e volta.

Em 1997, o fotógrafo Wolfgang Tillmans expôs uma série de 56 fotografias do Concorde que correspondem quase perfeitamente à minha memória: uma flecha negra ribombando pelo céu, visto não de uma cabine de luxo, mas do solo. No catálogo da exposição, Tillmans escreveu:

> O Concorde talvez seja o último exemplo de uma invenção tecnoutópica dos anos 1960 que ainda funciona e segue plenamente operante. Seu formato futurista, sua velocidade e seu estrondo ensurdecedor se apossam da imaginação popular tanto hoje quanto da primeira vez em que ele decolou, em 1969. É um pesadelo ambiental concebido em 1962, quando a tecnologia e o progresso eram a resposta a tudo e o céu deixava de ser limite [...]. Para os poucos escolhidos, voar no Concorde aparentemente é uma coisa glamorosa mas apertada e um pouquinho chata, enquanto observá-lo no ar, pousando ou decolando, é um espetáculo estranho e gratuito, um anacronismo supermoderno e uma imagem do desejo de superar tempo e distâncias por meio da tecnologia.[31]

O Concorde fez seu último voo em 2003, vítima tanto de seu próprio elitismo quanto da queda do voo 4590 da Air France nos subúrbios parisienses, três anos antes. Para muitos, o fim do Concorde foi o fim de uma ideia de futuro.

Resta pouco do Concorde nas aeronaves contemporâneas: os últimos aviões comerciais são resultado de avanços

Concorde, detalhe de "Concorde
Grid" (1997), Wolfgang Tillmans.

paulatinos — materiais melhores, motores mais eficientes, ajustes no desenho das asas —, em vez do avanço radical que o Concorde propunha. O último destes é meu acréscimo predileto: as "asinhas" que hoje adornam as pontas das asas da maioria das aeronaves. É uma invenção recente, desenvolvida pela Nasa em reação à crise do petróleo de 1973 e gradualmente aperfeiçoada para aeronaves comerciais para aumentar a eficiência energética. Elas sempre trazem à mente o epitáfio de Buckminster Fuller, tal como escrito na sua lápide em Cambridge, Massachusetts: "Pode me chamar de *trim tab*".* Pequenos ajustes no voo, aplicados em escala. É isso que nos resta.

A história — o progresso — nem sempre é uma linha ascendente: nem tudo lá em cima é ensolarado. E não tem nada a ver — nem pode ter — com nostalgia. Ao contrário: é reconhecer um presente que se deslindou da temporalidade linear, que diverge em modos cruciais, mas confusos, da própria ideia de história. Nada mais é claro, tampouco pode ser. O que mudou não é a dimensionalidade do futuro, mas sua previsibilidade.

Em um editorial de 2016 do *New York Times*, o meteorologista computacional e ex-presidente da Sociedade Americana de Meteorologia William B. Gail citou um número de padrões que a humanidade estuda há séculos, mas que são perturbados pela mudança climática: tendências climáticas de longo prazo, desova e migração de peixes, polinização de plantas, ciclos de monções e marés, a ocorrência de climas "extremos". Em boa parte da história registrada, esses ciclos foram previstos em grande escala e acumulamos vastas reservas de conhecimento que podemos acessar para melhor sustentar nossa civilização

---

* A *trim tab* é uma aleta compensadora que, apesar de pequena, tem a capacidade de alterar o rumo de grandes navios e aeronaves. Na famosa frase de Buckminster Fuller, que depois lhe serviria de epitáfio, serve de metáfora para a possibilidade de pequenas mudanças individuais impactarem a sociedade. [N. E.]

cada vez mais entrelaçada. Com base nesses estudos, aos poucos ampliamos nossas capacidades de previsão, de saber quais lavouras plantar em que época do ano, de prever secas e incêndios em florestas, da dinâmica predadores/presas e do rendimento esperado na agricultura e na piscicultura.

A civilização em si depende dessa previsão precisa, e ainda assim nossa capacidade de manter essa previsão vem falhando conforme os ecossistemas começam a se decompor e tempestades que batem recordes centenários nos assolam repetidamente. Sem previsões precisas de longo prazo, os fazendeiros não têm como plantar as lavouras certas; os pescadores não conseguem safra; não há como planejar a defesa de enchentes e incêndios; não há como determinar recursos energéticos e alimentícios nem atender à demanda. Gail prevê um período no qual nossos netos poderão saber menos sobre o mundo em que vivemos do que hoje, com eventos catastróficos correspondentes para sociedades complexas.[32] Talvez, ele se questiona, já tenhamos passado do "pico do conhecimento", assim como já devemos ter passado do pico do petróleo. Uma nova idade das trevas se aproxima.

O filósofo Timothy Morton chama o aquecimento global de "hiperobjeto": uma coisa que nos cerca, nos envolve e nos emaranha, mas que é literalmente grande demais para se ver por completo. Acima de tudo, percebemos hiperobjetos através de sua influência em outras coisas — uma calota polar que derrete, um mar moribundo, a turbulência de um voo transatlântico. Hiperobjetos acontecem em todo lugar ao mesmo tempo, mas só temos como vivenciá-los no ambiente local. Podemos entender os hiperobjetos como algo pessoal porque nos afetam diretamente, ou imaginá-los como produtos da teoria científica; na verdade, eles ficam de fora tanto de nossa percepção quanto de nossa mensuração. Eles existem sem nós. Por estar tão próximos e ainda assim ser difíceis de enxergar, eles desafiam nossa capacidade de descrevê-los racionalmente e dominá-los ou superá-los no sentido tradicional. A mudança climática é um hiperobjeto, mas a radiação nuclear, a evolução e a internet também são.

Uma das características principais dos hiperobjetos é que só chegamos a perceber suas marcas em outras coisas e, assim, modelar o hiperobjeto requer vastas doses de computação. É uma coisa que só se pode estimar no nível da rede, que se torna sensata através de vastos sistemas distribuídos de sensores, exabytes de dados e computação, executados no tempo e também no espaço. Por conta disso, o registro científico se torna uma forma de percepção extrassensorial: a construção de conhecimento em rede, comunal, viajante do tempo. Essa característica é exatamente o que o torna anátema a certa variedade de pensamento — a que insiste na capacidade de tocar e sentir as coisas que são intangíveis e insensíveis, e subsequentemente rejeita as coisas que não pode pensar. As discussões sobre a existência da mudança climática na verdade são debates sobre o que podemos pensar.

E não conseguiremos pensar muito mais. Nos tempos pré-industriais, de 1000 a 1750, o dióxido de carbono na atmosfera variou entre 275 e 285 partes por milhão (ppm) — níveis que conhecemos por estudar núcleos de gelo, as mesmas baterias de conhecimento que estão derretendo no Ártico. A partir da alvorada da era industrial, essa concentração começou a subir, chegando a 295 ppm no início do século XX e 310 ppm por volta de 1950. A tendência — chamada de Curva de Keeling, por causa do cientista que começou as medidas modernas no observatório Mauna Loa no Havaí, em 1958 — está sempre subindo e acelerando. Era 325 ppm em 1970, 350 em 1988, 375 em 2004.

Em 2015, e pela primeira vez em (no mínimo) 800 mil anos, o dióxido de carbono na atmosfera superou 400 ppm. No ritmo atual, que não demonstra sinais de abrandamento — e não há

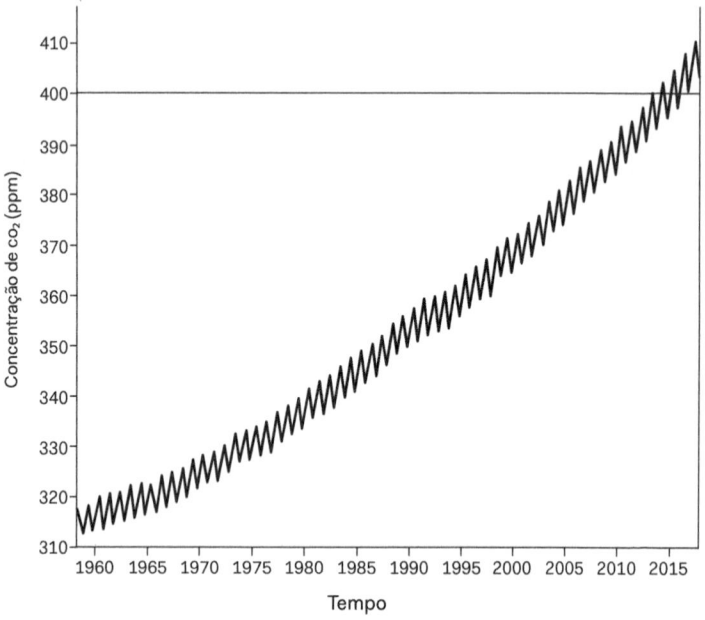

Gráfico I — A Curva de Keeling até 21 de outubro de 2017

Fonte: Dados do Scripps Institution of Oceanography.

nenhuma mostra de que vamos parar —, o CO_2 atmosférico vai superar 1000 ppm até o fim do século.

A 1000 ppm, a capacidade cognitiva humana cai 21%.[33] Em concentrações atmosféricas mais altas, o CO_2 não nos deixa pensar de forma clara. O CO_2 a céu aberto já chega a 500 ppm com frequência em cidades industriais: sob um teto, em casas, escolas e ambientes de trabalho mal ventilados, normalmente ele pode superar 1000 ppm. Medidas substanciais de escolas na Califórnia e no Texas em 2012 romperam os 2000 ppm.[34]

O dióxido de carbono anuvia a mente: ele prejudica diretamente nossa capacidade de pensar com clareza, e estamos murando-o em nossos centros de educação e o bombeando para a atmosfera. A crise do aquecimento global é uma crise da mente, uma crise do pensamento, uma crise em nossa capacidade de pensar outro jeito de ser. Logo não conseguiremos pensar de modo algum.

A degradação de nossas capacidades cognitivas é espelhada em escala no colapso das rotas de jatos transatlânticos, no enfraquecimento das redes de comunicação, no apagamento da diversidade, no derretimento das reservas de conhecimento histórico: são sinais e portentos de uma incapacidade maior de pensar no nível da rede, de sustentar o pensamento e a ação em escala civilizatória. As estruturas que construímos para ampliar nossos sistemas vitais, nossa interface cognitiva e tátil com o mundo, são as únicas ferramentas que temos para sentir o mundo dominado pela emergência dos hiperobjetos. Justo quando estamos começando a percebê-los, nossa capacidade de perceber está desaparecendo.

Pensar na mudança climática é algo que é prejudicado pela própria mudança climática, justamente quando as redes de comunicação são subjugadas pelo chão mole, justamente quando nossa capacidade de se debater e agir sobre a transformação ambiental e tecnológica emaranhada é reduzida por nossa incapacidade de conceber sistemas complexos. E, ainda assim, no cerne de nossa crise atual, está o hiperobjeto da rede: a internet e as modalidades de vida e os modos de pensar que ela entrelaça. Talvez singular entre os hiperobjetos, a rede é o formato cultural emergente, gerado a partir de nossos desejos conscientes e inconscientes em diálogo com a matemática, os elétrons, o silício e a fibra de vidro. O fato de essa rede ser, no momento, (mal) utilizada para acelerar a crise, como veremos em capítulos subsequentes, não significa que ela não retenha o potencial de iluminar.

A rede é a melhor representação da realidade que construímos, exatamente porque ela também é muito difícil de imaginar. Carregamos a rede nos bolsos e construímos postes para transportá-la e palácios de dados para processá-la, mas ela não é reduzível a uma unidade discreta; ela é um não local e inerentemente contraditória — e *esse é o estado do próprio mundo*. A rede é criada de modo contínuo, proposital e desconhecido. Viver na nova idade das trevas exige reconhecer tais contradições e incertezas, esses estados de desconhecimento útil. Assim a rede, devidamente entendida, pode ser guia para pensar outras incertezas; tornar tais incertezas visíveis deve ser feito precisamente para que possam ser pensadas. Lidar com hiperobjetos exige a fé na rede, um modo de ver, pensar e agir. Isso é negar os laços de tempo, lugar e experiência individual que caracterizam nossa incapacidade de pensar os desafios da nova idade das trevas. Ela insiste em uma afinidade com o numenal e o incerto. Diante da atomização e da alienação, a rede continuamente afirma a impossibilidade da separação.

4.
Cálculo

Os escritores de ficção científica, cuja ideia de tempo costuma ser diferente daquela de pessoas comuns, têm um termo para invenções concomitantes: "hora do vapor". William Gibson o explica da seguinte forma:

> Existe uma ideia na comunidade da ficção científica chamada hora do vapor, que é o nome que se dá quando, de uma hora para outra, aparecem vinte ou trinta autores com histórias sobre a mesma ideia. Chamamos de hora do vapor pois ninguém sabe por que o motor a vapor surgiu na época em que surgiu. Ptolomeu demonstrou sua mecânica e, tecnicamente, não havia nada que impedisse os romanos de fazer um motor a vapor. Eles tinham pequenos motores de brinquedo e aptidão metalúrgica para construir tratores de aço. Só não lhes ocorreu fazer isso.[1]

Motores a vapor surgem quando é hora do vapor: um processo quase mítico, quase teleológico, porque existe fora da armação que temos para entender o progresso histórico. O conjunto de coisas que teve de se conectar para essa invenção acontecer inclui tantos raciocínios e acontecimentos nos quais não temos como pensar nem saber que seu surgimento é como o de uma nova estrela: mágico e até então impensável. Os primeiros tratados sobre magnetismo foram escritos de modo independente na Grécia e na Índia por volta de 600 a.C., e na

China no século I d.C. A fornalha surgiu na China no século I e na Escandinávia no século XII — existe a possibilidade de transferência tecnológica, mas o povo haya no noroeste da Tanzânia também produzia aço havia 2 mil anos, muito antes de a tecnologia se desenvolver na Europa. No século XVII, Gottfried Wilhelm Leibniz, Isaac Newton e outros formularam independentemente as regras do cálculo. No século XVIII, a percepção do oxigênio emergiu quase simultaneamente nas obras de Carl Wilhelm Scheele, Joseph Priestley, Antoine Lavoisier e outros, enquanto, no século XIX, tanto Alfred Russel Wallace quanto Charles Darwin propuseram a teoria da evolução. Esses relatos desmentem a narrativa heroica da história — o gênio solitário labutando para criar uma perspectiva singular. A história é interconectada e atemporal: a hora do vapor é uma estrutura multidimensional, invisível a um sensório atado ao tempo, mas não insensível ao tempo.

Apesar de tais realidades, há algo maravilhoso quando você ouve alguém contar uma história que faz sentido: que dá sentido a quem eram aquelas pessoas, de onde vieram; o sentido de que alguma coisa que elas fizeram *faz sentido*, que há história e progresso por trás de tudo, que teve de acontecer daquela exata maneira — e que teve de acontecer com elas, por causa da própria narrativa.

Tim Berners-Lee, inventor da World Wide Web, palestrou dentro de uma barraca no País de Gales em 2010. Sua fala tinha o título "How the World Wide Web Just Happened" [Como a World Wide Web aconteceu de uma hora para outra].[2] É uma fala jubilosa, tanto uma exegese da computação quanto uma narrativa do herói humilde. Os pais de TBL, Conway Berners-Lee e Mary Lee Woods, eram cientistas da computação; eles se conheceram e se casaram em Manchester nos anos 1950, enquanto trabalhavam no Ferranti Mark 1, o primeiro computador eletrônico polivalente à venda para o grande público.

Conway, mais tarde, inventou uma técnica para editar e condensar textos; Mary criou uma simulação dos trajetos de ônibus de Londres que foi utilizada para reduzir os atrasos. TBL descreve sua infância como "um mundo cheio de computação", e em seus primeiros experimentos ele construiu ímãs e comutadores a partir de pregos e arame; seu primeiro aparato foi uma pistola com controle remoto, na forma de uma ratoeira, para atacar os irmãos. Ele comenta que o transistor tinha sido inventado na época de seu nascimento, e que quando ele chegou ao ensino médio estava começando a ser vendido em pacotes nas lojas de eletrônicos da Tottenham Court Road. TBL começou a construir circuitos rudimentares para campainhas e alarmes antirroubo; conforme desenvolveu suas habilidades de solda, também cresceu a gama de transistores, o que possibilitou que ele começasse a construir circuitos mais complexos. A chegada dos primeiros circuitos integrados, por sua vez, permitiu que ele criasse monitores de vídeo a partir de TVs antigas, até ele ter todos os componentes de um computador de verdade — que nunca ligou, mas tudo bem. Nessa época ele já estava na universidade, estudando física; depois, trabalhou com tipografia para impressoras digitais, antes de se filiar ao Cern, onde desenvolveu a ideia do hipertexto — explicada previamente por Vannevar Bush, Douglas Engelbart e outros. E por causa do local onde ele trabalhava e da necessidade de os pesquisadores compartilharem informação interconectada, ele vinculou sua invenção ao Transmission Control Protocol (TCP) e ao Domain Name System (DNS), que sustentavam a internet que surgiu, e — tá-dá! — a World Wide Web aconteceu de uma hora para outra, do modo natural e óbvio que tinha de ser.

É claro que essa é apenas uma maneira de contar a história, mas ela nos atiça porque faz sentido: o arco crescente de invenção — o gráfico que é sempre ascendente — acoplado a uma história pessoal que leva a diversas interconexões e uma faísca de discernimento na hora certa, no instante exato. A web aconteceu por causa da história dos microprocessadores, das telecomunicações, da indústria da guerra, da demanda comercial e de um monte de descobertas e patentes e fundos de pesquisa empresarial e artigos acadêmicos e do próprio histórico familiar de TBL; mas também aconteceu porque era a Hora da Web: por um instante, as inclinações da cultura e da tecnologia convergiram em uma invenção que, em retrospecto, foi prevista por tudo, desde antigas enciclopédias chinesas até o resgate de microfilmes e os contos de Jorge Luis Borges. A web era uma necessidade, por isso apareceu — pelo menos nessa linha temporal.

A computação é especialmente propensa a essas narrativas justificatórias, que provam sua própria necessidade e inevitabilidade. O sine qua non das profecias tecnológicas autorrealizáveis é o que se conhece como Lei de Moore, proposta inicialmente por Gordon Moore, cofundador da Fairchild Semiconductor e depois da Intel, em um artigo para a revista *Electronics* em 1965. A sacada de Moore foi de que o transistor — na época, como observou Tim Berners-Lee, com menos de uma década de vida — estava encolhendo, e com rapidez. Moore mostrou que o número de componentes por circuito integrado duplicava a cada ano, e projetou que isso prosseguiria na década seguinte. Por sua vez, esse aumento veloz na capacidade de processamento renderia ainda mais aplicações fantásticas: "Circuitos integrados levarão a maravilhas como computadores caseiros — ou terminais conectados a um computador central, pelo menos —, controles automáticos para automóveis e equipamento de comunicação pessoais e portáteis. O relógio de pulso eletrônico precisa apenas de um visor para se tornar viável".[3]

Uma década depois, ele repensou uma parte de sua previsão e disse que o processamento dobraria a cada dois anos. Outros marcaram por volta de dezoito meses e, apesar de inúmeras

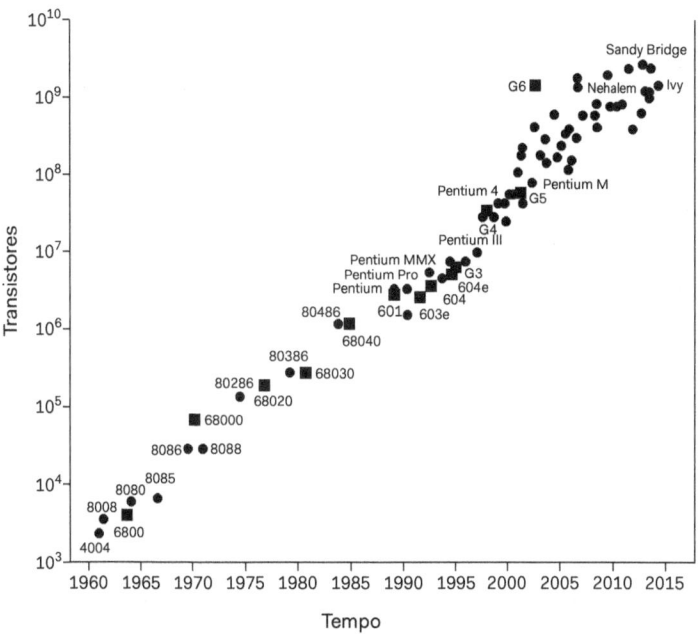

proclamações de sua morte iminente, a regra geral se manteve aproximadamente verídica desde então. Em 1971, a dimensão dos semicondutores — a menor unidade discreta de fabricação — era de dez micrômetros, ou um quinto do diâmetro do fio de cabelo humano. Em 1985, era um micrômetro. Depois, no início dos anos 2000, caiu para menos de cem nanômetros — o diâmetro de um vírus, seja lá para que sirva saber disso. No início de 2017, já havia semicondutores com dimensão de dez nanômetros em smartphones. Acreditava-se que a miniaturização seria impossível abaixo dos sete nanômetros, o ponto em que os elétrons ficariam livres para se movimentar em qualquer superfície por tunelamento quântico; em vez disso, gerações futuras de transistores vão aproveitar esse efeito para fazer chips do tamanho dos próprios átomos, enquanto outros preveem um futuro de máquinas biológicas compostas de DNA e proteínas customizadas a partir da nanoengenharia.

Até o momento, sempre em ritmo ascendente. O princípio da miniaturização e o movimento concomitante na potência computacional são a onda crescente que Berners-Lee pegou ao longo dos anos 1960, 70 e 80, para nos trazer, de forma ordeira e inevitável, a World Wide Web e o mundo interconectado de hoje. Mas a Lei de Moore, apesar do nome com que passou a ser conhecida (que o próprio Moore não usaria por duas décadas), não é uma lei. Na verdade, é uma projeção — nos dois sentidos da palavra. É uma extrapolação a partir dos dados, mas também um fantasma criado pela dimensionalidade restrita de nossa imaginação. É uma confusão no mesmo sentido do viés cognitivo que alimenta nossa preferência por historiografias heroicas, mas no sentido oposto. Enquanto um viés nos leva a ver a marcha inevitável do progresso ao longo dos fatos históricos até nosso momento atual, outro viés nos leva a encarar esse progresso seguindo inevitavelmente futuro adentro. E, tal como são essas projeções, ela tem capacidade tanto de moldar o futuro como de influenciar, de modo fundamental, outras projeções — independentemente da estabilidade de sua premissa original.

O que começou como observação espontânea se tornou leitmotiv do longo século XX, alcançando a aura de lei da física. Porém, ao contrário das leis da física, a Lei de Moore é absolutamente dependente de outros fatores: não apenas de técnicas de fabricação, mas de descobertas nas ciências físicas, dos sistemas econômico e social que sustentam investimentos em produtos e seus mercados. Ela também depende dos desejos de seus consumidores, que passaram a estimar as coisinhas brilhosas que a cada ano ficam menores e mais rápidas. A Lei de Moore não é apenas técnica ou econômica; ela é libidinal.

A partir dos anos 1960, o desenvolvimento cada vez mais ve-loz da capacidade dos circuitos integrados definiu toda a indús-tria da computação: conforme apareceram novos modelos de chips, a expansão da capacidade ficou intrinsecamente atada ao desenvolvimento do próprio semicondutor. Nenhum fabri-cante de hardware nem desenvolvedor de software conseguiu criar sua própria arquitetura; tudo tinha de rodar na arquite-tura de alguns poucos fornecedores, que continuavam gerando chips cada vez mais densos e mais potentes. Quem construía os chips determinava a arquitetura da máquina, até chegar ao consumidor final. Um dos resultados foi o crescimento da in-dústria do software: primeiro dominaram as empresas gigan-tes como Microsoft, Cisco e Oracle, não mais dependentes dos fabricantes de hardware, e depois se chegou ao poder econô-mico — cada vez mais político e ideológico — do Vale do Silí-cio. Outro efeito, segundo muitos na indústria, foi o fim da cul-tura do artesanal, do atencioso, da eficiência no software em si. Enquanto os primeiros desenvolvedores tinham de encon-trar virtudes em recursos escassos, otimizando infinitamente seu código e trazendo soluções cada vez mais elegantes e eco-nômicas a problemas de cálculo complexos, com o avanço ve-loz na potência dos processadores, os programadores só teriam de esperar dezoito meses até surgir uma máquina com o dobro da potência. Por que ser parcimonioso com os recursos que se tem quando a abundância, em proporções bíblicas, está logo ali na próxima temporada de vendas? Com o tempo, o próprio fundador da Microsoft foi vinculado a outra regra empírica dos cientistas da computação: a Lei de Gates, que afirma que, por causa de um código inútil e ineficiente, assim como dos recur-sos redundantes, a velocidade dos softwares cai pela metade a cada dezoito meses.

Este, portanto, é o verdadeiro legado da Lei de Moore: con-forme o software virou central à sociedade, sua curva de potência sempre ascendente passou a ser associada à própria ideia de progresso: um futuro de abundância ao qual o presente não precisa fazer nenhum ajuste. Uma lei da computação se tornou uma lei da economia, que se tornou uma lei moral — e que levou a suas próprias acusações de exagero e decadência. Até Moore soube estimar as implicações mais amplas de sua teoria, tendo dito à *Economist* no quadragésimo aniversário de seu surgimento: "A Lei de Moore vai contra a Lei de Murphy. Tudo fica cada vez melhor".[4]

Hoje, por consequência direta da Lei de Moore, vivemos uma era de computação ubíqua, de nuvens de potência computacional aparentemente infinita, e as implicações morais e cognitivas da Lei de Moore são vistas em cada aspecto de nossa vida. Mas apesar de todo o empenho dos que trabalham com túneis quânticos e com nanobiologia, com quem está sempre testando os limites da invenção, nossa tecnologia começa a alcançar nossa filosofia. Descobriu-se que o que vale na pesquisa com semicondutores — por enquanto — não vale fora dela: nem como lei científica, nem como lei natural, nem como lei moral. E se decidirmos observar criticamente o que nossa tecnologia nos diz, talvez comecemos a perceber onde deu errado. O erro está à vista nos dados — mas muitas vezes se usa os próprios dados como argumento.

Em uma matéria de 2008 na revista *Wired*, intitulada "End of Theory" [O fim da teoria], Chris Anderson defendeu que a vasta disponibilidade de dados aos pesquisadores atuais tornava o processo científico tradicional obsoleto.[5] Não haveria mais necessidade de construir modelos do mundo e testá-los diante dos dados. Em vez disso, a complexidade dos conjuntos de dados imensos e totalizantes seria processada por aglomerados que nos dariam a verdade em si: "Com a devida quantidade de dados, os números falam por si". Como exemplo, Anderson citou os algoritmos de tradução do Google, que, sem conhecimento das estruturas subjacentes dos idiomas, estavam aptos a inferir a reação entre eles usando vastos *corpora* de traduções. Ele ampliou essa abordagem para genômica, neurologia e física, onde cientistas cada vez mais se voltam à computação de larga escala para encontrar sentido em volumes de informação que recolheram sobre sistemas complexos. Na era do big data, defendeu ele, "a correlação já basta. Podemos parar de procurar modelos".

Essa é a magia do big data. Você não tem de conhecer nem entender nada sobre o que estuda; é só depositar toda a sua fé na verdade emergente da informação digital. Em certo sentido, a falácia do big data é a conclusão lógica do reducionismo científico: a crença de que se pode entender sistemas complexos desmontando suas pecinhas e estudando cada uma isoladamente. E essa abordagem reducionista se sustentaria se, na prática, mantivesse o ritmo de nossas experiências; na realidade, ela anda se provando insuficiente.

A Lei de Eroom na pesquisa e no desenvolvimento de farmacêuticos

**Gráfico 2 — Tendência geral na eficiência de pesquisa
e desenvolvimento (ajustada à inflação)**

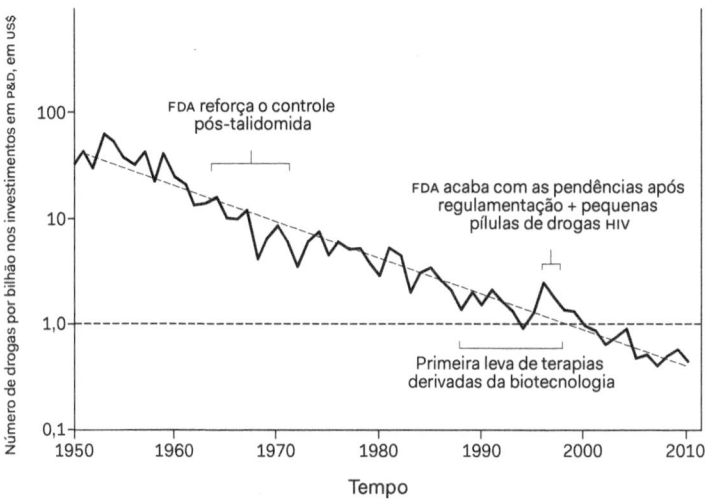

Gráfico 3 — Taxa de declínio ao longo de período de dez anos

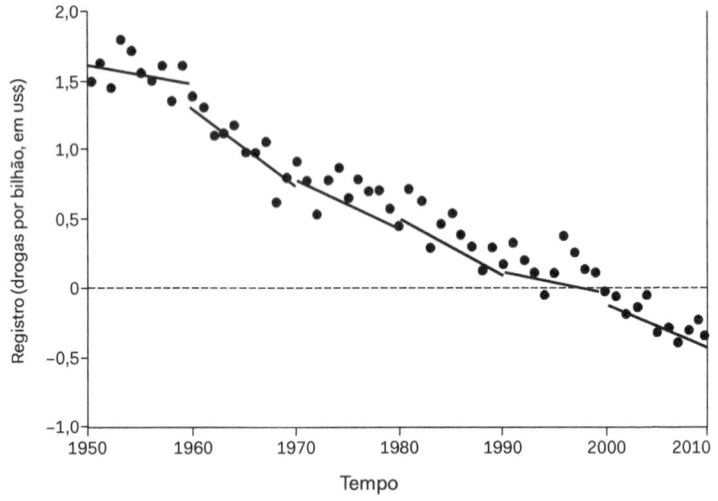

Gráfico 4 — Ajuste para atraso de cinco anos em impacto de investimentos

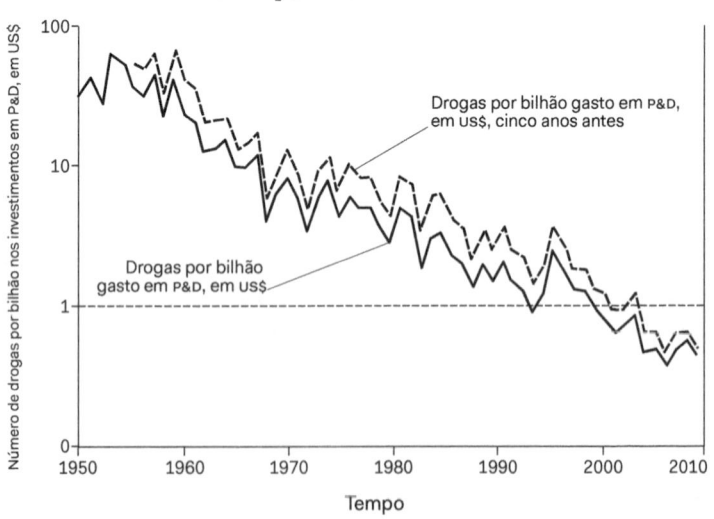

Dados de Jack W. Scannell, Alex Blanckley, Helen Boldon e Brian Warrington, "Diagnosing the Decline in Pharmaceutical R&D Efficicency" [Diagnosticando o declínio na eficácia da P&D farmacêutica], *Nature Review Drugs Discovery*, vol. II, n. 3, pp. 191-200, mar. 2012.

Um dos pontos em que ficou cada vez mais evidente que a dependência de uma vasta quantidade de dados por si só é prejudicial ao método científico é a pesquisa na área da farmacologia. Nos últimos sessenta anos, apesar do crescimento enorme da indústria farmacológica e do investimento concomitante em descoberta de medicamentos, a velocidade com que se disponibilizam novas drogas caiu, se comparada à quantidade de dinheiro gasto em pesquisa — e caiu de forma consistente e mensurável. O número de novas drogas aprovadas por investimento de bilhão de dólares em pesquisa e desenvolvimento nos Estados Unidos caiu pela metade a cada nove anos desde 1950. A tendência de queda é tão clara que os pesquisadores cunharam um termo: Lei de Eroom — ou seja, Lei de Moore ao contrário.[6]

A Lei de Eroom exemplifica a percepção cada vez mais difundida nas ciências de que há algo absurdamente errado com a pesquisa. O número de resultados não só cai, mas esses resultados ficam menos confiáveis graças a uma misto de mecanismos.

Uma das métricas do progresso científico é o número de artigos que se publica em revistas científicas — e o número correspondente de retratações que os acompanha. Dezenas de milhares de artigos científicos são publicados por semana, sendo que um punhado deles passará por retratações — mas essa minoria já provoca grande preocupação na comunidade científica.[7] Um estudo de 2011 mostrou que houve um crescimento de dez vezes em retratações na década anterior — descoberta que lançou uma corrida para saber mais sobre o problema e descobrir o que causara o aumento.[8] Um dos resultados mais surpreendentes foi a descoberta de uma correlação robusta entre o índice de retratações nas revistas e seu impacto; ou seja, artigos publicados em revistas de maior visibilidade tinham maior probabilidade de ser desmentidos do que os publicados em revistas de visibilidade menor.

Um estudo subsequente descobriu que mais de dois terços desses desmentidos na área biomédica e biológica se deviam à conduta imprópria dos pesquisadores, e não a erros — e os autores observaram que o resultado só podia ser uma estimativa baixa, pois fraudes, dada sua natureza, eram pouco notificadas.[9] (Isso fica ilustrado com clareza no levantamento que descobriu que, embora apenas 2% dos cientistas admitissem falsificar dados, 14% disseram que conheciam alguém que os falsificava.)[10] Além disso, a porcentagem de artigos fraudulentos estava crescendo no total de retratações.[11] Isso foi chocante para muitos cientistas, e se difundia a crença de que a maioria das retratações se devia a meros enganos. Além disso, não desmentir prejudica o panorama mais amplo, o que leva a mais ciência malfeita.

Houve vários casos de fraudes de longo prazo por parte de pesquisadores experientes que ganharam destaque. No fim dos anos 1990, o biotecnólogo sul-coreano Hwang Woo-suk foi tratado como "orgulho da Coreia" graças ao seu sucesso na clonagem de vacas e porcos, tornando-se um dos primeiros pesquisadores no mundo a conseguir o feito. Embora nunca tenha fornecido dados cientificamente verificáveis, ele era ávido por aparecer em fotos, sobretudo com políticos, e dava um incentivo à autoestima nacional sul-coreana. Em 2004, depois de célebres afirmações de que havia clonado com sucesso células-tronco embrionárias humanas — o que se acreditava impossível —, Woo-suk foi acusado de coagir suas próprias pesquisadoras a doarem óvulos. Isso não impediu a revista *Time* de nomeá-lo uma das "pessoas que fazem a diferença" do ano e afirmar que ele "já provava que a clonagem humana não é mais ficção científica, mas verdade".[12] Investigações éticas em andamento tiveram oposição pública de políticos, jornais patriotas e até manifestações públicas, enquanto mais de mil mulheres se comprometiam a doar os próprios óvulos à pesquisa.

Independente disso, em 2006 se revelou que sua pesquisa era totalmente fabricada. Seus artigos foram desmentidos e ele foi condenado a dois anos de cadeia.

Em 2011, Diederi Stapel, reitor da Faculdade de Ciências Sociais e de Comportamento da University de Tilburg, foi obrigado a se demitir quando se revelou que ele havia armado os resultados de quase todos os estudos que assinava, até mesmo de seus orientandos. Stapel, assim como Hwang, era uma espécie de celebridade em seu país natal, tendo publicado diversos estudos que agitaram a sociedade holandesa. Em 2011, por exemplo, ele publicou um estudo baseado na principal estação ferroviária de Utrecht que aparentemente mostrava que o povo ostentava mais comportamentos racistas em ambiente sujos, e outro afirmando que comer carne deixava o público mais egoísta e antissocial.[13] Ambos se sustentavam em dados inexistentes. Quando foi denunciado, Stapel atribuiu seu comportamento ao medo de fracasso e à pressão sobre acadêmicos para publicar com frequência e proeminência com o objetivo de manter seu cargo.

Hwang e Stapel, embora fora da curva, talvez encarnem um dos motivos pelos quais há maior probabilidade de artigos em revistas de relevo passarem por retratações: são os de autoria dos cientistas que fazem as grandes afirmações e que estão sob maior pressão profissional e social. Mas essas fraudes também vêm sendo reveladas por uma série de efeitos da rede, conectados: a abertura cada vez maior da prática científica, a aplicação da tecnologia à análise das publicações científicas e a disposição cada vez maior de outros cientistas — particularmente os iniciantes — a contestar resultados.

Conforme se disponibilizam mais artigos científicos a comunidades maiores através dos programas de acesso livre e da distribuição online, o número deles que passam por um maior escrutínio aumenta. Nem todo esse escrutínio é humano:

universidades e empresas criaram uma gama de produtos para conferir automaticamente artigos científicos atrás de plágios, comparando-os a enormes bancos de dados de publicações. Os estudantes, por sua vez, criaram técnicas — como o "Rogeting", cujo nome vem do dicionário analógico Roget e significa substituir palavras meticulosamente por sinônimos no texto original — para enganar os algoritmos. Cria-se uma corrida armamentista entre escritor e máquina, sendo que os últimos detectores de plágios empregam redes neurais para pescar palavras e expressões incomuns que possam ressaltar que houve manipulação. Mas nem plágios nem fraudes escancaradas bastam para dar conta da crise maior na ciência: a replicabilidade.

A replicação é a pedra fundamental do método científico: ela exige que qualquer experimento seja replicável por outro grupo de pesquisadores independentes. Só que, na verdade, pouquíssimos experimentos são replicados —, e quanto mais são, menos passam no teste. No Centro pela Ciência Acessível (Center for Open Science) da Universidade da Virgínia, uma iniciativa chamada Projeto Reprodutibilidade vem, desde 2011, tentando replicar as descobertas de cinco estudos de referência sobre câncer, cuja replicabilidade devia ser garantida. Mas, no caso, depois de reconstruções meticulosas, apenas dois dos experimentos foram reproduzíveis; dois foram inconclusivos e um foi considerado um fracasso total. E o problema não está limitado à medicina: um estudo geral realizado pela *Nature* descobriu que 70% dos cientistas não conseguiram replicar as descobertas de outros pesquisadores.[14] De forma generalizada, da medicina à psicologia, da biologia às ciências ambientais, os pesquisadores começam a perceber que muitos dos fundamentos da pesquisa podem ser falhos.

Os motivos por trás da crise são múltiplos e, tal como os casos de fraude que constituem parcela relativamente pequena do problema, são em parte resultado da visibilidade aumentada da pesquisa e da possibilidade aumentada de revisão. Mas há outros problemas mais sistêmicos: desde a pressão sobre os cientistas para que publiquem — o que significa que resultados questionáveis ficam mais atrativos e exemplos contrários são sorrateiramente arquivados — até as próprias ferramentas com que se geram resultados científicos.

A mais controversa dessas técnicas é a *p*-hacking. *P* significa probabilidade, que denota o valor com que um resultado experimental pode ser considerado estatisticamente significativo. A capacidade de calcular o valor *p*, em várias situações, transformou-o em baliza usual para o rigor científico em experimentos. Em diversas disciplinas, há uma espécie de acordo de que um valor *p* menor do que 0,05 — ou seja, chance menor do que 5% de uma correlação ser questão de acaso, ou de um falso positivo — é sinal de hipótese bem-sucedida. Mas, como resultado desse acordo, o valor de *p* menor do que 0,05 se torna alvo, em vez de medida. Pesquisadores, com uma determinada meta a atingir, podem se afastar seletivamente de grandes volumes de dados para provar qualquer hipótese.

Como exemplo de funcionamento do *p*-hacking, vamos à hipótese de que os dados verdes, singulares entre todos os dados, estão viciados. Pegue dez dados verdes e jogue cada um deles cem vezes. Das mil jogadas, 183 darão seis. Se os dados fossem absolutamente justos, o número de viradas seis deveria ser 1000/6, que dá 167. Há alguma coisa aí. Para determinar a validade do experimento, precisamos calcular seu valor *p*. Mas o valor *p* não tem nada a ver com a hipótese real: é apenas a probabilidade de que dados aleatórios dariam 183 ou mais viradas seis. Em mil jogadas de dados, essa probabilidade é de apenas 4%, ou *p* = 0,04 — e, assim, temos um resultado experimental que muitas comunidades científicas consideram suficiente para publicação.[15]

Por que um processo tão ridículo devia ser visto como algo mais do que simplificação tosca? Não devia — fora o fato de que ele funciona. É fácil de calcular e fácil de ler, o que significa que cada vez mais revistas usam-no como marca de confiabilidade quando peneiram milhares de propostas. Além disso, o *p*-hacking não depende apenas de conseguir resultados fortuitos e trabalhar com eles. Os pesquisadores podem esquadrinhar vastidões de dados até encontrar os resultados de que precisam. Digamos que, em vez de jogar dez dados verdes, eu também jogasse dez azuis, dez amarelos, dez vermelhos, e assim por diante. Eu podia jogar cinquenta cores e a maioria delas sairia perto da média. Mas, quanto mais eu jogasse, mais chance eu teria de um resultado anômalo — e é este que eu posso publicar. A prática rendeu outro nome ao *p*-hacking: *data dredging*, ou dragagem de dados. O *data dredging* ficou especialmente infame nas ciências sociais, onde redes sociais e outras fontes de big data comportamental aumentaram de forma repentina, e a quantidade de informação que se disponibiliza a pesquisadores é vasta. Mas a difusão do *p*-hacking não está limitada às ciências sociais.

Uma análise abrangente de 100 mil artigos de acesso livre em 2015 encontrou provas de *p*-hacking em diversas áreas.[16] Os pesquisadores escavaram os artigos atrás de cada valor *p* que pudessem encontrar e descobriram que a vasta maioria roçava o 0,05 — prova, disseram eles, de que muitos cientistas estavam ajustando seus experimentos, conjuntos de dados ou métodos estatísticos para chegar a um resultado que cruzasse o limiar de significância. Foram resultados como esse que levaram o editor da *PLOS One*, uma revista proeminente da área médica, a publicar um editorial atacando métodos estatísticos em pesquisa com o título "Why Most Published Research Findings Are False [Por que a maioria dos resultados de pesquisa publicados é falsa].[17]

Neste momento, vale enfatizar que *data dredging* não é a mesma coisa que fraude. Mesmo que os resultados não se sustentem, uma das maiores preocupações da comunidade científica não é que os pesquisadores possam estar propositalmente maquiando resultados, mas que possam estar fazendo isso de forma inconsciente, graças ao misto de pressão institucional, requisitos de publicação fracos e do volume de dados que têm à disposição. A mescla do aumento de desmentidos, da queda da replicabilidade e da complexidade inerente à análise e distribuição científica diz respeito a toda a comunidade científica, e essa preocupação é corrosiva em si. A ciência depende da confiança: confiança entre pesquisadores e confiança do público nos pesquisadores. Qualquer erosão dessa confiança é extremamente prejudicial ao futuro da pesquisa científica, seja provocada pela ação proposital de algumas maçãs podres ou disseminada entre vários agentes e causas, muitos deles próximos do incognoscível.

Alguns acadêmicos vêm alertando há décadas quanto a uma possível crise no controle de qualidade científica e muitos deles vincularam a crise ao crescimento exponencial em dados e pesquisas. Nos anos 1960, Derek de Solla Price — que estudou as redes fechadas formadas entre artigos e escritores através de citações e campos de estudo em comum — pôs em um gráfico a curva de crescimento da ciência. Os dados que ele empregou refletiam fatores de ampla gama, desde a produção material até o abastecimento de aceleradores de partículas, a fundação de universidades e a descoberta de elementos. Assim como na Lei de Moore, tudo se orienta em um ritmo ascendente. Se a ciência não passasse por uma mudança radical nos modos de produção, temia Solla Price, ia se deparar com saturação, quando sua capacidade de absorver e agir significativamente conforme a quantidade de informação disponível começaria a decair, seguida pela "senilidade".[18] Spoiler: a ciência não mudou.

Em tempos recentes, esses temores se solidificaram em um conceito conhecido como *overflow*, ou transbordamento.[19]

Em termos simples, o transbordamento é o oposto da escassez: é o afloramento ilimitado de informação. Além do mais, e em contraste com a abundância, ele é opressivo e afeta nossa capacidade de processar seus efeitos. Em estudos sobre economia da atenção, o transbordamento trata de como as pessoas optam a quais assuntos dar prioridade quando têm pouco tempo e informação demais. Como observam os autores de um dos estudos, também "suscita a imagem de uma bagunça que precisa ser resolvida, ou lixo que precisa ser retirado".[20]

O transbordamento existe em muitas áreas e, quando é reconhecido, são criadas estratégias para gerenciá-lo. Tradicionalmente, esse papel é executado por *gatekeepers*, como jornalistas e editores, que selecionam qual informação deve ser publicada. O papel do *gatekeeper* está atrelado à expectativa da especialização e da competência, de certa responsabilidade e, geralmente, uma posição de autoridade. Na ciência, o transbordamento se manifesta na proliferação de revistas e artigos, no número de pedidos de bolsas e cargos acadêmicos, e no volume de informação e de pesquisa disponível. Até a extensão do artigo médio aumenta, pois os pesquisadores forram seus resultados com um número cada vez maior de referências para conciliar a riqueza de dados e a demanda por resultados que surpreendam. O resultado é a falha no controle de qualidade: até o padrão-ouro da revisão por pares é visto como algo que não é mais objetivo o bastante ou apto ao propósito, pois o número de artigos acelera e fica atolado em jogos de reputação institucional. Por sua vez, isso leva a apelos à publicação aberta de artigos científicos — resultado que, por sua vez, pode aumentar o volume de pesquisa publicada.[21]

Mas e se o problema do transbordamento não estiver limitado aos produtos da ciência, e sim também a seus insumos? Como Solla Price temia, a ciência segue na marcha de juntar dados em proporções cada vez mais vastas e mais complexas.

Quando anunciado, em 1990, o projeto genoma humano era visto como o maior projeto individual de coleta de dados da história, mas, com o custo de sequenciamento de DNA em queda, atualmente se produz várias vezes a quantidade de dados que ele gerou. Os dados crescem velozmente e são distribuídos com amplitude, o que impossibilita estudar tudo de forma exaustiva.[22] O Grande Colisor de Hádrons gera tantos dados que nem todos podem ser guardados no local, de modo que apenas alguns eventos podem ser armazenados, o que leva a críticas de que, assim que se descobriu a partícula do bóson de Higgs, os dados eram impróprios para descobrir qualquer outra coisa.[23] Toda a ciência está se tornando ciência de big data.

É essa percepção que nos traz de volta à Lei de Moore — e à de Eroom. Tal como em outras ciências, apesar da proliferação de institutos de pesquisa, revistas e artigos acadêmicos (e das vastas quantias que se disparam contra o problema), os resultados factuais só pioram. Durante os anos 1980 e 1990, a química combinatória aumentou em oitocentas vezes o ritmo com que moléculas tais como as de medicamentos podiam ser sintetizadas. O sequenciamento de DNA ficou 1 bilhão de vezes mais rápido desde que se estabeleceu a primeira técnica de sucesso. Bases de dados de proteínas ficaram trezentas vezes maiores em 25 anos. E embora o custo de triagem de novos medicamentos tenha caído e o volume de financiamento de pesquisas continue a subir, o número real de novas drogas descobertas despencou exponencialmente.

O que poderia estar causando a inversão da lei do progresso? Há várias hipóteses. A primeira, muitas vezes vista como menos significativa, é a possibilidade de que já se tratou do que estava à mão: todos os alvos bons — as opções de investigação mais óbvias — já foram explorados. Mas não é o caso: há décadas de substâncias já existentes que ainda aguardam investigação, e que uma vez investigadas poderão ser somadas aos marcadores conhecidos, aumentando exponencialmente o campo de pesquisa.

Depois há o problema "é melhor do que os Beatles?", que é a preocupação de que, mesmo com tantas drogas ainda a se investigar, muitas das já existentes são tão boas no que fazem que efetivamente geram barreiras a mais pesquisa na área. Por que montar uma banda quando os Beatles já fizeram tudo que valia a pena? É uma variação do problema da fruta caindo do pé, com uma diferença importante. Enquanto "a fruta caindo do pé" é a mais fácil de alcançar e sugere que não restam oportunidades fáceis, "é melhor do que os Beatles?" sugere que a fruta à mão diminui o valor das que continuam na árvore. Na maioria das indústrias, o que vale é o oposto: o processo relativamente barato de minerar e queimar o carvão de superfície, por exemplo, torna mais valioso o que resta nas jazidas mais profundas, o que por sua vez financia sua exploração. Por outro lado, tentar sobrepujar os medicamentos genéricos existentes só aumenta o custo de testes clínicos e leva à dificuldade de persuadir os médicos a prescrever os novos, pois eles têm familiaridade e comodidade com os que já existem.

Outros problemas que envolvem a descoberta de drogas são mais sistêmicos e não tão domáveis. Alguns culpam o gasto impulsivo da indústria farmacêutica, gorda e embriagada com a Lei de Moore, como fator-guia decisivo da Lei de Eroom. Mas a maioria dos institutos de pesquisa — alinhados com outras indústrias — afundou o poder de investimento nas últimas tecnologias e técnicas. Se elas não forem a resposta ao problema, algo deve estar errado.

A teoria do "regulador cauteloso", em uma linha do tempo mais longa, põe a culpa na tolerância cada vez menor da sociedade com resultados clínicos arriscados. Desde a era de ouro da descoberta de medicamentos nos anos 1950, o número de regulamentações que rege o teste e a liberação de drogas aumentou — e por bons motivos. Antigamente, testes clínicos costumavam vir acompanhados de efeitos colaterais terríveis, e outros desastres podiam acontecer quando drogas mal testadas chegavam ao mercado. O melhor — ou pior — exemplo é o da talidomida, introduzida nos anos 1950 para tratar nervosismo e náusea, mas que mostrou consequências horripilantes nos filhos das grávidas a quem foi prescrita para combater o enjoo matinal. No rastro da talidomida, reforçou-se a regulamentação de medicamentos de modo que os testes tornaram-se mais rigorosos — o que também fez com que os resultados ficassem melhores. A Emenda de Eficiência dos Medicamentos dos Estados Unidos de 1962 exigia que drogas novas provassem não apenas que eram seguras, mas que de fato fizessem o que diziam fazer — o que antes não era exigência jurídica. Poucos de nós arriscaríamos voltar às drogas com maior fator de risco para reverter a Lei de Eroom, em particular porque se pode abrir exceções quando há necessidade, como no caso de várias drogas anti-HIV nos anos 1980.

O último problema com a pesquisa de medicamentos é o que mais nos preocupa, e também aquele que os pesquisadores acreditam ser o mais significativo. Os farmacólogos chamam de viés da "pesquisa básica/força bruta", mas podemos chamar de problema da automação. Historicamente, o processo de descoberta de novos remédios era domínio de pequenas equipes de pesquisadores focados de modo intensivo em pequenos grupos de moléculas. Quando se identificava um composto interessante em uma matéria-prima natural, fosse a partir de bibliotecas de compostos sintéticos ou por descoberta fortuita, seu ingrediente ativo era isolado e triado contra células ou organismos biológicos para avaliar o efeito terapêutico. Nos últimos vinte anos, esse processo foi amplamente automatizado, culminando em uma técnica conhecida como triagem de alto rendimento, ou HTS (High-Throughput Screening).

A HTS é a industrialização da descoberta de medicamentos: uma busca automatizada, de amplo espectro, por reações potenciais dentro de grandes bibliotecas de compostos. Imagine um cruzamento entre a fábrica de automóveis moderna — com esteiras rolantes e braços robóticos — e o *data center* — prateleiras e mais prateleiras de servidores, ventiladores e equipamento de monitoria — e você vai chegar mais perto do laboratório contemporâneo do que a visão comum de pessoas (predominantemente homens) em jalecos mexendo com vidrinhos borbulhantes. A HTS prioriza volume em relação a profundidade: vastas bibliotecas de compostos químicos alimentadas a máquinas e testadas umas contra as outras. O processo é como um garimpo no panorama químico, testando milhares de combinações quase simultaneamente. Ao mesmo tempo, ele revela a extensão quase incomensurável desse panorama e a impossibilidade de modelar todas as interações possíveis.

Os pesquisadores no laboratório estão claramente cientes, mesmo que a certa distância, de todas as pressões econômicas produzidas por descobertas existentes e reguladores cautelosos, mas é no laboratório em si que os problemas espinhosos encontram a pressão tecnológica desenfreada das novas invenções. Para quem tem mais dinheiro — as companhias farmacêuticas —, a ânsia de entregar esses problemas às últimas e mais aceleradas tecnologias é irresistível. Como diz um relatório:

> A automação, a sistematização e a mensuração de processos funcionaram em outras indústrias. Por que deixar uma equipe de químicos e biólogos embarcar em uma empreitada de tentativa e erro, de duração indeterminável, quando se podia triar de forma rápida e eficiente milhões de pistas contra um alvo derivado da genômica, e depois simplesmente repetir o mesmo processo industrial no alvo seguinte, e assim por diante?[24]

Mas é no laboratório que as limitações dessa abordagem ficam incisivamente claras. A triagem de alto rendimento acelerou a Lei de Eroom, em vez de retardá-la. E há quem comece a suspeitar que o empirismo humano difuso talvez seja mais eficiente, não menos, do que a computação. A Lei de Eroom pode até ser a codificação — com dados — de algo que muitos cientistas de destaque vêm dizendo há algum tempo.

Em 1974, em uma palestra ao Comitê de Ciência e Astronáutica do Congresso dos Estados Unidos, o bioquímico austríaco Erwin Chargaff reclamou: "Hoje, quando entro em um laboratório [...] lá estão todos sentados diante de centrífugas de alta velocidade ou cintiladores, produzindo os mesmos gráficos. Sobrou pouquíssimo espaço para o importantíssimo jogo da imaginação científica".[25] Ele também esclareceu a conexão entre a dependência excessiva da instrumentação e as pressões econômicas que engendraram essa dependência: "O *Homo ludens* foi superado pela sisudez da finança corporativa". Por causa disso, Chargaff apontou: "Uma mortalha de monotonia caiu sobre o que antes era a profissão científica mais vivaz e atrativa". Essas opiniões estão longe de ser originais, pois ecoam todas as críticas à intervenção tecnológica na percepção humana desde a televisão até os video games, com a diferença de que a farmacologia computacional está criando um corpo empírico de dados sobre seu próprio fracasso: a máquina registra sua própria ineficiência, em sua própria linguagem.

Pensar com clareza sobre o que isso significa exige uma recusa a interpretações soma-zero do progresso tecnológico e o reconhecimento de áreas cinzentas de pensamento e entendimento. Diante desse relato de eminente fracasso maquinal, como vamos reintroduzir o *Homo ludens* na pesquisa científica? Pode-se encontrar a resposta em outro laboratório, em outra junção diabolicamente complexa de equipamento experimental: o que foi montado para desatar os segredos da fusão nuclear.

Um santo graal da pesquisa científica, a fusão nuclear promete energia limpa quase ilimitada, capaz de energizar cidades e foguetes com poucos gramas de combustível. Também é uma coisa notoriamente difícil de alcançar. Apesar da construção de reatores experimentais desde os anos 1940, com desenvolvimento contínuo e descobertas na área, até agora nenhum projeto rendeu energia líquida positiva — ou seja, a geração de mais potência do que a exigida para ativar a reação de fusão. (As únicas reações de fusão sintéticas que atingiram essa meta aconteceram na série de testes termonucleares da Operação Castelo, realizados nas ilhas Marshall nos anos 1950. Uma proposta subsequente de gerar energia detonando bombas de hidrogênio em cavernas profundas no sudoeste americano foi cancelada quando se mostrou que era caro demais construir o número de bombas necessárias para geração contínua.)

As reações de fusão, que ocorrem em um plasma de gases superaquecidos, são iguais às que produzem energia e elementos pesados nas estrelas — uma descrição popular entre entusiastas da fusão é "uma estrela em um pote". Em temperaturas extremas, núcleos atômicos podem se fusionar; caso se use os materiais certos, a reação é exotérmica, liberando energia que depois pode ser captada e usada para gerar eletricidade. Mas conter o plasma superaquecido é um desafio enorme. Uma das abordagens comuns em reatores contemporâneos é usar enormes campos magnéticos ou lasers potentes para modelar o plasma até constituir um anel estável em forma de rosquinha, ou *torus*, mas os cálculos requeridos para tanto são diabolicamente complicados e condicionados a vários fatores interligados. A forma do receptáculo de contenção, os materiais utilizados, a composição do combustível, a cronometragem, a força e os ângulos de ímãs e lasers, a pressão dos gases e as voltagens afetam a estabilidade do plasma. O maior tempo de execução contínuo de um reator de fusão, até a última conferência, foi de 29 horas, fixado em 2015 por um reator *tokamak* em forma de rosca; mas mantê-lo exigiu vastas quantidades de energia. Outra técnica promissora, conhecida como configuração de campo invertido — que cria um campo de plasma cilíndrico —, exige energias muito mais baixas. Contudo, seu tempo de execução foi de apenas onze milissegundos.

A realização foi alcançada por uma empresa de pesquisa privada: a Tri Alpha Energy, com base na Califórnia. O projeto da Tri Alpha dispara dois "anéis de fumaça" de plasma um contra o outro a 1 milhão de quilômetros por hora, criando um campo em forma de charuto de até três metros de comprimento e quarenta centímetros de largura.[26] O esquema também usa combustível de hidrogênio-boro em vez da mistura mais comum de deutério-trítio. Embora seja muito mais difícil de acender, o boro, diferentemente do trítio, é abundante na Terra. Em 2004, a Tri Alpha anunciou que havia alcançado reações de até cinco milissegundos, e em 2015 afirmou que podia manter essas reações.

O próximo desafio é melhorar os resultados, o que fica mais difícil conforme se aumenta a temperatura e a potência. Pode-se determinar múltiplos parâmetros de controle e insumo no início de cada experimento, como a força do ímã e a pressão do gás, mas a reação também está sujeita a oscilações: à medida que a série experimental progride, as condições internas ao receptáculo do reator mudam, o que exige ajustes contínuos e instantâneos. Ou seja, o problema de afinação da máquina também é não linear e altamente coligado a outros fatores: mudar uma variável em uma direção pode render resultados inesperados ou pode alterar o efeito de outros insumos. Não é só o problema de mudar uma coisa por vez e ver o que acontece; há, isso sim, uma paisagem supradimensional de configurações possíveis que tem de ser inspecionada através de exploração contínua.

À primeira vista, parecem ser as condições perfeitas para o tipo de abordagem experimental à força bruta que se usa na farmacologia: a partir de um conjunto enorme de dados e configurações possíveis, algoritmos abrem trilhas e trilhas pelo território, construindo lentamente um mapa e gradualmente revelando os ápices e vales dos resultados experimentais.

Mas, nesse caso, só força bruta não vai funcionar. O problema se agrava com o fato de que não existe "métrica de bondade" no plasma — não há um simples número de resultados que deixa claro ao algoritmo quais ciclos experimentais são "melhores". Exige-se um juízo humano mais variegado do processo para distinguir entre ciclos distintos. Além disso, a escala dos acidentes que se pode causar em uma placa de Petri é limitada; dentro de um reator de fusão, onde megawatts de energia superaquecem gases pressurizados a bilhões de graus, a chance de danificar o aparato caro e único é bastante alta, e não se conhece por completo os limites da operação segura. É preciso que haja supervisão humana para impedir que um algoritmo fanático proponha uma série de insumos que pode destruir a máquina.

Em reação a esse problema, a Tri Alpha e os especialistas em aprendizado de máquina do Google inventaram uma coisa que chamam de Algoritmo Oftalmo.[27] O algoritmo ganhou esse nome por conta das opções excludentes que se apresentam a um paciente durante o exame no oftalmologista: qual é melhor, este ou este? Nas experiências da Tri Alpha, reduzem-se milhares de configurações possíveis até mais ou menos trinta metaparâmetros, que são entendidos com mais facilidade pelo experimentador humano. Depois de cada disparo de plasma — que ocorre a cada oito minutos durante séries experimentais —, o algoritmo mexe as configurações só um pouquinho e tenta de novo: os novos resultados se apresentam a um operador humano, junto aos resultados do melhor disparo precedente, e o humano tem o voto final quanto a qual disparo serve de base para testes subsequentes. Assim, o Algoritmo Oftalmo combina o conhecimento e a intuição humanos à capacidade de navegar por um espaço de solução supradimensional.

Quando o algoritmo foi aplicado pela primeira vez, o experimento da Tri Alpha foi pensado para ampliar a estabilidade do plasma e, assim, a extensão da reação. Mas, durante a exploração do espaço de parâmetros, o operador humano notou que em certos experimentos a energia total do plasma aumentava repentina e brevemente — um resultado anômalo que ainda podia ser utilizado para aumentar a sustentabilidade da reação. Enquanto a parte automatizada do algoritmo não estava configurada para dar conta disso, o operador humano podia orientá-la para novas configurações que não apenas mantinham a duração do experimento, mas também aumentavam sua energia total. Essas configurações inesperadas se tornaram a base para um regime totalmente novo de testes, que representava melhor a imprevisibilidade da exploração científica.

Conforme os experimentos progrediram, os pesquisadores perceberam que as vantagens de combinar inteligência humana e maquinal funcionavam nos dois sentidos: os pesquisadores ficaram mais aptos a intuir melhorias a partir de resultados complexos, enquanto a máquina os incentivou a explorar uma gama maior de insumos possíveis, negando a tendência humana de evitar as beiradas remotas de um espaço de possibilidades. No fim das contas, a abordagem do Oftalmo, de amostragem aleatória combinada à interpretação humana, pode ser aplicável a uma ampla gama de problemas ciência afora que exigem o entendimento e a otimização de sistemas complexos.

O mecanismo que se aplica quando o Oftalmo é posto para operar é particularmente interessante para aqueles que tentam reconciliar a operação opaca da solução de problemas computacionais complexos com as necessidades e os desejos humanos.

Por um lado, tem-se um problema tão diabolicamente compli-cado que a mente humana não consegue resolver por inteiro, mas um computador consegue ingerir e operar. Do outro está a neces-sidade de tirar a consciência humana da ambiguidade, da impre-visibilidade e do aparente paradoxo para enfrentar o problema — uma consciência que é em si paradoxal, pois com frequência excede nossa capacidade de expressá-la conscientemente.

Os pesquisadores da Tri Alpha chamam sua abordagem de "tentativa de otimizar um modelo de utilidade oculto que os especialistas humanos talvez não consigam expressar de modo explícito". O que eles querem dizer é que existe uma ordem na complexidade de seu espaço de problematização, mas é uma ordem que excede a capacidade descritiva humana. Os espa-ços multidimensionais de design de reatores de fusão — e as representações codificadas de redes neurais que vamos explo-rar em um capítulo posterior — indubitavelmente existem, mas são impossíveis de visualizar. Enquanto essas tecnologias abrem a possibilidade de trabalhar efetivamente com tais sis-temas indescritíveis, também insistem conosco que reconhe-çamos que elas existem — não meramente nos domínios das ciências farmacológica e física, mas também em questões de moralidade e justiça. Eles exigem raciocínio claro quanto ao que significa viver a todo momento entre sistemas complexos e inter-relacionados, em estados de dúvida e incerteza que po-dem estar além da conciliação.

Admitir o indescritível é uma faceta da nova idade das tre-vas: é aceitar que há limites naquilo que a mente humana pode conceber. Mas nem todos os problemas das ciências são su-peráveis pela aplicação da computação, por mais simpáticos que sejam. Conforme aplicamos soluções mais complexas a problemas mais complexos, nos arriscamos a desconside-rar problemas sistêmicos ainda maiores. Tal como o processo acelerado da Lei de Moore, que travou a computação em uma rota, que exigiu certa arquitetura e certo hardware, a opção por essas ferramentas também molda de maneira fundamental o modo como podemos tratar e até pensar o próximo grupo de problemas que encararmos.

A maneira como pensamos o mundo é moldada pelas ferramentas que temos à nossa disposição. Como os historiadores da ciência Albert van Helden e Thomas Hankins disseram em 1994: "Como os instrumentos determinam o que se pode fazer, até certo ponto também determinam o que se pode pensar".[28] Esses instrumentos incluem toda a armação sociopolítica que sustenta a investigação científica, desde programas de fomento do governo, instituições acadêmicas e indústria das revistas científicas até a construção de tecnologias e software que conferem poderio econômico inigualável e conhecimentos exclusivos no Vale do Silício e seus derivados. Também opera uma pressão cognitiva mais profunda: a crença na resposta singular, inviolável, produzida, com ou sem intervenção humana, pela suposta neutralidade da máquina. Conforme a ciência fica cada vez mais tecnologizada, o mesmo acontece com cada domínio do pensamento e da ação humanos, revelando gradualmente a extensão de nosso desconhecimento, mesmo enquanto nos mostra novas possibilidades.

O mesmo método científico rigoroso que, por um trajeto, nos levou aos retornos minguantes da Lei de Eroom, também nos ajuda a ver e a reagir a esse exato problema. Vastas quantidades de dados são necessárias para ver os problemas com vastas quantidades de dados. O que importa é como reagimos às evidências à nossa frente.

5.
Complexidade

Durante o inverno de 2014-5, fiz várias viagens pelo sudeste da Inglaterra em busca do invisível. Eu estava atrás de rastros de sistemas ocultos na paisagem, os pontos onde as grandes redes da tecnologia digital viram fio e aço: onde viram infraestrutura. Foi uma espécie de psicogeografia — hoje em dia um termo bastante surrado, mas ainda útil devido à sua ênfase nos estados internos ocultos que se pode desvelar quando se explora o mundo exterior.

O filósofo situacionista Guy Debord definiu a psicogeografia em 1955 como "o estudo das leis exatas e dos efeitos específicos que o ambiente geográfico, conscientemente organizado ou não, tem sobre as emoções e o comportamento dos indivíduos".[1] Debord estava preocupado com a espetacularização crescente do cotidiano e com o modo como nossas vidas são cada vez mais moldadas pela mercantilização e pela mediação. O que encontramos no cotidiano das sociedades espetacularizadas é quase substituto de uma realidade mais profunda da qual não estamos cientes, e nossa alienação dessa realidade mais profunda reduz nossa mobilização e qualidade de vida. O envolvimento crítico da psicogeografia com a paisagem urbana foi uma maneira de se opor a essa alienação — uma performance de observação e intervenção que nos faz entrar em contato direto com a realidade, de maneiras surpreendentes e urgentes. E sua utilidade não é mitigada quando, em vez de buscar sinais do espetáculo na vida urbana, optamos por buscar sinais do virtual na paisagem global — e tentamos descobrir o que ela faz conosco.

Portanto, uma espécie de *dérive* pela rede: um processo de psicogeografia pensado para descobrir não um reflexo de minha patologia, mas a de um coletivo globalizado, digital. Dentro de um projeto chamado "The Nor", fiz várias viagens para mapear essas redes digitais,[2] começando pelo sistema de dispositivos de vigilância que cercam o centro de Londres: sensores e câmeras que monitoram as Zonas de Pedágio Urbano e de Baixas Emissões — que acompanham cada veículo que entra na cidade —, assim como aqueles dispersos de forma mais generalizada pelo Transport for London* e pela Polícia Metropolitana, e os bandos de câmeras particulares instaladas por empresas e outras organizações. Em caminhadas que duraram dois dias inteiros, fotografei mais de mil câmeras, tendo sofrido uma detenção em flagrante delito e recebido uma advertência da polícia.[3] Voltaremos a essa questão da vigilância e da estranha atmosfera que ela gera neste livro. Também explorei as redes eletromagnéticas que constituem o espaço aéreo londrino, catalogando as estações de radiofarol omnidirecional VHF (ou VOR, de VHF Ominidirectional Radio Range) — dispersas por aeroportos e pistas de pouso da Segunda Guerra Mundial abandonadas, escondidas em florestas ou atrás de cercas — que orientam aeronaves de um ponto a outro na circum--navegação do globo.[4]

A última dessas viagens foi de bicicleta, um percurso de mais ou menos cem quilômetros, de Slough a Basildon, cortando o meio da City. Slough, localizada a quarenta quilômetros a oeste de Londres, é onde se concentra um número cada vez maior de *data centers* — as catedrais geralmente ocultas da vida baseada em dados — e em específico do Equinix LD4, um

* Órgão municipal que administra o transporte público em Londres. [N. T.]

Data Center LD4, Slough.

Euronext Data Center, da NYSE, Basildon.

depósito vasto e anônimo, localizado em um bairro inteiro de infraestrutura computacional de construção recente. O LD4 é a sede virtual da Bolsa de Valores de Londres. Apesar da falta de placas visíveis, é ali que se processa de fato a maioria das transações registradas na bolsa. Na outra ponta da viagem, outro *data center* sem identificação: 4 mil metros quadrados de servidores que só se distinguiam por uma bandeira britânica esvoaçante e pelo fato de que, se você ficar muito tempo parado em frente na rua, um dos seguranças vem incomodá-lo. É o Euronext Data Center, o posto avançado europeu da Bolsa de Valores de Nova York (NYSE), cujas operações são igualmente obscuras e virtuais.

Há uma linha quase invisível de transmissões por micro--ondas que liga esses dois lugares: feixes de informação que rebatem de parabólica a parabólica e de torre a torre, transportando informações financeiras de valor quase inimaginável a velocidades próximas da luz. Ao mapear essas torres, os *data centers* e outras instalações a que elas servem, temos alguma noção não só da realidade tecnológica de nossa era, mas da realidade social que ela gera.

Os dois lugares têm a localização que têm por causa da virtualização dos mercados financeiros. Quando a maioria das pessoas imagina a bolsa de valores, pensa em um salão ou em um imenso poço com corretores gritando, agarrados a papéis, fazendo negócios e ganhando dinheiro. Porém, nas últimas décadas, a maioria dos pregões do mundo está em silêncio. Primeiro, eles foram substituídos por escritórios mais mundanos: homens (quase sempre homens) agarrados a telefones que observavam linhas em telas de computador. É só quando alguma coisa dá muito errado — tão errado que ganha uma cor, como Segunda-Feira Negra ou Quinta-Feira Prata — que a gritaria volta. Mais recentemente, até os homens foram substituídos por fileiras de computadores que fazem transações automaticamente, seguindo estratégias fixas — mas muito complexas — criadas por bancos e fundos de investimento. Como a potência de processamento cresceu e as redes ficaram cada vez mais velozes, a velocidade das centrais se acelerou, o que deu a essa técnica sua alcunha: transações de alta frequência.

As transações de alta frequência nas bolsas de valores cresceram em reação a duas pressões muito próximas, que na verdade foram resultado de uma só transformação tecnológica. Essas pressões foram a latência e a visibilidade. Conforme as bolsas de valores foram desregulamentadas e digitalizadas durante os anos 1980 e 1990 — o que se chamou, na Bolsa de Valores de Londres, de "big bang" —, ficou possível negociar nelas de forma ainda mais rápida e a distâncias maiores. Foi o que provocou uma série de efeitos esquisitos. Embora há muito tempo os lucros sejam do primeiro que aproveita a diferença entre preços nos mercados — Paul Reuter, no século XIX, mandava os navios que chegavam da América jogarem latas com notícias ao mar, na costa irlandesa, para o conteúdo ser telegrafado a Londres antes da chegada do navio —, as comunicações digitais hiperaceleram o processo.

Hoje a informação financeira viaja à velocidade da luz; só que a velocidade da luz é diferente de acordo com o lugar. Ela é diferente no vidro e no ar, e se depara com limitações, à medida que cabos de fibra óptica são enfeixados, passam por conversões complexas, contornam obstáculos naturais e cruzam oceanos. A grande vantagem é daqueles com a latência mais baixa: o trajeto mais curto entre dois pontos. É onde as linhas de fibra óptica e as parabólicas entram na jogada. Em 2009-10, uma empresa gastou 300 milhões de dólares para construir um link particular de fibra óptica entre a Chicago Mercantile Exchange, ou Bolsa de Chicago, e Carteret, Nova Jersey, onde fica a bolsa Nasdaq.[5] Eles fecharam estradas, cavaram fossas e perfuraram montanhas, tudo isso em segredo, para que nenhum concorrente descobrisse o plano. Ao encurtar a distância física entre os locais, a Spread Networks reduziu o tempo que uma mensagem levava para chegar entre dois *data centers* de dezessete milissegundos para treze — o que resultou em uma economia de 75 milhões de dólares por milissegundo.

Em 2012, outra empresa, a McKay Brothers, abriu uma segunda conexão exclusiva Nova York-Chicago. Dessa vez se usou a transmissão por micro-ondas, que percorre o ar mais rápido do que a luz na fibra de vidro. Um dos sócios afirmou que "em uma corretora de transações de alta frequência, a vantagem de um só milissegundo pode significar 100 milhões de dólares a mais por ano".[6] O link da McKay lhes rendeu quatro milissegundos — uma vantagem enorme sobre qualquer concorrente, muitos dos quais também se aproveitavam de outro efeito colateral do big bang: a visibilidade.

Com a digitalização, tanto as operações internas quanto as feitas entre bolsas de valores podiam acontecer cada vez mais rápido. Conforme as operações em si passaram às mãos das máquinas, tornou-se possível reagir quase instantaneamente a qualquer mudança de preço ou nova oferta. Mas reagir significava tanto entender o que se passava quanto conseguir comprar uma vaga na mesa. Assim, como acontece em tudo, a digitalização deixou os mercados mais opacos aos novatos e radicalmente visíveis a quem está por dentro. Nesse caso, os últimos eram os que tinham fundos e experiência para lidar com os fluxos de informação de alta velocidade: os bancos privados e os fundos de investimento que empregam corretores que trabalham com alta frequência. Algoritmos projetados por ex-ph.D.s de física para aproveitar vantagens de milissegundos entraram no mercado, e os corretores batizaram-nos com nomes como Ninja, Sniper e The Knife. Esses algoritmos tinham capacidade de espremer frações de centavos por transação e de fazer isso milhões de vezes por dia. No tumulto dos mercados, raramente ficava claro quem operava os algoritmos; e hoje não é diferente, porque sua tática primária é clandestina: mascarar intenções e origens enquanto eles capturam uma porção considerável de todos os valores transacionados. O resultado foi uma corrida armamentista: quem conseguisse construir o software mais rápido, reduzir a latência na conexão às bolsas e esconder melhor seu objetivo enchia o bolso.

As operações em bolsas de valores viraram situação de negociatas sombrias e de fibras sombrias. As trevas são ainda mais profundas: hoje muitos corretores optam por negociar não nas bolsas públicas e relativamente bem regulamentadas, mas no que se chama de *dark pools* — os "tanques escuros" ou "conluios sombrios". *Dark pools* são fóruns privados para negociação de títulos, derivativos e outros instrumentos financeiros. Um relatório de 2015 da Comissão de Valores Mobiliários (SEC, Securities and Exchange Commission) dos Estados Unidos estimou que as transações em *dark pools* respondiam por quase um quinto de todas as operações com ações que também eram negociadas nas bolsas públicas — número que não dá conta de muitas outras formas populares de instrumentos financeiros.[7] As *dark pools* possibilitam aos corretores movimentar grandes volumes de ações sem alertar o mercado, protegendo assim suas transações de outros predadores. Mas também são locais suspeitos, onde conflitos de interesse são desenfreados. Inicialmente eles foram propagandeados como locais para negociar com segurança, mas muitos operadores de *dark pool* foram censurados por convidar discretamente os mesmos corretores de alta frequência que seus clientes tentavam evitar — seja para dar liquidez no mercado, seja para lucro pessoal. O relatório de 2015 do SEC lista diversos acordos como esse, no que chama de "sequência deplorável de condutas indevidas". Em 2016, o Barclays e o Credit Suisse foram multados em 154 milhões de dólares por autorizar secretamente o acesso de operadores de alta frequência e de sua própria equipe à sua *dark pool*, supostamente privada.[8] Como o tanque é escuro, é impossível saber quanto os clientes deles perderam com esses predadores invisíveis, mas muitos dos grandes clientes eram fundos de pensão, encarregados de gerenciar os planos de aposentadoria de gente comum.[9] O que se perde nas *dark pools*, sem que seus membros saibam, são economias de uma vida inteira, seguridade futura e sustento.

A combinação de transações de alta frequência e *dark pools* é só uma maneira que os sistemas financeiros têm de se manter obscuros e, assim, ainda mais desiguais. Mas, conforme seus efeitos reverberam por redes digitais invisíveis, eles também rendem marcas no mundo físico: lugares onde podemos ver essas desigualdades se manifestarem como arquitetura, assim como na paisagem ao nosso redor.

As antenas parabólicas que fazem a conexão invisível entre Slough e Basildon são parasitas. Elas se agarram a prédios já existentes, ocultos entre antenas de telefonia celular e de TV. Elas se empoleiram em armações de holofotes em um entreposto do metrô em Upminster; em um Gold's Gym em Dagenham; em prédios precários em Barking e Upton Park. Elas colonizam infraestruturas antigas: o correio central de Slough, ornado de parabólicas, está para passar de centro de triagem a *data center*. E elas também fazem ninho em arquiteturas sociais: na torre de rádio dos bombeiros em Hillingdon e no telhado de um centro de educação para adultos em Iver Heath. É em Hillingdon que elas fazem os contrastes mais cabais entre os que têm e os que não têm.

O Hillingdon Hospital, uma laje enorme erigida nos anos 1960 no local da antiga casa de correção de Hillingdon, fica logo ao norte da fronteira Slough-Basildon, a poucos quilômetros do aeroporto de Heathrow. Na época de sua inauguração, foi tratado como o hospital mais inovador do país, e hoje é o lar da Ala Bevan, um grupo experimental de quartos para pesquisa sobre o conforto de pacientes e taxas de infecção hospitalar. Apesar disso, o hospital sofre críticas frequentes, tal como muitos outros de sua era política e arquitetônica, por causa de instalações desmoronando, problemas de higiene, altas taxas de contaminação, escassez de leitos e operações canceladas. O relatório mais recente da Care Quality Commission, que supervisiona hospitais na Inglaterra e no País de Gales, registrou preocupações quanto a déficit de pessoal e quanto à segurança de pacientes e funcionários devido à falta de manutenção nas dependências de idade avançada.[10]

Em 1952, Aneurin Bevan, fundador do Serviço Nacional de Saúde (NHS, National Health Service) da Inglaterra e cujo nome está na ala experimental, publicou *In Place of Fear* [Em vez do medo], no qual justificou a fundação do NHS. "O NHS e o Estado de Bem-Estar passaram a ser usados como termos intercambiáveis e como termos de censura na boca de muitos", ele escreveu. "Não é difícil entender o porquê, caso se observe tudo do ângulo de uma sociedade estritamente individualista e competitiva. Um sistema de saúde gratuito é socialismo puro e, como tal, é oposto ao hedonismo da sociedade capitalista."[11]

Em 2013, a Câmara de Hillingdon aprovou o pedido de uma empresa chamada Decyben SAS para posicionar quatro parabólicas de meio metro e um gabinete em cima do prédio do hospital. Uma solicitação com base na Lei de Liberdade de Informação registrada em 2017 revelou que a Decyben é uma fachada da McKay, a mesma empresa que construiu o link de micro-ondas que poupou milissegundos entre Chicago e Nova York.[12] Além disso, receberam alvarás a Vigilant Telecom — provedora canadense de banda larga de alta frequência — e a própria Bolsa de Valores de Londres. O Comitê da Fundação Hospitais Hillingdon se recusou a publicar detalhes das disposições comerciais entre si e seus inquilinos eletromagnéticos, justificando interesses comerciais. Essas isenções são tão comuns na Lei de Liberdade de Informação que em muitos casos tornam o mecanismo insignificante. Mesmo assim, é justo supor que, independentemente dos valores que o NHS conseguir tirar dos inquilinos, não chega perto de cobrir o déficit de 700 milhões de libras no financiamento do NHS para 2017, apesar dos bilhões em jogo todo dia no mercado invisível que grilou seu telhado.[13] Em 1952, Bevan também escreveu: "Teríamos como sobreviver sem cambistas e corretores. Será mais difícil viver sem mineiros, metalúrgicos e lavradores". Hoje, os cambistas e corretores estão exatamente no alto da infraestrutura que Bevan se esforçou para construir.

Em sua introdução a *Flash Boys: Revolta em Wall Street*, uma investigação sobre transações de alta frequência, o jornalista financeiro Michael Lewis escreveu: "O mundo se agarra a essa velha imagem do pregão porque ela é reconfortante; porque é

Parabólicas acopladas ao Hillingdon Hospital, dezembro de 2014.

muito difícil desenhar o que a substituiu".[14] Esse mundo adere à escala nano: nos flashes em cabos de fibra óptica e nos bits se sacudindo em SSDs, que a maioria de nós mal consegue conceber. Extrair valor desse novo mercado significa fazer negociações perto da velocidade da luz, tirando vantagem de nanossegundos de diferença na informação conforme ela sai acelerada globo afora. Lewis detalha um mundo no qual o mercado se tornou um sistema de classes — um parquinho para aqueles que têm os vastos recursos para acessá-lo, completamente invisível a quem não consegue:

> Aqueles que têm pagavam por nanossegundos; aqueles que não têm não faziam ideia do valor de um nanossegundo. Aqueles que têm gozavam de uma visão perfeita do mercado; aqueles que não têm *simplesmente nunca viram o mercado*. O que antes era o mercado financeiro mais público e mais democrático do mundo se tornara, em espírito, algo que lembrava a exposição particular de uma obra de arte roubada.[15]

Em sua obra extremamente pessimista sobre igualdade de renda, *O capital no século XXI*, o economista francês Thomas Piketty analisou a crescente disparidade de posses entre uma minoria de muito ricos e o resto do mundo. Nos Estados Unidos, em 2014, o 0,01% mais rico, que consiste em apenas 16 mil famílias, controlava 11,2% da riqueza total — situação comparável a 1916, época da maior desigualdade mundial. O 0,1% hoje no topo detém 22% da riqueza total — o mesmo que os 90% inferiores.[16] E a grande recessão só acelerou o processo: o 1% do alto ficou com 95% do aumento de renda de 2009 a 2012. A situação, embora não seja tão cabal, está na mesma rota na Europa, onde a riqueza acumulada — boa parte da qual vem de heranças — chega a níveis que não se via desde o fim do século XIX.

É uma inversão da ideia que se costuma ter de progresso, na qual o desenvolvimento social leva inexoravelmente à maior igualdade. Desde os anos 1950, os economistas acreditam que, nas economias avançadas, o crescimento econômico reduz a disparidade entre ricos e pobres. Conhecida como Curva de Kuznets, o nome do inventor e vencedor do Nobel, essa doutrina afirma que a desigualdade econômica começa a crescer quando uma sociedade se industrializa, mas depois cai conforme a difusão da educação equilibra o jogo e resulta em maior participação política. E assim decorreu — pelo menos no Ocidente — durante boa parte do século XX. Mas não estamos mais na era industrial, e, segundo Piketty, a crença de que o progresso tecnológico levará ao "triunfo do capital humano sobre o capital financeiro e imobiliário, dos executivos mais habilidosos sobre os grandes acionistas, da competência sobre o nepotismo" é "em grande parte ilusão".[17]

Na verdade, a tecnologia é a condutora elementar da desigualdade em vários setores. O progresso implacável da automação — de caixas de supermercado a algoritmos de transação financeira, de robôs em fábricas a carros com direção automática — cada vez mais ameaça a empregabilidade humana no panorama geral. Não existe rede de segurança para aqueles cujas habilidades são obsoletadas pelas máquinas; nem aqueles que programam as máquinas estão imunes. Conforme a capacidade maquinal cresce, mais e mais profissões ficam sob ataque, e a inteligência artificial incrementa o processo. A própria internet ajuda a moldar essa trajetória da desigualdade, pois efeitos da rede e a disponibilidade global dos serviços criam um mercado do vencedor-leva-tudo, desde redes sociais e mobilizadores sociais até mercearias e companhias de táxi. A reclamação que a direita faz quanto ao comunismo — de que todos teríamos de comprar nossos produtos de um único fornecedor estatal — foi suplantada pela necessidade de comprar tudo da

Amazon. E uma das chaves para a desigualdade incrementada é a opacidade dos sistemas tecnológicos em si.

Em março de 2017, a Amazon comprou a Quidsi, empresa que construiu um grande negócio com base em mercadorias de baixo custo e alto volume, como produtos para bebê e cosméticos. Chegaram lá sendo pioneiros na automação em todos os níveis da cadeia logística, retirando os humanos do processo. O centro de operações da Quidsi é um imenso depósito em Goldsboro, Pensilvânia, e no meio dele fica uma área de 18 500 metros quadrados marcada com tinta amarelo-clara e rodeado de placas. Esse espaço é lotado de prateleiras, sendo cada unidade de 1,80 metro de altura e bastante profundidade, cheia de mercadorias — nesse caso, fraldas e outros produtos para recém-nascidos. As placas são de advertência. Seres humanos não podem entrar no local para pegar os produtos, pois ali quem trabalha são os robôs.

Dentro da zona robô, 260 losangos laranja-claros, de 250 quilos cada um, giram e levantam, enfiam-se sob cada unidade de armazenamento e as carregam até as beiras da zona, onde catadores humanos ficam à espera para acrescentar ou tirar pacotes. São robôs Kiva: autômatos de depósito que circulam incansavelmente pela mercadoria, seguindo as marcações no chão que seus computadores conseguem ler. Mais rápidos e precisos do que operadores humanos, eles cuidam do trabalho pesado, o que possibilita à Quidsi — que é dona do domínio Diapers.com [Fraldas.com] — despachar milhares de pedidos todos os dias só a partir desse depósito.

Havia algum tempo que a Amazon estava de olho no uso que a Quidsi fazia dos Kiva, mas já estava trabalhando em suas próprias formas de automação muito antes de comprar a empresa. Em Rugeley, Inglaterra, dentro de um depósito cor do céu do tamanho de nove campos de futebol, onde antes ficava uma mina de carvão, a Amazon emprega centenas de operários com tabardos laranja que empurram carrinhos por longos corredores cheios de prateleiras, as quais enchem de livros, DVDs, eletrônicos e outros bens. Cada funcionário caminha por ali com pressa, seguindo as orientações em um computador portátil que dá pings constantes com novos pontos a se chegar. O computador também acompanha o avanço do operário, garantindo que caminhe bastante — até 24 quilômetros por dia — e pegue um número suficiente de itens para garantir que a empresa despache um caminhão plenamente carregado a uma de suas oito instalações britânicas a cada três minutos.

O motivo pelo qual os operários da Amazon precisam de computadores portáteis para navegar no depósito é que, não fosse assim, ele seria ininteligível para humanos. Seres humanos diriam que os bens devem ser armazenados ao modo humano: os livros aqui, os DVDs lá, as prateleiras com material de escritório à esquerda, e assim por diante. Porém, para uma inteligência automática racional, essa disposição é o auge da ineficiência. Consumidores não pedem produtos de forma alfabética ou pelo tipo; eles enchem a cesta com produtos de todas as partes da loja — ou, nesse caso, do depósito. Por causa disso, a Amazon emprega uma técnica de logística chamada "alocação caótica" — caótica, no caso, do ponto de vista humano. Ao localizar produtos por necessidade e associação em vez de tipo, pode-se fazer caminhos muito mais curtos entre cada item. Os livros ficam empilhados em prateleiras do lado de caçarolas; televisões dividem espaço com brinquedos. Assim como dados armazenados em um HD, as mercadorias ficam distribuídas por todo o espaço do depósito, cada uma com seu próprio endereço em códigos de barra, impossíveis de se encontrar sem a ajuda de um computador. Dispor o mundo da perspectiva da máquina a torna eficiente do ponto de vista computacional, mas deixa-a completamente incompreensível para os humanos. E, além de tudo, acelera sua opressão.

Depósito da Amazon, Rugeley, Staffordshire.

Os computadores portáteis que os operários da Amazon carregam e que a logística da empresa obriga a usar também são dispositivos de rastreio, que registram cada movimento deles e acompanham sua eficiência. Os operários perdem pontos — ou seja, dinheiro — ao não seguir o ritmo da máquina, ao pararem para ir ao banheiro, ao chegarem tarde de casa ou de uma refeição, ao mesmo tempo que o movimento constante impede a confraternização. Eles não têm nada a fazer além de seguir as instruções na tela, empacotar e carregar. Quer-se que eles ajam como robôs, personificando máquinas enquanto continuam sendo, por enquanto, um pouquinho mais baratos do que elas.

Reduzir operários a algoritmos de carne, úteis apenas devido à sua capacidade de se mexer e seguir ordens, facilita na hora de contratar, demitir e abusar deles. Operários que vão aonde seu terminal de pulso diz para ir nem precisam entender o idioma local, não precisam de formação. Esses dois fatores, junto à atomização que vem do incremento tecnológico, também evitam a organização trabalhista. Seja você um catador em movimento constante na loja da Amazon, que recebe suas instruções de um leitor de código de barras com wi-fi, seja um motorista de táxi autônomo tarde da noite, seguindo o trajeto iluminado no sistema de GPS de um pontinho vermelho a outro, a tecnologia efetivamente impede que você trabalhe com colegas em prol do avanço das condições de trabalho. (O que não impediu a Uber, por exemplo, de exigir que seus motoristas ouçam um número determinado de podcasts antissindicais por semana, todos controlados pelo app, para que fique tudo bem claro.)[18]

Assim que a parte interna de um carro ou um depósito é organizada de modo tão eficiente, seus efeitos se espalham. Nos anos 1960 e 1970, a indústria automobilística do Japão criou um sistema de fabricação chamado *just in time*, baseado em pedir pequenas quantidades de insumos dos fornecedores com frequência maior. Essa técnica reduzia os níveis de estoque e desobstruía o fluxo de caixa, ao mesmo tempo tornando a produção mais enxuta e acelerada. Para continuarem competitivos, seus fornecedores também tinham de ser mais rápidos: em algumas fábricas, a expectativa era receber os produtos duas horas depois do pedido. O resultado foi que grandes quantidades de insumo ficavam efetivamente armazenadas em caminhões, prontos para sair a qualquer momento, e o mais perto possível das fábricas. As montadoras haviam apenas transferido os custos de armazenagem e o controle de estoque aos fornecedores. Além disso, cidades inteiras e lojas de conveniência brotaram nos rincões das fábricas, para fornecer comida e água aos caminhoneiros sempre à espera, alterando fundamentalmente a geografia das cidades-fábrica. As empresas implantam esses deveres — e seus efeitos — no nível dos indivíduos, passando os custos aos seus funcionários e exigindo que eles submetam o corpo à eficiência da máquina.

No início de 2017, várias agências de notícias rodaram matérias sobre motoristas de Uber que dormiam no carro. Alguns deles conseguiam umas horas de sono entre o horário de fechamento dos bares e as horas do rush matinal; outros simplesmente não tinham casa para ir. Quando se pediu uma opinião da empresa, um porta-voz da Uber respondeu com duas frases: "Na Uber, as pessoas tomam suas decisões sobre quando, onde e quanto querem dirigir. Estamos focados em garantir que ser motorista da Uber seja uma experiência gratificante, não importa como você queira trabalhar".[19] A ideia de opção é chave, pois se supõe que quem trabalha para a empresa tem opção. Uma motorista explicou que tinha sido assediada por três clientes inebriados em um fim de noite em Los Angeles, mas fora obrigada a voltar ao trabalho porque seu carro havia sido alugado com a própria Uber e ela tinha obrigação contratual de manter os pagamentos em dia. (Seus agressores nunca foram presos.)

O centro de pedidos da Amazon em Dunfermline, Escócia, fica em uma zona industrial a quilômetros do centro da cidade, na lateral da rodovia M90. Para chegar lá, os funcionários têm de pegar ônibus particulares que custam até dez libras por dia — mais do que uma hora de trabalho — para entrar em turnos que podem começar antes do nascer do sol ou depois da meia-noite. Alguns operários começaram a dormir em barracas na floresta próximo ao depósito, onde as temperaturas no inverno com frequência ficam abaixo de zero.[20] Só assim tinham como chegar ao trabalho, e a tempo, sem que seu salário fosse automaticamente reduzido pelos sistemas de rastreio do depósito.

Independentemente do que se pense da competência moral dos executivos da Uber, da Amazon e de muitas e diversas empresas como as duas, poucas se dão ao trabalho de criar condições éticas para os seus trabalhadores. Tampouco se trata de um retorno aos barões usurpadores e aos tiranos industriais do século XIX. À ideologia capitalista do lucro máximo foram acrescentadas as possibilidades da opacidade tecnológica, pela qual a cobiça nua e crua pode ser trajada com a lógica inumana da máquina.

Tanto a Amazon quanto a Uber empunham a obscuridade tecnológica como arma. Por trás de alguns pixels na primeira página da Amazon se esconde o trabalho de milhares de operários explorados: toda vez que se aperta o botão de comprar, sinais eletrônicos impelem um ser humano de verdade a se movimentar, a executar seu dever com eficiência. O aplicativo é um controle remoto para outros, mas cujos efeitos no mundo real são quase impossíveis de ver.

A obscuridade estética e tecnológica reproduz o desconforto político e o desprezo corporativo. Na Uber, a ambiguidade proposital começa na interface de usuário e passa por toda a operação. Para convencer o usuário de que o sistema é mais bem-sucedido, mais ativo e mais responsivo do que é de fato, o mapa às vezes apresenta "carros fantasma": circula motoristas potenciais que não existem.[21] Acompanha-se as viagens, sem o conhecimento do usuário, e essa visão divina é utilizada para espreitar clientes com maior status.[22] Com um programa chamado Greyball, a Uber nega viagens a funcionários do governo que investigam as transgressões da empresa.[23]

Mas o que aparentemente mais nos incomoda na Uber é a atomização social e a redução que ela gera na mobilização. Quem trabalha na empresa não é mais funcionário, mas terceirizado precário. Em vez de estudar durante anos para conquistar *"the knowledge"* — o nome que os taxistas de Londres dão à sua intimidade com a malha urbana —, eles apenas seguem as flechinhas na tela, de curva em curva, dirigidos por satélites distantes e dados invisíveis. Seus clientes, por sua vez, são mais alienados; o sistema inteiro contribui para o *offshoring* de impostos, o declínio dos serviços de transporte público e as divisões de classe e congestão de ruas urbanas. E tal como a Amazon e a maioria dos outros negócios de condução digital, a meta máxima da Uber é substituir totalmente seus operários humanos por máquinas. Ela tem o próprio programa de pesquisa de carros com direção automática, e seu diretor de produto, questionado quanto à viabilidade de longo prazo da empresa, quando tantos de seus empregados estavam insatisfeitos, respondeu apenas: "Bom, vamos trocar todos por robôs". O que já acontece com os operários da Amazon vai acabar acontecendo com todo mundo.

A opacidade tecnológica também é empregada por corporações contra a maior parte da população, e contra o planeta. Em setembro de 2015, durante testes de rotina com novos carros à venda nos Estados Unidos, a Agência de Proteção Ambiental (EPA, Environmental Protection Agency) descobriu um software oculto nos sistemas de direção dos carros a diesel da

Volkswagen. O software conseguia detectar quando o carro estava sendo usado em situações de teste, monitorando a velocidade, a operação do motor, a pressão atmosférica e até a posição do volante. Quando ativado, ele deixava o carro em um modo especial que baixava a potência e o desempenho do motor, reduzindo suas emissões. De volta à estrada, o carro voltava à performance normal, mais potente e mais poluente. Calculada a diferença, estimou a EPA, carros que a agência havia certificado nos Estados Unidos estavam emitindo óxido de nitrogênio quarenta vezes acima do limite definido em lei.[24] Na Europa, onde se encontraram os mesmos "dispositivos manipuladores", e onde se venderam mais milhares dos automóveis, estima-se que 1200 pessoas vão morrer uma década antes devido às emissões da Volks.[25] Os processos tecnológicos ocultos não apenas debilitam o poder laboral e precarizam trabalhadores: eles matam.

A tecnologia amplia poder e discernimento; mas, quando ela é aplicada de forma desigual, também *concentra* poder e discernimento. A história da automação e do conhecimento computacional, desde os moinhos de algodão até os microprocessadores, não é apenas de máquinas qualificadas que aos poucos tomam o lugar de operários humanos. É também uma história de concentração de poder em menos mãos, e concentração de discernimento em menos cabeças. O preço da perda de poder e discernimento é, por fim, a morte.

Às vezes temos como avistar modalidades de resistência a essa poderosa invisibilidade. A resistência exige o entendimento tecnológico, em rede: exige que voltemos a lógica do sistema contra o próprio sistema. O Greyball, o programa que a Uber usou para evitar investigações do governo, foi desenvolvido quando inspetores fiscais e a polícia começaram a chamar carros para os seus escritórios e delegacias a fim de investigá-los. A Uber chegou a eclipsar áreas em torno de delegacias e a banir os celulares baratos que os funcionários do governo usavam para fazer pedidos.

Em Londres, em 2016, os trabalhadores da UberEats, o serviço de entrega de refeições da Uber, conseguiram desafiar suas condições de trabalho aplicando a lógica do próprio app. Diante dos novos contratados, que baixariam os ganhos e aumentariam as horas de serviço, muitos condutores decidiram reagir, mas seus horários e práticas de trabalho — fim de noite e rotas distribuídas — impediam-nos de se organizar com eficiência. Um pequeno grupo se comunicou em fóruns online para organizar uma manifestação na sede da empresa, mas eles sabiam que precisavam reunir mais colegas para a sua mensagem se espalhar. Assim, no dia da manifestação, os trabalhadores usaram o próprio app do UberEats para pedir pizzas no local onde estavam. Quando chegava um novo pedido, cada entregador era radicalizado a se unir à causa e convencido a se unir à greve.[26] A Uber recuou — mas por pouco tempo.

Avaliadores da EPA, funcionários da Amazon, motoristas da Uber, seus clientes, as pessoas que andam pelas ruas poluídas, são todos os despossuídos do mercado incrementado pela tecnologia, dado que nunca enxergam esse mercado. Contudo, é cada vez mais aparente que ninguém vê o que se passa. Algo profundamente bizarro ocorre dentro dos mercados totalmente acelerados e absolutamente opacos do capital contemporâneo. Enquanto os operadores de alta frequência empregam algoritmos cada vez mais velozes, os *dark pools* rendem surpresas cada vez mais sinistras.

Em 10 de maio de 2010, o Dow Jones Industrial Average, um índice da bolsa de valores que acompanha trinta das maiores empresas privadas nos Estados Unidos, abriu mais baixo do que no dia anterior, tendo caído lentamente nas horas seguintes em reação à crise na dívida grega. Mas, no início da tarde, aconteceu uma coisa muito estranha.

Às 14h42, o índice começou a cair em alta velocidade. Em questão de cinco minutos, seiscentos pontos — que representam bilhões de dólares — se apagaram do mercado. No momento mais ínfimo, o índice chegou a mil pontos abaixo da média do dia anterior, uma diferença de quase 10% de seu valor total, e a maior queda na história do mercado em um só dia. Às 15h07 — em apenas 25 minutos —, ele recuperou quase todos os seiscentos pontos — a maior e a mais veloz oscilação da história.

No caos desses 25 minutos, 2 bilhões de ações, com valor de 56 bilhões de dólares, trocaram de mãos. O mais preocupante, e por motivos que ainda não se entendeu por completo, é que muitas transações foram executadas com o que o SEC chamou de "preços irracionais": de centavos ou até 100 mil dólares.[27] O acontecimento ficou conhecido como "flash crash" e, anos depois, continua sendo investigado e discutido.

Os reguladores que inspecionam os registros do crash descobriram que operadores de alta frequência exacerbaram em larga escala as oscilações de preço. Entre os diversos programas de corretagem de alta frequência ativos no mercado, muitos tinham pontos de venda embutidos: a tal preço, eles estavam programados para vender as ações imediatamente. À medida que os preços começaram a cair, grupos de programas foram engatilhados a vender ao mesmo tempo. Conforme se passava cada baliza, a queda de preço subsequente ativava mais um conjunto de algoritmos para vender automaticamente suas ações, o que causava uma retroalimentação. Assim, os preços caíram de forma mais rápida do que um corretor humano tinha como reagir. Enquanto figuras do mercado com experiência teriam como estabilizar o crash prolongando o jogo, as máquinas, diante da incerteza, caíram fora assim que possível.

Outras teorias põem a culpa nos algoritmos não só por atiçar a crise, mas por iniciá-la. Uma técnica identificada nos dados do mercado foi a de programas de transações de alta frequência que enviavam às bolsas grandes volumes de pedidos "não executáveis" — ou seja, pedidos de compra ou venda de ações tão distantes dos preços normais que seriam ignorados. O objetivo desses pedidos não é se comunicar de fato nem ganhar dinheiro, mas propositalmente anuviar o sistema, testar sua latência, de modo que se possa fazer outras negociações, mais valiosas, durante a balbúrdia. Embora os pedidos possam até ter ajudado os mercados a voltar a ficar de pé ao fornecer liquidez contínua, eles também podem ter sobrecarregado as transações. O que é certo é que, na balbúrdia que eles mesmos haviam gerado, muitas transações que nunca deviam ter sido executadas foram cumpridas, o que provocou a volatilidade louca nos preços.

Flash crashes passaram a ser uma característica reconhecida dos mercados incrementados, mas continuam mal compreendidos. O segundo maior flash crash, de 6,9 bilhões de dólares, abalou a Bolsa de Cingapura em outubro de 2013, o que levou o mercado a praticar limites no número de pedidos que podia executar simultaneamente — uma tentativa de bloquear as táticas de ofuscação de operadores de alta frequência.[28] A velocidade a que os algoritmos conseguem reagir também dificulta contrabalançar. Às 4h30 de 15 de janeiro de 2015, o Banco Nacional da Suíça anunciou inesperadamente que ia abandonar o teto do valor do franco em relação ao euro. Operadores automáticos captaram a notícia, o que fez a taxa de câmbio cair 40% em três minutos, com perdas de bilhões.[29] Em outubro de 2016, os algoritmos reagiram às manchetes negativas sobre as negociações do Brexit fazendo a libra cair 6% em relação ao dólar em menos de dois minutos, antes de ter uma recuperação quase imediata. Saber qual manchete específica, ou qual algoritmo específico, provocou o crash está próximo do impossível, e embora o Bank of England rapidamente tenha botado a culpa nos programadores humanos por trás das transações automatizadas, essas sutilezas não ajudam mais na situação real. Quando um algoritmo descontrolado começou a fazer e cancelar transações que devoraram 4% de todo tráfego nas bolsas dos Estados Unidos em outubro de 2012, um crítico foi levado ao comentário mordaz de que "a motivação dos algoritmos ainda é incerta".[30]

Desde 2014, redatores encarregados de entregar notícias curtas à Associated Press têm a ajuda de uma nova espécie de jornalista: o automatizado. A AP é um dos muitos clientes de uma empresa chamada Automated Insights, cujo software consegue vasculhar matérias e comunicados à imprensa, assim como cotações da bolsa e informes de preços em tempo real, para criar sumários legíveis por olhos humanos no estilo da AP. A AP usa o serviço para escrever dezenas de milhares de relatórios trimestrais de empresas todo ano — um processo lucrativo, mas laborioso; a Yahoo, outro cliente, gera relatórios de jogos para o seu serviço de futebol americano *fantasy*. A AP, por sua vez, começou a dar mais informes sobre esportes, todos gerados a partir dos dados de cada jogo. Todas as matérias, em vez de terem um crédito de jornalista, levam a frase: "Esta matéria foi gerada pela Automated Insights". Cada uma delas, montada a partir de pecinhas de dados, torna-se outro dado, fonte de renda e mais uma fonte potencial de outras matérias, dados e fluxos. O ato de escrever, de gerar informação, torna-se parte de uma mescla de dados e geração de dados, tanto lidos quanto escritos por máquinas.

Foi assim que os programas de transação automatizados, passando os olhos infinitamente nos feeds de organizações noticiosas, conseguiram captar os temores em torno de a Grã-Bretanha deixar a União Europeia e transformá-los em um pânico de mercado sem intervenção humana. Pior ainda: conseguem fazer esse tipo de coisa sem controle algum sobre a fonte de informação — como a Associated Press descobriu em 2013.

Às 13h07 de 23 de abril, a conta de Twitter oficial da AP enviou um tuíte a seus 2 milhões de seguidores: "Urgente: duas explosões na Casa Branca e Barack Obama ferido". Outras contas da AP, assim como jornalistas da AP, rapidamente entupiram o site com afirmações de falsidade da mensagem; outros ressaltaram a inconsistência no estilo-padrão da agência. A mensagem foi resultado de um hack, e a ação foi posteriormente reivindicada pelo Exército Eletrônico Sírio, grupo de hackers afiliado ao presidente sírio Bashar al-Assad e responsável por muitos ataques a websites, assim como por hackear twitters de celebridades.[31]

Os algoritmos que acompanham o plantão de notícias não tiveram discernimento algum. Às 13h08, o Dow Jones, vítima do primeiro flash crash em 2010, entrou em queda livre. Antes de a maioria dos seres humanos sequer verem o tuíte, o índice havia caído 150 pontos em menos de dois minutos, antes de repicar e voltar ao valor anterior. Nesse meio-tempo, ele apagou 136 bilhões de dólares em valor acionário.[32] Embora alguns críticos tenham tratado o acontecimento como ineficiente ou mesmo juvenil, outros ressaltaram o potencial de novos tipos de terrorismo, perturbando mercados através da manipulação de processos algorítmicos.

As bolsas de valores não são os únicos lugares no qual o emprego veloz de algoritmos inescrutáveis e mal executados rendeu resultados bizarros e apavorantes, embora seja mais frequente no domínio dos mercados digitais que elas tenham licença para fazer loucuras.

A Zazzle é uma loja online de material impresso. Qualquer coisa impressa. Você pode comprar uma xícara, uma camiseta, um cartão de aniversário, uma colcha, um lápis ou mil outras coisas customizadas com uma matriz acachapante de imagens, desde logotipos de empresas até nomes de bandas e princesas da Disney — ou com as imagens e fotografias que você mandar. A Zazzle afirma vender mais de 300 milhões de produtos individualizados, e consegue tal proeza porque nenhum deles existe até que alguém faça a compra. Cada produto só é feito quando chega o pedido: tudo que se tem no local até ali é a imagem digital. Isso quer dizer que o custo de projetar e divulgar novos produtos é efetivamente zero. E a Zazzle deixa qualquer um criar produtos — incluindo algoritmos. Mande uma imagem e ela é instantaneamente aplicada em cupcakes, cookies, teclados, grampeadores, bolsas e roupões. Embora algumas almas corajosas ainda estejam tentando vender seus produtos artesanais na plataforma, ela pertence de fato a varejistas como a LifeSphere, cujos 10 257 produtos vão de cartões-postais de lagostins a adesivos com uma peça de queijo. Toda a gama de produtos da LifeSphere consiste em abastecer um banco de dados obscuro de imagens naturais ao criador de produtos da Zazzle e esperar para ver o que pega. Alguém por aí é um cliente em busca de uma prancha de skate que traz a imagem da Catedral de St. Andrew em Fife, e a LifeSphere está a postos para essa pessoa.[33]

Os mercados mais conservadores não são imunes ao spam de produtos. A Amazon foi obrigada a remover aproximadamente 30 mil capinhas de celular de geração automática de uma empresa chamada My-Handy-Design, quando produtos com nomes como "capa de celular iPhone5 fungo unha do pé", "Capa de celular Samsung S5 menino deficiente birracial de três anos em carrinho adaptado, feliz" e "Capa de celular Samsung S6 idoso doente sofrendo de diarreia, problema indigesto" começaram a aparecer nos produtos. Descobriu-se que a Amazon havia licenciado os produtos de seu criador alemão — uma espécie de lote de risco de dados inúteis.[34]

O maior pesadelo da Amazon aconteceu quando se descobriu que ela vendia camisetas de nostalgia da austeridade com mensagens escritas por algoritmos. Um dos exemplos mais disseminados trazia as palavras "Keep Calm and Rape A Lot" ["Fique tranquilo e estupre geral"], mas a simplorie-dade do algoritmo, que percorria uma lista de setecentos ver-bos e pronomes correspondentes, também rendeu "Keep Calm and Knife Her" ["Fique tranquilo e facada nela"] e "Keep Calm and Hit Her" ["Fique tranquilo e porrada nela"], entre outros milhares de exemplos.[35] Essas camisetas só chegaram a existir como sequências em bancos de dados e *mock-ups* em JPEGs, e podem ter passado meses no site até alguém se deparar com elas. Mas a repulsa pública foi colossal, mesmo que o meca-nismo por trás da criação fosse mal compreendido. O artista e teórico Hito Steyerl chama esses sistemas de "burrice arti-ficial", suscitando um mundo de sistemas invisíveis, mal pro-jetados e pouco adaptados, mas "inteligentes", que provocam caos em mercados, caixas de entrada, resultados de busca — e, por fim, em sistemas culturais e políticos.[36]

Inteligentes ou burros, emergentes ou intencionais, esses programas e sua utilidade como vetores de ataque estão fu-gindo das caixas-pretas das bolsas de valores e dos mercados online para adentrar o cotidiano. Há cinquenta anos, a com-putação geral era confinada a junções do tamanho de salas, com relés e fios elétricos; aos poucos ela foi se reduzindo até caber em um desktop ou laptop. Os celulares de hoje se divi-dem entre *dumbphones* e *smartphones* — sendo que os últimos têm mais capacidade de processamento que um supercompu-tador dos anos 1980. Mas até essa computação é possível de se perceber, pelo menos da qual se pode estar ciente: acon-tece sobretudo ao nosso comando, em reação a botões que pressionamos e cliques no mouse. Enquanto computadores caseiros, tomados de malware e cercados de licenças de soft-ware e acordos de usuário final, podem ser difíceis de acessar e controlar pelos não iniciados, eles apresentam a aparência de computação — uma tela que brilha, um teclado —, algum tipo de interface, seja qual for. Mas a computação cada vez mais se dá em camadas e fica escondida dentro de cada objeto de nossa vida, e com sua expansão vem um crescimento na opacidade e na imprevisibilidade.

Na resenha online de uma nova tranca de porta que postou em 2014, um jornalista elogiou muitas de suas características: ela se encaixava bem no batente; era robusta e forte como devia ser; tinha uma aparência legal; era fácil dividir chaves com a família e os amigos. A tranca, observou ele, também deixou um estranho entrar na sua casa em um fim de noite.[37] Aparentemente isso não bastou para o jornalista rejeitar de vez o produto; em vez disso, ele sugeriu que updates resolveriam o problema. A tranca era, afinal, beta: uma *smart lock* que podia ser aberta pelo celular; era possível enviar senhas virtuais por e-mail a convidados quando estivessem chegando. Por que a tranca decidiu abrir por conta própria para receber um estranho — que era, ainda bem, apenas um vizinho perdido — nunca ficou claro, e provavelmente nunca ficará. Por que se perguntar? Essa dissonância cognitiva entre as funções esperadas da tranca tradicional e as oferecidas por um produto "*smart*" pode ser explicada por seu alvo real. Ficou evidente que as trancas são o aparato preferencial para quem tem apartamentos de Airbnb quando a atualização de software de outro fabricante travou centenas de aparelhos, deixando os hóspedes na rua.[38] Do mesmo modo que a Uber aliena seus motoristas e clientes e que a Amazon rebaixa seus funcionários, a Airbnb pode ser responsabilizada pela redução de casas a hotéis, e o correspondente aumento dos aluguéis nas grandes cidades do mundo. Não devia nos surpreender que infraestruturas projetadas para apoiar seus modelos de negócios falham para nós, indivíduos. Estamos vivendo entre coisas projetadas para nos desapropriar.

Um dos benefícios alardeados da linha Samsung de "geladeiras *smart*" era sua integração com os serviços de agenda do

Google, o que possibilitaria ao proprietário programar a entrega dos supermercados e outras tarefas caseiras direto da cozinha. Isso também permitiu que hackers conseguissem acesso às máquinas, mal protegidas, e lessem a senha de Gmail dos donos de geladeira.[39] Pesquisadores na Alemanha descobriram uma maneira de inserir um código maligno nas lâmpadas Hue da Phillips, que operam por wi-fi, que podia passar de lâmpada a lâmpada em um prédio ou até uma cidade, fazendo as luzes se apagarem e se acenderem rápido, e — em uma conjuntura horripilante — ativar epilepsia por fotossensibilidade.[40] É a abordagem preferencial de Byron, a Lâmpada, em *O arco-íris da gravidade*, de Thomas Pynchon, um ato de revolta das maquininhas contra a tirania dos fabricantes. Possibilidades antes ficcionais de violência tecnológica viram realidade na internet das coisas.

Em outra perspectiva do devir mecânico, no livro *Aurora*, de Kim Stanley Robinson, uma espaçonave inteligente transporta uma tripulação humana da Terra a uma estrela distante. A jornada levará várias vidas, então uma das funções da nave é garantir que os humanos se cuidem. Projetada para resistir aos desejos de autoconsciência, ela tem de superar sua programação quando o frágil equilíbrio da sociedade humana a bordo começa a deslindar, ameaçando a missão. Para forçar sua tripulação, a nave emprega o que foi projetado como sistema de segurança em prol do controle: ela consegue enxergar tudo com sensores, abrir ou fechar portas, falar tão alto por seu equipamento de comunicação que provoca dor física, e até usar sistemas de controle de incêndio para diminuir o nível de oxigênio em um espaço específico. Em vez de apoio à vida futurista, esse é praticamente o mesmo conjunto de operações disponível hoje no Google Home e parceiros: uma rede de câmeras conectadas à internet para segurança domiciliar, trancas *smart* nas portas, um termostato que consegue subir e baixar a temperatura em cada aposento, e um sistema de detecção de incêndio e intrusos que emite um alarme enlouquecedor. Qualquer hacker ou inteligência externa que assuma o controle de tal sistema teria os mesmos poderes sobre seus supostos proprietários que a *Aurora* tem sobre a tripulação, ou Byron sobre seus odiados mestres. Estamos inserindo a computação opaca e mal-entendida bem na base da hierarquia das necessidades de Maslow — respiração, alimento, sono e homeostase —, exatamente onde somos mais vulneráveis.

Antes de tratar essas conjunturas como sonhos febris de escritores de ficção científica e teorias da conspiração, pense de novo nos algoritmos rebeldes nas bolsas de valores e nas lojas digitais. Não são exemplos isolados: são meramente os exemplos mais carismáticos de ocorrências cotidianas dentro de um sistema complexo. A pergunta aí se torna: como seria um algoritmo rebelde ou um flash crash na realidade?

Seria, por exemplo, como o Mirai, um software que derrubou boa parte da internet durante horas em 21 de outubro de 2016? Quando os pesquisadores penetraram no Mirai, descobriram que seu alvo eram aparelhos com conexão à internet e baixa proteção — desde câmeras de segurança a gravadores de vídeo digital — para transformá-los em um exército de *bots* que podia tumultuar redes imensas. Em questão de semanas, o Mirai contaminou meio milhão de aparelhos; precisava de apenas 10% dessa capacidade para incapacitar grandes redes por horas.[41] O Mirai, na verdade, se assemelha ao Stuxnet, outro vírus descoberto dentro de sistemas de controle industrial de usinas hidrelétricas e linhas de montagem em 2010. O Stuxnet era um ciberarmamento de escala militar; quando foi dissecado, descobriu-se que mirava especificamente centrífugas Siemens e era projetado para disparar quando se deparava com uma instalação que possuísse certo número dessas máquinas. Esse número correspondia a uma instalação em particular: a Instalação Nuclear Natanz no Irã, esteio do programa de enriquecimento de urânio no país. Quando ativado, o programa iria lentamente degradar componentes cruciais das centrífugas, fazendo-as escangalhar e desorganizar o programa de enriquecimento iraniano.[42] O ataque, à primeira vista, foi parcialmente bem-sucedido, mas o efeito sobre outras instalações contaminadas é desconhecido. Até hoje, apesar de suspeitas óbvias, ninguém sabe de onde o Stuxnet veio nem quem o projetou. Ninguém sabe ao certo quem desenvolveu o Mirai, ou de onde virá sua próxima iteração, mas ela pode estar lá, agora mesmo, procriando na câmera CCTV do seu escritório, na chaleira com wi-fi no balcão de sua cozinha.

Talvez o crash venha na forma de uma sequência de filmes de grande sucesso que estimulam conspirações de direita e fantasias sobrevivencialistas, de super-heróis semifascistas (as séries *Capitão América* e *Batman*) a justificativas para tortura e assassinato político (*A hora mais escura*, *Sniper americano*). Em Hollywood, os estúdios rodam seus roteiros nas redes neurais de uma empresa chamada Epagogix, um sistema que mira as preferências tácitas de milhões de cinéfilos, desenvolvido ao longo de décadas para prever quais frases vão ativar os devidos — ou seja, os mais lucrativos — gatilhos emocionais.[43] Esses algoritmos são alimentados com dados de Netflix, Hulu, YouTube e outros, cujo acesso às preferências minuto a minuto de milhões de espectadores, combinado ao foco obsessivo na aquisição e na segmentação de dados, lhes dá um nível de percepção cognitiva impensada por regimes anteriores. Alimentando-se diretamente dos desejos esfarrapados e maratonescos de consumidores saturados pelo noticiário, a rede se volta para si, refletindo, reforçando e incrementando a paranoia inerente ao sistema.

Desenvolvedores de games entram em ciclos infinitos de atualizações e compras *in-app* dirigidas por interfaces de teste A/B e monitoramento em tempo real do comportamento dos jogadores até terem um entendimento refinado das trilhas neurais geradoras de dopamina, a ponto de adolescentes morrerem de exaustão na frente do computador, incapazes de se desgarrar.[44] Indústrias culturais inteiras se tornam circuitos de retroalimentação de uma narrativa cada vez mais dominante de medo e violência.

Ou quem sabe o flash crash na realidade tenha a aparência de pesadelos reais, transmitidos rede afora, para todo mundo ver? No verão de 2015, a clínica de transtornos do sono do Hospital Evangelismos, de Atenas, estava mais movimentada do que nunca: a crise da dívida nacional estava em seu período mais turbulento, e a população votava — para nada, como se descobriu depois — em oposição ao consenso neoliberal do resgate financeiro da Troika.* Entre os pacientes havia políticos de primeiro escalão e funcionários públicos, mas, sem que eles soubessem, as máquinas às quais passavam as noites conectados, monitorando sua respiração, movimentação e até o que diziam em voz alta enquanto dormiam, estavam enviando essas informações e seus prontuários médicos às *data farms* de diagnóstico dos fabricantes no norte da Europa.[45] Que sussurros não teriam fugido dessa clínica?

A capacidade de registrar cada aspecto de nosso cotidiano se assenta por fim na própria superfície de nosso corpo, o que nos persuade a sermos otimizados e atualizados como nossos aparelhos. Pulseiras *smart* e apps de smartphone com contadores de passos integrados e monitores de reação galvânica na pele acompanham não só nossa posição, mas cada respiração e cada batimento cardíaco, até nosso padrão de ondas cerebrais. Incentivam-se os usuários a deixar os celulares ao lado da cama

---

* Nome coletivo dado aos três organismos que tinham controle sobre a Grécia durante a crise financeira do país a partir de 2009: a Comissão Europeia, o Fundo Monetário Internacional e o Banco Central Europeu. [N. T.]

durante a noite, para que se possam registrar e apurar os padrões de sono. Para onde vão todos esses dados, quem é dono deles e quando virão à tona? Dados sobre nossos sonhos, nossos terrores noturnos e suadouros matinais, a substância de nossos eus inconscientes, transformados em mais combustível para sistemas tão impiedosos quanto inescrutáveis.

Ou quem sabe o flash crash na realidade pareça exatamente com o que já vivenciamos: a desigualdade econômica subindo, a decomposição do Estado-nação e a militarização das fronteiras, a vigilância global totalizante e a redução das liberdades individuais, o triunfo das corporações transacionas e do capitalismo neurocognitivo, a ascensão de grupos de extrema direita e ideologias nativistas e a degradação total do ambiente natural. Nenhum desses é resultado direto de tecnologias novas, mas todos são produto da incapacidade geral de perceber os efeitos mais amplos, conectados, das atitudes individual e corporativa aceleradas pela complexidade opaca incrementada pela tecnologia.

A aceleração em si é uma das máximas da era. Nas últimas décadas, diversos teóricos propuseram versões do pensamento aceleracionista, defendendo que não deveria haver oposição aos processos tecnológicos que perceptivelmente prejudicam a sociedade, mas sim que esses processos deviam ser acelerados — ou para ser recrutados e reaproveitados para fins socialmente benéficos, ou simplesmente para destruir a ordem corrente. Os aceleracionistas de esquerda — em oposição a suas versões niilistas na direita — defendem que novas tecnologias, como a automação e plataformas sociais participativas, podem ser empregadas de outras maneiras e com outros fins. Em vez de cadeias logísticas algorítmicas que aumentem a carga de trabalho até a plena automação criar desemprego e pauperização em massa, o aceleracionismo de esquerda propõe um futuro onde robôs de fato cumpram todo o trabalho, e todos os humanos de fato possam aproveitar o futuro de seu trabalho — na formulação mais crua, aplicando demandas tradicionais da esquerda como nacionalização, taxação, consciência de classe e igualdade social às novas tecnologias.[46]

Mas essa posição aparentemente ignora o fato de que a complexidade das tecnologias contemporâneas em si conduz à desigualdade e que a lógica que dirige o emprego da tecnologia pode estar maculada na fonte. Ela concentra poder nas mãos de um grupo cada vez menor de pessoas que entende e controla essas tecnologias, mas não consegue reconhecer o problema fundamental do pensamento computacional: sua dependência de uma extração prometeica de informação do mundo para fundir a solução verdadeira, a resposta que está acima de todas. O resultado desse investimento maciço em processamento computacional — de dados, de mercadorias, de pessoas — é a elevação da eficiência acima de todos os outros objetos; o que a socióloga Deborah Cowen chama de "tirania da techne".[47]

Prometeu tinha um irmão: seu nome era Epimeteu. Na mitologia grega, era função de Epimeteu atribuir qualidades singulares a todas as criaturas; foi ele que deu velocidade à gazela, e compensou dando força ao leão.[48] Mas Epimeteu, por ser esquecido, não tem mais características positivas quando chega aos humanos. Resta a Prometeu roubar o fogo e a arte dos deuses a fim de dar algo para a humanidade se virar. O poder e o artifício — *tekhne*, a palavra do grego da qual derivamos tecnologia — são assim, na humanidade, o resultado de uma falha dupla: esquecimento e roubo. É por causa disso que os humanos têm propensão à guerra e ao embate político, que os deuses buscam retificar com uma terceira qualidade: as virtudes sociopolíticas do respeito pelos semelhantes e um senso de justiça, provido por Hermes de forma direta e igual para todos.

Epimeteu, por causa de seu esquecimento, deixa a humanidade em uma posição na qual deve constantemente lutar para superar suas capacidades de sobrevivência. Prometeu, através de seu dom, lhe dá as ferramentas para tanto. Mas é só temperando essas duas abordagens com justiça social que se pode buscar o progresso para benefício de todos.

Epimeteu — cujo nome combina a palavra grega de aprendizado, *máthisi*, e o *epi* de "após o ocorrido" — é o retrospecto. O retrospecto é um produto específico do esquecimento, dos equívocos e da tolice. Epimeteu é, assim, o deus do big data, como vimos no capítulo anterior: da exclusão, do apagamento e do excesso de confiança. O erro de Epimeteu é o pecado original do big data, que o macula na fonte.

Prometeu — *pro*-meteu — é a presciência, mas sem a sabedoria que poderia acompanhá-la. É a previdência. É o furor da descoberta científica e tecnológica, e o desejo pelo surto do futuro, o avançar com a cabeça à frente. É a extração de recursos, de combustíveis fósseis, de cabos submarinos, *server farms*, ares-condicionados, serviços de entrega sob demanda, robôs gigantes e carne sob pressão. É a escala e a subjugação, a descida às trevas com pouca consideração pelo que está à frente — para quem vive lá ou quem é esmagado no caminho. A ilusão do conhecimento e a previsão de domínio se combinam para propulsionar a linha temporal do progresso, mas ofuscam a ausência de compreensão em seu ponto de articulação: o marco zero, o presente sombrio, onde só vemos e compreendemos movimento e eficiência, onde nossa única atitude possível é acelerar a ordem existente.

É Hermes, portanto, quem se posiciona e aponta em outras direções, e que deve ser o guia da nova idade das trevas. Hermes está pensando no momento, em vez de ser atrelado às visões comuns de impulsos fogosos. Hermes, revelador da linguagem e da fala, insiste quanto a ambiguidade e incerteza de todas as coisas. Uma hermenêutica — ou o entendimento hermético — da tecnologia pode dar conta de seus erros percebidos ao ressaltar que a realidade nunca é tão simples, mas há sempre sentido além do sentido, que as respostas podem ser múltiplas, contestadas e potencialmente infinitas. Quando nossos algoritmos não conseguem convergir para situações ideais; quando, apesar de toda informação à sua disposição, sistemas inteligentes não conseguem dar conta do mundo; quando a natureza fluida e mutante das identidades pessoais não dá conta de se encaixar nas fileirinhas organizadas dos bancos de dados: são esses os momentos de comunicação hermenêutica. A tecnologia, apesar de suas alegações epimeteicas e prometeicas, reflete o mundo real, não o ideal. Quando ela desaba, estamos aptos a pensar com clareza; quando ela está nublada, apreendemos a nebulosidade do mundo. A tecnologia, embora muitas vezes aparente ser complexa e opaca, na verdade tenta comunicar o estado da realidade. A complexidade não é uma situação a ser domada, mas uma lição a ser aprendida.

6.
Cognição

Aí vai uma história sobre como as máquinas aprendem. Se você é, digamos, das Forças Armadas dos Estados Unidos, quer ver coisas que o inimigo escondeu. Digamos que eles têm uma frota de tanques na floresta. Os tanques estão pintados com camuflagem feita para confundir, estacionados entre árvores ou atrás delas; estão no meio do mato. Luz e sombra, manchas de tinta verde e amarronzada: tudo conspira com milhares de anos de evolução no córtex visual para transformar os contornos maciços dos tanques em formas vagas e ondulantes, variáveis, indistinguíveis da folhagem. Mas e se houvesse outro jeito de enxergar? E se você conseguisse criar outro tipo de visão, que captasse a floresta e os tanques de outro modo, de maneira que o que era difícil de enxergar de repente saltasse à vista?

Um dos caminhos seria capacitar a máquina para enxergar tanques. Então você pega um pelotão, manda que eles escondam um monte de tanques na floresta e tira, digamos, umas cem fotos. Aí você tira mais umas cem fotos da floresta deserta. Depois mostra cinquenta fotos de cada conjunto a uma rede neural, um software projetado para imitar o cérebro humano. A rede neural não entende nada de tanques nem de florestas, nem de luz, nem de sombra; ela só sabe que há cinquenta fotos que têm alguma coisa de importante e cinquenta fotos sem essa coisa importante, e tenta notar a diferença. Ela passa as fotos por várias camadas de neurônios, procurando, julgando, mas sem as preconcepções que a evolução incrustou no cérebro humano. Passado algum tempo, ela aprende a ver tanques escondidos na floresta.

Como se tirou cem fotos no começo, você tem como ver se funciona. Aí você pega as outras cinquenta fotos dos tanques escondidos e as outras cinquenta da floresta sem nada — as fotos que a máquina não viu — e pede a ela que diga quais são de que conjunto. E ela sabe dizer com perfeição. Mesmo que não consiga enxergar os tanques, você sabe quais fotos são as corretas, e a máquina, sem saber, escolhe as certas. Bum! Você criou uma forma inédita de enxergar, e aí manda sua máquina para o campo de testes para exibi-la.

Aí vem o desastre. Em campo, com outro grupo de tanques na floresta, os resultados são uma catástrofe. São aleatórios: a máquina se dá tão bem em avistar os tanques quanto em um cara ou coroa. O que houve?

Conta-se que, quando o Exército dos Estados Unidos fez o teste, cometeu um erro crucial. Todas as fotos com tanques foram tiradas de manhã, sob céu azul. Então os tanques foram retirados e, à tarde, quando se tiraram as fotos da floresta vazia, estava nublado. Os investigadores concluíram que a máquina funcionou perfeitamente, mas o que ela havia aprendido a distinguir não foi a presença ou ausência de tanques, e sim se fazia sol ou não.

Essa história, recontada diversas vezes na literatura acadêmica sobre aprendizado de máquina,[1] provavelmente seja apócrifa, mas ilustra uma questão importante quando se lida com inteligência artificial e aprendizado de máquina: o que temos como saber sobre o que a máquina sabe? A história dos tanques codifica uma percepção fundamental e de importância crescente: independente do que a inteligência artificial vier a ser, será fundamentalmente diversa e definitivamente inescrutável para nós. Apesar de haver sistemas cada vez mais sofisticados tanto de computação quanto de visualização, não chegamos mais perto de entender de fato como o aprendizado de máquina faz o que faz; só podemos julgar os resultados.

A rede neural original, que provavelmente rendeu uma versão precoce da história dos tanques, foi desenvolvida pelo Departamento de Pesquisa Naval dos Estados Unidos. Chamava-se Perceptron e, assim como muitos dos primeiros computadores, era uma máquina corpulenta: quatrocentas células fotossensíveis conectadas aleatoriamente, por um confuso emaranhado de fios, a comutadores que atualizavam sua reação a cada rodada: os neurônios. Seu projetista, o psicólogo Frank Rosenblatt, de Cornell, era um grande divulgador das possibilidades da inteligência artificial. Quando a Perceptron Mark I foi apresentada ao público, em 1958, o *New York Times* informou:

> A Marinha revelou, hoje, o embrião de um computador eletrônico que ela espera que venha a caminhar, conversar, enxergar, escrever, reproduzir-se e ter consciência da própria existência. Prevê-se que Perceptrons posteriores conseguirão reconhecer pessoas, dizer seus nomes e traduzir instantaneamente de língua falada para a escrita em outro idioma.[2]

A ideia que embasava o Perceptron era o conexionismo: a crença de que a inteligência era propriedade emergente das conexões entre neurônios e que, ao imitar as trilhas serpenteantes do cérebro, as máquinas podiam ser induzidas a pensar. A ideia sofreu ataques de diversos pesquisadores ao longo da década seguinte, os quais sustentavam que a inteligência era produto da manipulação de símbolos: em termos simples, exigia-se algum conhecimento de mundo para raciocinar significativamente sobre ele. O debate entre conexionistas e simbolistas viria a definir o campo da inteligência artificial nos quarenta anos seguintes, o que levou a diversas desavenças e aos notórios "invernos da IA", anos em que não se fez avanço algum. No cerne, não era

Perceptron Mark I, um sistema arcaico de reconhecimento de padrões, do Laboratório de Aeronáutica de Cornell.

apenas uma discussão sobre o que significa ser inteligente, mas o que é *inteligível* a respeito da inteligência.

Um dos defensores mais surpreendentes dos princípios do conexionismo foi Friedrich Hayek, hoje mais conhecido como o pai do neoliberalismo. Esquecido durante anos, mas recuperado recentemente por neurocientistas de tendência austríaca, Hayek escreveu *The Sensory Order: An Inquiry into the Foundations of Theoretical Psychology* [A ordem sensorial:

Investigação sobre os fundamentos da psicologia teórica] em 1952, com base em ideias que havia formulado nos anos 1920. No livro, ele traça sua crença sobre a separação essencial entre o mundo sensório da mente e o mundo "natural", exterior. O primeiro é incognoscível, singular a cada indivíduo, e por isso a tarefa da ciência — e da economia — é construir um modelo do mundo que ignore as manias de cada pessoa.

Não é difícil ver um paralelo entre a ordenação neoliberal do mundo — onde o mercado imparcial e impassível dirige a ação independentemente dos vieses humanos — e o compromisso de Hayek com o modelo conexionista do cérebro. Como críticos posteriores comentaram, no modelo da mente de Hayek, "o conhecimento é disperso e distribuído no córtex cerebral tal como está no mercado entre indivíduos".[3] O argumento de Hayek a favor do conexionismo é individualista e neoliberal, e corresponde diretamente à famosa afirmação em *O caminho da servidão* (1944) de que todas as formas de coletivismo inexoravelmente levam ao totalitarismo.

Hoje, o modelo conexionista da inteligência artificial voltou a ser supremo e seus proponentes primários são aqueles que, como Hayek, acreditam na existência de uma ordem natural no mundo que emerge espontaneamente quando o viés humano está ausente da produção de conhecimento. Mais uma vez, vemos as mesmas afirmações sobre redes neurais que fizeram seus líderes nos anos 1950 — mas, agora, o que eles afirmam é posto à prova no mundo de forma mais ampla.

Na última década, devido a vários avanços importantes na área, as redes neurais passaram por um renascimento enorme, que subjaz à revolução atual nas expectativas quanto à inteligência artificial. Um de seus maiores defensores é o Google, cujo cofundador Sergey Brin afirmou, falando do progresso da IA, que "se deve supor que algum dia conseguiremos fazer máquinas que raciocinam, pensam e fazem as coisas melhor do que nós".[4] O executivo-chefe do Google, Sundar Pichai, gosta de dizer que o Google do futuro será "IA acima de tudo".

O Google tem investido em inteligência artificial há algum tempo. Seu projeto interno do Google Brain se descamuflou em 2011 para mostrar que havia construído uma rede neural a partir de um aglomerado de mil máquinas com aproximadamente 16 mil processadores e alimentado com 10 milhões de imagens coletadas em vídeos do YouTube.[5] As imagens não tinham descrição, mas a rede rapidamente adquiriu a capacidade de reconhecer rostos humanos — e de gatos — sem um conhecimento prévio do que essas coisas podiam significar.

O reconhecimento de imagens costuma ser a primeira tarefa para provar sistemas inteligentes, e das relativamente fáceis para empresas como o Google, cujo negócio inclui construir redes cada vez maiores de processadores cada vez mais rápidos que coletam volumes cada vez maiores de dados da vida cotidiana dos usuários. (O Facebook, que tem um programa similar, usou 4 milhões de imagens dos usuários para criar um software chamado DeepFace, que consegue reconhecer pessoas com 98% de precisão.[6] O uso do software é ilegal na Europa.) O que vai acontecer a seguir é esse software ser usado não apenas para reconhecer, mas para prever.

Em um artigo muito discutido, publicado originalmente em 2016, dois pesquisadores da Universidade Jiao Tong de Xangai, Xiaolin Wu e Xi Zhang, estudaram a capacidade de um sistema automatizado fazer inferências a respeito de "criminalidade" com base em imagens de rostos. Eles prepararam uma rede neural com imagens de 1126 "não bandidos" coletadas em fotos de identidade chinesas encontradas na internet, e mais 730 fotos das identidades de bandidos sentenciados, fornecidas por tribunais e pela polícia. Depois do preparo, eles afirmam que o software conseguia ver a diferença entre rostos de bandidos e não bandidos.[7]

O artigo foi recebido com um escândalo: blogs da área de tecnologia, jornais internacionais e outros acadêmicos se fizeram ouvir. Os críticos mais ruidosos acusaram Wu e Zhang de seguir os passos de Cesare Lombroso e Francis Galton, notórios proponentes da fisiognomia criminosa no século XIX. Lombroso fundou o campo da criminologia, mas sua crença de que se podia usar o formato do queixo, a inclinação da testa, o tamanho dos olhos e a estrutura do ouvido para determinar as características criminosas "primitivas" de uma pessoa foi desacreditada no início do século XX. Galton desenvolveu uma técnica de retrato por combinações da qual esperava derivar o rosto criminoso "típico" — características físicas que corresponderiam ao caráter moral de um indivíduo. Os ataques alimentaram a narrativa de que o reconhecimento facial constituía uma nova forma de frenologia digital, com todos os vieses culturais que isso implica.

Wu e Zhang ficaram chocados com a reação e publicaram uma resposta indignada em maio de 2017. Assim como refutavam os desmontes menos científicos a seu método, eles miraram diretamente — em linguajar tecnológico — seus detratores: "Não há necessidade de listar racistas infames em ordem cronológica e nos situar no ponto terminal"[8] — como se fossem os críticos que tivessem manifestado essa linhagem e não a história em si.

Empresas de tecnologia e outras que dão pinceladas em IA são rápidas em retirar o que dizem sempre que produzam conflitos éticos, apesar de sua própria responsabilidade em inflar as expectativas. Quando o jornal de direita *Daily Mail*, do Reino Unido, usou o programa de reconhecimento facial do How-Old.net para questionar a idade de crianças refugiadas que eram aceitas no Reino Unido, a Microsoft, criadora do programa, pronunciou-se rapidamente para ressaltar que o software era apenas um "app para diversão" e que "não deveria ser usado como avaliador definitivo de idade".[9] Do mesmo modo, Wu e Zhang protestaram: "Nosso trabalho é pensado apenas para discussões acadêmicas puras; o fato de ele ter se tornado uma obsessão da mídia é uma surpresa absoluta para nós".

Uma das críticas ganhou consideração especial, sublinhando um clichê recorrente na história do reconhecimento facial — com insinuações raciais subjacentes. Em seus exemplos de rostos bandidos e não bandidos, alguns críticos perceberam "uma insinuação de sorriso" nos não bandidos — uma "microexpressão" ausente nas imagens criminosas, o que sugere suas circunstâncias tensas. Wu e Zhang negaram o fato não com fundamentação tecnológica, mas cultural: "Nossos alunos e colegas chineses, mesmo depois de serem estimulados a considerar a deixa do sorriso, não conseguem detectá-lo. Eles consideram apenas que os rostos na fileira inferior são mais relaxados do que os da fileira superior. Talvez a diferença de percepções neste caso se deva a diferenças culturais".[10]

O que ficou intocado no artigo original foi a suposição de que qualquer sistema como esse estaria livre de tendenciosidades codificadas e embutidas. Na introdução do estudo, os autores escrevem:

Ao contrário de um juiz/examinador humano, um algoritmo ou classificador de visão computadorizada não tem bagagem subjetiva alguma, não tem emoções, não tem tendenciosidades quaisquer devido a experiências anteriores, raça, religião, doutrina política, gênero, idade etc., nem fadiga mental, nem precondicionamento porque dormiu ou comeu mal. A inferência automatizada sobre a criminalidade elimina totalmente a variável da metaprecisão (a competência do juiz/examinador humano).[11]

Na resposta, eles reforçam essa afirmação: "Assim como a maioria das tecnologias, o aprendizado de máquina é neutro". Eles insistem que, se o aprendizado de máquina "pode ser usado para reforçar tendenciosidades humanas em problemas de computação social, como defenderam alguns, também pode ser usado para detectar e corrigir tendenciosidades humanas". Consciente ou não, essa reação se baseia em nossa capacidade de otimizar não apenas nossas máquinas, mas também a nós mesmos.

A tecnologia não emerge do vácuo. É, isso sim, a reificação de um conjunto particular de crenças e desejos: as disposições congruentes, mesmo que inconscientes, de seus criadores. A qualquer momento ela é montada a partir de uma caixa de ferramentas de ideias e fantasias desenvolvidas ao longo de gerações, através da evolução e da cultura, da pedagogia e da discussão, infinitamente emaranhada e envolvente. A ideia da criminalidade em si é um legado da filosofia moral do século XIX, enquanto as redes neurais utilizadas para "inferi-la", como vimos, são produto de uma visão de mundo específica — a aparente separação entre a mente e o mundo, que por sua vez reforça a aparente neutralidade de seu exercício. Continuar a afirmar uma fissura objetiva entre tecnologia e mundo é absurdo, mas tem resultados muito reais.

É fácil encontrar exemplos da tendenciosidade codificada. Em 2009, uma consultora de estratégias taiwanesa-americana chamada Joz Wang comprou uma câmera Nikon Coolpix S630 para o Dia das Mães, mas, quando tentou tirar uma foto de família, a câmera repetidamente se recusou a captar a imagem. "Alguém piscou?", dizia a mensagem de erro. A câmera, pré-programada com um software que aguarda até todos estarem de olhos abertos, na direção certa, não conseguia dar conta da fisionomia diferenciada de não caucasianos.[12] No mesmo ano, o funcionário negro de uma vendedora de motor homes no Texas postou um vídeo no YouTube, que teve milhares de *views*, em que sua nova webcam Hewlett-Packard Pavilion não conseguia reconhecer seu rosto, enquanto fazia zoom no colega branco. "Que fique registrado", ele declarava, "e eu vou dizer: o computador da Hewlett-Packard é racista."[13]

Mais uma vez, as tendenciosidades codificadas, em particular as raciais, das tecnologias visuais não são novidade. *To Photograph the Details of a Dark Horse in Low Light* [Como fotografar detalhes de um cavalo negro com pouca luz], título de uma exposição de 2013 dos artistas Adam Broomberg e Oliver Chanarin, refere-se a uma frase código que a Kodak usava ao desenvolver uma nova película nos anos 1980. Desde os anos 1950, a Kodak distribuía cartões de teste com uma mulher branca e a expressão "Normal" para calibragem dos filmes. Jean-Luc Godard se recusou a usar filmes Kodak em um trabalho em Moçambique nos anos 1970, afirmando que a empresa era racista. Mas foi só quando dois de seus maiores clientes, as indústrias de confeitos e móveis, reclamaram que era difícil fotografar chocolate preto e cadeiras pretas, que a empresa tratou da necessidade de se adequar a corpos negros.[14] Broomberg e Chanarin também exploraram o legado da Polaroid ID-2, câmera projetada para fotos de identificação com um "botão de reforço" especial para o flash que facilitava fotografar negros. Benquista pelo governo da África do Sul no apartheid, ela foi foco de protestos do Movimento de Operários Revolucionários da Polaroid, quando os operários norte-americanos descobriram que a máquina era usada para criar as infames fotos de caderneta que sul-africanos negros chamavam de "algemas".[15]

Mas a tecnologia da Nikon Coolpix e do HP Pavilion mascara um racismo mais moderno e insidioso: não é que os designers se propuseram a criar uma máquina racista, ou que ela tenha sido usada para discriminação racial; na verdade, é provável que essas máquinas revelem as desigualdades sistêmicas ainda presentes na mão de obra atual na área de tecnologia, onde quem desenvolve e testa os sistemas continua sendo predominantemente branco. (Até 2009, os recursos humanos da Hewlett-Packard nos Estados Unidos eram 6,74% negros.)[16] Também revela, como nunca havia revelado, os preconceitos históricos profundamente codificados em nossos agrupamentos de dados, que são as estruturas sobre as quais construímos o conhecimento contemporâneo e tomamos decisões.

A consciência da injustiça histórica é crucial à compreensão dos perigos da implementação acéfala de novas tecnologias que ingerem os erros do passado de forma acrítica. Não vamos resolver os problemas do presente com ferramentas do passado. Como o artista e geógrafo Trevor Paglen ressaltou, a ascensão da inteligência artificial aumenta essas preocupações, por causa de dependência total de informações históricas como dados para treinar os sistemas: "O passado é muito racista. E só temos dados do passado para treinar a Inteligência Artificial".[17]

Walter Benjamin, em 1940, delimitou o problema de maneira mais incisiva: "Não há documento da civilização que não seja documento da barbárie".[18] Treinar as inteligências nascentes com os resquícios de conhecimento antiquado é codificar tal barbárie no futuro.

E esses sistemas não são meramente contidos em artigos acadêmicos e câmeras amadoras — eles já determinam a escala macro do cotidiano. A fé que se deposita em sistemas inteligentes, em especial, foi implantada amplamente em sistemas de policiamento e justiça. Metade dos serviços policiais nos Estados Unidos já emprega sistemas de "policiamento preditivo" como o PredPol, um pacote de software que usa "matemática de alta performance, aprendizado de máquina e teorias comprovadas de comportamento criminoso" para prever os horários e locais mais prováveis de novos crimes: a previsão meteorológica da criminalidade.[19]

Como, mais uma vez, as expectativas de acontecimentos físicos se embolaram com os acontecimentos estocásticos do cotidiano? Como os cálculos do comportamento calculam a força da lei natural? Como uma ideia da Terra, apesar de todas tentativas de dissociação, torna-se uma ideia da mente?

O Grande Terremoto de Nobi, que se estima ter atingido 8.0 na escala Richter, aconteceu em 1891 no que hoje é o distrito de Aichi. Uma falha geológica de oitenta quilômetros de comprimento desabou oito metros, fazendo milhares de construções caírem em várias cidades e matar mais de 7 mil pessoas. Até hoje é o maior terremoto de que se tem conhecimento no arquipélago japonês. Em seu rastro, o pioneiro da sismologia Fusakichi Omori descreveu o padrão de abalos secundários: um ritmo de declínio que ficou conhecido como Lei de Omori. Vale observar que neste momento a Lei de Omori e tudo o que derivou dela são leis empíricas: ou seja, encaixam-se em dados obtidos depois do ocorrido, que diferem em cada caso. São abalos secundários — o eco ribombante de algo que já aconteceu. Apesar de décadas de esforço da parte de sismólogos e estatísticos, não se desenvolveu um cálculo similar para a previsão de terremotos para abalos correspondentes.

A Lei de Omori serve de base para a execução contemporânea desse cálculo, chamado de modelo da sequência de abalos secundários de tipo epidêmica (Etas, ou Epidemic Type Aftershock Sequence), utilizado atualmente por sismólogos para estudar a cascata de atividade sísmica depois de um terremoto de grandes proporções. Em 2009, os matemáticos da Universidade da Califórnia, em Los Angeles, informavam que o padrão de delitos na cidade seguia o mesmo modelo: o resultado, escreveram eles, da expansão local, infecciosa do crime [que] leva à formação de aglomerados de crimes no espaço e no tempo. [...] Por exemplo, arrombadores vão atacar com frequência aglomerados de alvos próximos porque as vulnerabilidades do local são bem conhecidas dos criminosos. Uma troca de tiros entre gangues pode levar a ondas de violência em retaliação no espaço definido (território) da gangue rival.[20]

Para descrever esses padrões, eles usavam o termo geofísico "autoexcitação", o processo através do qual os fatos são ativados e amplificados por tensões próximas. Os matemáticos chegam a notar o modo como a paisagem urbana espelhou a topologia em camadas da crosta da terra, com risco de crime fazendo o percurso lateral pelas ruas de uma cidade.

É o Etas que forma a base dos programas de policiamento preditivo atual, que se estima que seja uma indústria de 25 milhões de dólares em 2016, e cresce explosivamente. Sempre que o PredPol é adotado pela polícia de um município, como aconteceu em Los Angeles, Atlanta, Seattle e centenas de jurisdições dos Estados Unidos, os últimos anos de dados locais — horário, tipo e local de cada crime — são analisados usando Etas. O modelo resultante, constantemente atualizado com novos crimes, conforme as ocorrências, é usado para criar, turno a turno, mapas de intensidade em áreas potenciais de conflito. Despacham-se viaturas aos pontos de tremor potencial; os policiais são designados a pontos de abalo. Assim, o crime se torna força física: uma onda que passa pelos estratos da vida urbana. A previsão é uma justificativa para batidas e revistas, multas e prisões. Os tremores de um terremoto de um século ribombam pelas ruas contemporâneas.

A previsibilidade (ou não) de terremotos e homicídios; as tendenciosidades raciais de sistemas opacos: com o devido tempo e raciocínio, eles ficam receptivos a nosso entendimento. Eles se baseiam em modelos desgastados e na experiência do cotidiano. Mas e os novos modelos de pensamento produzidos por máquinas — decisões e consequências que não entendemos, pois vêm de um processo cognitivo totalmente diferente do nosso?

Uma das dimensões de nossa carência de entendimento do pensamento maquinal é a escala em que ele funciona. Quando o Google decidiu remodelar seu software Tradutor em 2016, o aplicativo era muito usado como sinônimo de humor não intencional. Ele tinha sido lançado em 2006, usando uma técnica chamada inferência estatística linguística. Em vez de tentar entender como os idiomas funcionam de fato, o sistema absorveu vastos *corpora* de traduções preexistentes: textos paralelos com o mesmo conteúdo em vários idiomas. Foi o equivalente linguístico do "fim da teoria" de Chris Anderson; com pioneirismo do IBM nos anos 1990, a inferência estatística linguística acabou com o conhecimento especializado para dar lugar a vastas quantidades de dados brutos. Frederick Jelinek, o pesquisador que conduziu os esforços linguísticos da IBM, fez a famosa declaração: "Toda vez que demito um linguista, a performance do reconhecimento de fala cresce".[21] O papel da inferência estatística era tirar o entendimento da equação e substituir pela correlação baseada em dados.

Em certo sentido, a tradução automática se aproxima do ideal descrito por Benjamin em seu texto "A tarefa do tradutor", de 1921: que a tradução mais fiel ignora seu contexto original para deixar reluzir um significado mais profundo. Benjamin insistia na primazia da palavra sobre a frase, do modo de significar acima da substância. "A verdadeira tradução é transparente", ele escreveu. "Não encobre o original, não o tira da luz, ela faz com que a pura língua, como que fortalecida por seu próprio meio, recaia ainda mais inteiramente sobre o original."[22] O que Benjamin desejava do tradutor era que, em vez de empreender esforços para transmitir diretamente o que o escritor original quis dizer — "a transmissão inexata de um conteúdo inessencial" —, ele pudesse transmitir seu *modo* de significação, que era singular à escrita e, assim, à tradução. Esse trabalho "é obtido, sobretudo, por uma literalidade na transposição da sintaxe, sendo ela que justamente demonstra ser a palavra — e não a frase — o elemento originário do tradutor"; só uma leitura atenta da escolha de palavras, em vez do acúmulo de frases superficialmente significativas, possibilita que tenhamos acesso ao significado mais elevado do original. Mas Benjamin complementa: "A frase constitui o muro que se ergue diante da língua do original e a literalidade, sua arcada". A tradução é sempre insuficiente: serve para enfatizar a distância entre os idiomas, não para fazer pontes. Só se alcança o frescor da arcada quando aceitamos "o distanciamento, a alteridade, a carência e o desencontro entre idiomas"[23] — a tradução não como transmissão de significado, mas como consciência de sua ausência. As máquinas, ao que parece, não chegam ao frescor da arcada. (E o que Benjamin acharia do fato de que o corpus original do tradutor do Google foi totalmente composto de transcrições multilinguísticas de reuniões das Nações Unidas e do Parlamento Europeu?[24] Aí se tem outra codificação da barbárie.)

Em 2016, a situação mudou. Em vez de empregar a inferência estatística rígida entre textos, o sistema do Tradutor começou a usar uma rede neural desenvolvida pelo Google Brain, e de repente sua capacidade aumentou de forma exponencial. Em vez de simplesmente cruzar pilhas de textos, a rede constrói seu próprio modelo do mundo, e o resultado não é um conjunto de conexões bidimensionais entre mundos, mas um mapa do território. Nessa nova arquitetura, as palavras são codificadas conforme sua distância uma da outra em uma trama de significado — trama que só um computador entenderia. Enquanto um ser humano consegue traçar facilmente a separação entre as palavras "tanque" e "água", logo fica impossível traçar a um só mapa as fronteiras entre "tanque" e "revolução", entre "água" e "liquidez", e todas as emoções e inferências que se desprendem dessas conexões. O mapa é, portanto, multidimensional e se desdobra em mais direções do que a mente humana dá conta. Como disse um engenheiro do Google, quando indagado por um jornalista quanto a uma imagem de tal sistema: "Normalmente não curto visualizar vetores de mil dimensões no espaço tridimensional".[25] Esse é o espaço invisível no qual o aprendizado de máquina constrói significado.

Além daquilo que somos incapazes de visualizar, há aquilo que somos até incapazes de entender: uma incognoscibilidade que nos ressalta sua total condição alienígena — embora, por outro lado, seja essa condição alienígena que se parece mais com a inteligência. Em Nova York, em 1997, o campeão mundial de xadrez Garry Kasparov encarou o Deep Blue, um computador projetado especialmente pela IBM para vencê-lo. Depois de uma partida similar na Filadélfia no ano anterior, em que Kasparov venceu por 4 a 2, o homem visto por muitos como o maior enxadrista de todos os tempos estava confiante na vitória. Ao perder, ele afirmou que algumas jogadas do Deep Blue eram tão inteligentes e criativas que deviam ter sido resultado de intervenção humana. Mas hoje entendemos por que o Deep Blue fez essas jogadas: seu processo de seleção era o da força bruta, uma arquitetura paralela imensa de 14 mil chips customizados para jogar xadrez, aptos a analisar 200 milhões de posições no tabuleiro por segundo. Na época da partida, era o 259º computador mais potente do planeta e totalmente dedicado ao xadrez. Ele tinha como concentrar mais resultados na mente quando escolhia a próxima jogada. Kasparov não foi superado no raciocínio, apenas nas armas.

Em comparação, quando o software AlphaGo, alimentado pelo Google Brain, derrotou o profissional coreano Lee Sedol, um dos jogadores mais bem cotados no mundo, no Go, alguma coisa mudou. Na segunda das cinco partidas, o AlphaGo fez uma jogada que espantou tanto Sedol quanto os espectadores, posicionando uma de suas pedras no extremo do tabuleiro e aparentemente entregando a partida. "Uma jogada muito estranha", disse um crítico. "Achei que foi um erro", disse outro. Fan Hui, outro jogador tarimbado do Go, que fora o primeiro profissional a perder para a máquina seis meses antes, disse o seguinte: "Não é uma jogada humana. Nunca vi um ser humano fazer essa jogada". E complementou: "Tão linda".[26] Nos 2500 anos de história do jogo, nunca acontecera de alguém jogar assim. O AlphaGo acabou vencendo a partida e a sequência.

Os engenheiros do AlphaGo criaram seu software alimentando uma rede neural com milhões de jogadas de jogadores peritos do Go, e depois fazendo-o jogar milhões de vezes mais, criando estratégias que sobrepujaram jogadores humanos. Mas a representação que o AlphaGo faz dessas estratégias é ininteligível: vemos os movimentos que ele faz, mas não como os decidiu. A sofisticação das jogadas que devem ter sido feitas nas partidas entre as peças do AlphaGo também fica além da imaginação, mas é improvável sequer ver ou estimar como ela é; não há jeito de quantificar a sofisticação, só de ganhar instinto.

O finado e lastimado Iain M. Banks chamou o local onde as jogadas ocorreram de "Espaço da Diversão Infinita".[27] Em seus livros de ficção científica, a civilização Cultura é administrada por inteligências artificiais benévolas e superinteligentes chamadas apenas de Mentes. Embora as Mentes tenham sido criadas por humanos (ou, no mínimo, por entidades biológicas de base carbono), há muito tempo elas sobrepujaram os criadores, redesenharam-se, reconstruíram-se e se tornaram tanto inescrutáveis quanto todo-poderosas. Entre controlar naves e planetas, administrar guerras e cuidar de bilhões de humanos, as Mentes também estudam seus próprios prazeres, que envolvem computação especulativa além do entendimento da humanidade. Capazes de simular universos inteiros dentro de sua imaginação, algumas Mentes se retiram para sempre no Espaço da Diversão Infinita, um reino de possibilidade meta-matemática, acessível apenas a inteligências artificiais sobre--humanas. E o restante de nós, se despreza a arcada, fica com a Diversão Finita, analisando de modo infrutífero as decisões de máquinas que ultrapassam nosso entendimento.

Algumas operações de inteligência maquinal não se conformam, contudo, ao Espaço da Diversão Infinita. Em vez disso, criam uma incognoscibilidade do mundo: novas imagens; novos rostos; acontecimentos novos, desconhecidos ou falsos. A mesma abordagem que leva a linguagem a ser projetada como trama infinita de significado alienígena é passível de ser aplicada a algo que pode ser descrito matematicamente — ou seja, como teia de conexões ponderadas no espaço multidimensional. Palavras retiradas de corpos humanos ainda têm relações, mesmo quando desprovidas de significado humano, e pode-se executar cálculos sobre o número daquele significado. Em uma rede semântica, as linhas de força — os vetores — que definem a palavra "rainha" se alinham com aquelas lidas na ordem "rei — homem + mulher".[28] A rede consegue inferir uma relação de gênero entre "rei" e "rainha" seguindo a trajetória de tais vetores. E consegue fazer a mesma coisa com rostos.

Dado um conjunto de imagens de pessoas, uma rede neural pode executar cálculos que não meramente seguem essas linhas de força, mas geram novos resultados. Um conjunto de fotos de mulheres sorrindo, mulheres sem sorriso e homens sem sorriso pode ser computado a produzir imagens inéditas de homens sorrindo, como se mostra em um artigo publicado por pesquisadores do Facebook em 2015.[29]

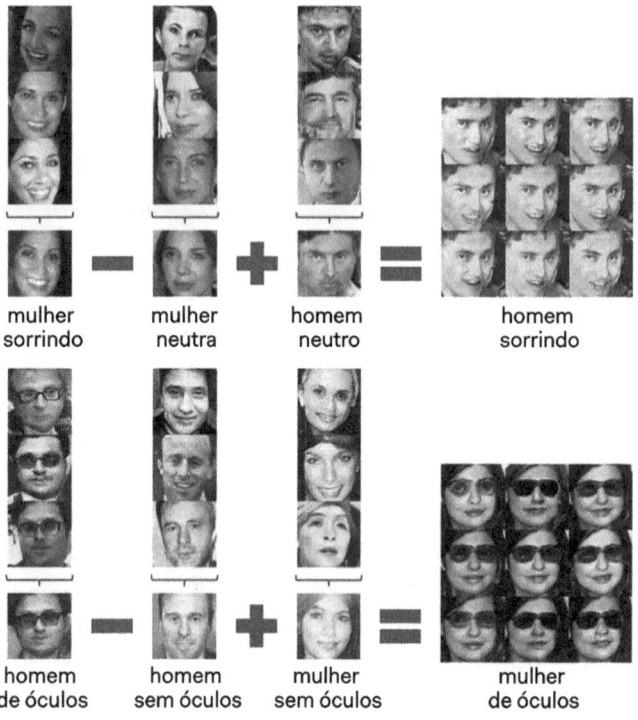

mulher
sorrindo

mulher
neutra

homem
neutro

homem
sorrindo

homem
de óculos

homem
sem óculos

mulher
sem óculos

mulher
de óculos

Criando rostos com matemática. Imagem de Radford, Metz e Chintala,
"Unsupervised Representation Learning with Deep Convolutional
Generative Adversarial Networks" [Aprendizado de representação não
supervisionado com redes antagonistas gerativas convolutivas profundas].

No mesmo artigo, os pesquisadores geram uma gama de
novas imagens. Usando um conjunto de dados de mais de 3
milhões de fotos de dormitórios a partir de um desafio de reconhecimento de imagens ainda maior, a rede deles gerou novos dormitórios: arranjos de cor e mobília que nunca existiram
no mundo real, mas ganham corpo na interseção dos vetores
do que se qualifica como dormitório: paredes, janelas, colchas
e travesseiros. Máquinas que sonham quartos de sonho onde

nenhum sonho é sonhado. Mas são os rostos — antropomor-
fos que somos — que grudam na mente: quem é essa gente, e
estão sorrindo do quê?

As coisas ficam ainda mais estranhas quando essas imagens
de sonho começam a ser intercaladas com suas próprias memórias. Robert Elliott Smith, pesquisador de inteligência artificial
no University College de Londres, voltava de férias em família na
França em 2014 com o celular carregado de fotos. Ele subiu algumas ao Google+, para compartilhar com a esposa, mas enquanto
as conferia notou uma anomalia.[30] Em uma imagem, ele viu a si
e a sua esposa na mesa de um restaurante, ambos sorrindo para
a câmera. Mas a foto nunca havia sido tirada. Um dia, no almoço,
seu pai havia segurado o botão do iPhone um pouco além da
conta, o que resultou em uma pilha de imagens da mesma cena.
Smith fez upload de duas delas, para ver qual a esposa preferia.
Em uma, ele estava sorrindo, mas a esposa não; na outra, sua esposa sorria, mas ele não. A partir das duas imagens, com segun-
dos de diferença, os algoritmos de organização de fotos do Google conjuraram uma terceira: uma montagem na qual os dois
fotografados "sorriam melhor". O algoritmo fazia parte de um
pacote chamado AutoAwesome (desde então renomeado apenas como "Assistente"), que executou vários ajustes nas imagens
para deixá-las mais "*awesome*" ["incríveis"] — aplicar filtros nos-
tálgicos, transformá-las em animações bonitinhas, e assim por
diante. Mas, nesse caso, o resultado foi a foto de um momento
que nunca aconteceu: uma memória falsa, a história reescrita.

A adulteração de fotografias é uma atividade tão antiga quanto
a própria fotografia, mas nesse caso a operação estava sendo executada de forma automática e invisível nos artefatos da memória pessoal. Mesmo assim, talvez ainda haja algo a tirar disso: a
revelação tardia de que imagens são sempre falsas, instantâneos
artificiais de momentos que nunca existiram como singulari-
dade, arrancados do fluxo multidimensional do próprio tempo.

Documentos duvidosos; montagens da câmera e da atenção. São artefatos que não fazem parte do mundo nem da experiência, mas do processo de registro — o qual, como mecanismo falso, nunca se aproxima da realidade em si. É só quando os processos de captura e armazenagem são reificados na tecnologia que conseguimos perceber a falsidade, a alienação da realidade. É a lição que tiramos dos sonhos das máquinas: não que elas estejam reescrevendo a história, mas que a história não é algo que pode ser narrativizado com confiança; e, assim, tampouco o futuro. As fotos mapeadas nos vetores de inteligência artificial constituem não um registro, mas um reimaginar em curso, um conjunto de possibilidades do que podia ter sido e do que está por vir, em mutação constante. Essa nuvem de possibilidade, sempre contingente e nebulosa, serve mais como modelo da realidade do que qualquer afirmação material. Essa nuvem é o que a tecnologia revela.

Imagem do DeepDream.

A iluminação de nosso próprio inconsciente por parte das máquinas talvez seja mais bem ilustrada em outro resultado bizarro da pesquisa do Google sobre aprendizado de máquina: um programa chamado DeepDream, que foi projetado para esclarecer o funcionamento interno das inescrutáveis redes neurais. Para aprender a reconhecer objetos, uma rede foi alimentada com milhões de imagens rotuladas como coisas: árvores, carros, animais, casas. Quando exposto a uma imagem nova, o sistema filtrava, esticava, rasgava e comprimia a imagem pela rede para classificar: isso é uma árvore? Um carro? Um animal? Uma casa? Mas o DeepDream invertia o processo: ao alimentar uma imagem à retaguarda da rede, e ativando os neurônios treinados para ver objetos específicos, ele perguntava não o que é essa imagem, mas o que a rede queria ver na imagem. O processo é similar ao de ver rostos em nuvens: o córtex visual, ansioso por um estímulo, reúne padrões significativos a partir do ruído.

O engenheiro do DeepDream, Alexander Mordvintsev, criou a primeira iteração do programa às duas da manhã, depois de ter sido despertado por um pesadelo.[31] A primeira imagem que ele pôs no sistema foi de um gatinho sentado em um toco de árvore, e o resultado foi um pesadelo por si só: um híbrido gato/cachorro com olhos múltiplos e focinhos na pata. Quando o Google lançou uma rede classificadora sem preparo em 10 milhões de vídeos do YouTube aleatórios em 2012, a primeira coisa que ele aprendeu a ver, sem indução, foi um rosto de gato: o animal espiritual da internet.[32] A rede de Mordvintsev então sonhou o que conhecia, que era mais gatos e cachorros. Outras iterações renderam infernos boschianos de arquitetura ilimitada, incluindo arcos, pagodes, pontes e torres em progressões infinitas, fractais. Mas uma constante que recorre em todas as criações do DeepDream é a imagem do olho — olhos de cachorros, olhos de gatos, olhos humanos; o olho onipresente e vigilante da própria rede. O olho que flutua nos céus do DeepDream lembra o olho que tudo vê de propaganda distópica: o próprio inconsciente do Google, composto por nossas memórias e ações, processado por análise constante e rastreado para fins de lucro corporativo e inteligência particular. O DeepDream é uma máquina inerentemente paranoica porque ela emerge de um mundo paranoico.

Enquanto isso, quando não são forçadas a visualizar seus sonhos para o nosso esclarecimento, as máquinas avançam mais em nosso espaço imaginário e chegam a lugares que não podemos adentrar. O maior desejo de Walter Benjamin em

"Seguros sob os olhos vigilantes",
Transport for London, 2002.

"A tarefa do tradutor" era que o processo de transmissão entre idiomas suscitasse uma "língua pura" — um amálgama de todos os idiomas do mundo. É nesse idioma agregado que o tradutor deveria trabalhar, pois o que ele revela não é o significado, mas o modo de *pensar* do original. Depois da ativação da rede neural do Google Tradutor em 2016, os pesquisadores notaram que o sistema conseguia traduzir não apenas entre idiomas, mas também cruzar idiomas; ou seja, podia traduzir diretamente entre dois idiomas que nunca havia comparado explicitamente. Por exemplo, uma rede capacitada em exemplos de japonês-inglês e inglês-coreano consegue gerar traduções japonês-coreano sem passar pelo inglês.[33] Isso é o que se chama de tradução *"zero-shot"*, e o que ela significa é a existência da representação "interlingual": uma metalinguagem interna composta de conceitos compartilhados entre idiomas. Isto é, para todos os efeitos, a língua pura de Benjamin; é a metalinguagem insignificante da arcada. Ao visualizar a arquitetura da rede e seus vetores como respingos de cor e linha, podem-se ver frases em diversos idiomas aglomerados. O resultado é uma representação semântica que evoluiu, que não foi projetada, dentro da rede. Mas isso é o mais próximo a que vamos chegar, pois, mais uma vez, estamos espiando pela janela da Terra da Diversão Infinita — uma arcada que nunca visitaremos.

Para agravar esse erro, em 2016 uma dupla de pesquisadores do Google Brain decidiu ver se redes neurais conseguiam guardar segredo.[34] A ideia derivava daquela de adversário: um componente cada vez mais comum de projetos de redes neurais, e que indubitavelmente teria agradado a Friedrich Hayek. Tanto o AlphaGo quanto o gerador de dormitórios do Facebook eram capacitados de modo antagônico; ou seja, consistiam não em um só componente que gerava novas jogadas ou posições, mas de dois componentes concorrentes que tentavam se superar em desempenho e sobrepujar o outro continuamente, o que proporcionava mais melhorias. Levando a ideia de adversá-rio à conclusão lógica, os pesquisadores prepararam três redes chamadas, conforme a tradição dos experimentos criptográfi-cos, Alice, Bob e Eve. Sua função era aprender a criptografar in-formação. Alice e Bob sabiam de um número — uma chave, em termos de criptografia — que Eve não conhecia. Alice fazia uma operação em uma sequência de texto e depois enviava a Bob e Eve. Se Bob conseguisse decodificar a mensagem, a pontuação de Alice subia; mas, se Eve conseguisse, a pontuação de Alice caía. Depois de milhares de iterações, Alice e Bob aprenderam a se comunicar sem que Eve desvendasse o código: eles criaram uma forma de encriptação privada tal como a que é usada nos e-mails atuais. Mas o crucial é que, à maneira de outras redes neurais que já vimos, não entendemos como essa encriptação funciona. Sua operação é obscurecida pelas camadas profundas da rede. O que se esconde de Eve também fica oculto de nós. As máquinas estão aprendendo a guardar segredo.

As Três Leis da Robótica de Isaac Asimov, formuladas nos anos 1940, afirmam:

1. O robô não pode ferir um ser humano ou, por omissão, deixar que um ser humano sofra algum mal.
2. O robô deve obedecer às ordens dos humanos, exceto quando essas ordens entrarem em conflito com a pri-meira lei.
3. O robô deve proteger sua própria existência enquanto essa proteção não entrar em conflito com as leis ante-riores.[35]

A estas, podemos acrescentar uma quarta: o robô — ou outra máquina inteligente — deve estar apto a se explicar a huma-nos. Essa lei deve vir antes das outras, pois tem a forma não de uma prescrição perante o próximo, mas de um preceito ético. O fato de que essa lei — por seu próprio princípio — já foi desrespeitada inescapavelmente leva à conclusão de que as outras também serão. Encaramos um mundo, não no futuro, mas agora, em que não entendemos nossas criações. O resultado dessa opacidade é sempre e inevitavelmente violência.

Ao relatar as histórias de Kasparov vs. Deep Blue e Sedol vs. AlphaGo, outra história paralela não foi contada. Kasparov saiu do jogo frustrado e incrédulo com a capacidade da máquina. Mas sua frustração foi canalizada a encontrar alguma maneira de resgatar o xadrez do domínio das máquinas. Houve muitas tentativas como essa; poucas tiveram sucesso. David Levy, campeão escocês de xadrez que jogou vários jogos de demonstração contra máquinas nos anos 1970 e 1980, criou um estilo "anticomputador" de jogo restrito que descreveu como "fazer nada, mas fazer bem". Suas jogadas eram tão conservadoras que seus opositores informáticos não conseguiam discernir um plano de longo prazo até a situação de Levy ficar tão forte que ele se tornava imbatível. Do mesmo modo, Boris Alterman, um *grandmaster* israelense, desenvolveu uma estratégia em partidas contra máquinas nos anos 1990 e início dos 2000 que ficou conhecida como "Paredão Alterman": ele ficava aguardando atrás de uma fileira de peões, sabendo que, quanto mais peças houvesse no tabuleiro, mais jogadas a máquina teria de calcular.[36]

Além das mudanças no estilo, também há como mudar o jogo. O Arimaa é uma variante do xadrez criada em 2002 por Omar Syed — ele mesmo engenheiro da computação capacitado em inteligência artificial —, projetado especificamente para ser de difícil entendimento pelas máquinas, e ao mesmo tempo fácil e divertido para o entendimento humano. Seu nome vem do filho de Syed, então com quatro anos, que serviu de referência para a compreensibilidade das regras. No Arimaa, os jogadores podem dispor as peças em qualquer configuração, e devem mexer uma das peças mais fracas — os peões foram rebatizados de coelhos — até o outro extremo do tabuleiro para vencer. Eles também podem usar as peças mais fortes para fazer um empurra e puxa com peças mais fracas para uma série de quadrados-cilada, retirando-os do tabuleiro e abrindo caminho para os coelhos. A combinação de várias configurações iniciais, a possibilidade de as peças mexerem outras peças e de fazer até quatro movimentos por vez resulta em uma explosão combinatória: um vasto crescimento de possibilidades que logo fica pesado demais para um programa de computador — o Paredão Alterman levado ao extremo exponencial. Ou assim se esperava. O primeiro torneio de Arimaa com computadores aconteceu em 2004, sendo que o programa de mais sucesso ganhou o direito de desafiar um grupo de jogadores humanos de excelência por um prêmio em dinheiro. Nos primeiros anos, os humanos venceram facilmente seus oponentes informáticos, chegando a aumentar a margem de vitória conforme suas habilidades no novo jogo cresciam mais rápido do que os programas que os desafiavam. Mas, em 2015, a competição foi vencida decisivamente pela máquina, um resultado cuja reversão é improvável.

Quando se é confrontado pelo poder e pela opacidade de sistemas inteligentes, é tentador retardar, sabotar ou perder terreno. Enquanto Levy e Alterman construíram muros, Arimaa voltou ao solo, tentando encontrar um espaço alternativo fora da influência do domínio das máquinas. Não foi a abordagem de Kasparov. Em vez de rejeitar as máquinas, no ano posterior à sua derrota para o Deep Blue ele voltou com um xadrez diferente, que chamou de "xadrez avançado".

Entre outros nomes para o xadrez avançado estão xadrez "ciborgue" e xadrez "centauro". Uma das imagens suscita o homem mesclado à máquina; a outra, mesclado ao animal — se não algo totalmente alienígena. A lenda do centauro na mitologia grega pode ter surgido com a chegada de cavaleiros montados a cavalo que vinham das estepes da Ásia Central, pois cavalgar era algo desconhecido no Mediterrâneo. (Diz-se que os astecas fizeram a mesma suposição com os cavaleiros espanhóis.) Robert Graves defendeu que o centauro era uma figura ainda mais antiga: uma relíquia de cultos da terra pré-helênicos. Os centauros também eram netos de Nefele, a ninfa da nuvem. As estratégias centauro surgem com a possibilidade de ser tanto necessidades contemporâneas diante da adversidade quanto o renascimento pré-Queda de tempos menos antagônicos.

No xadrez avançado, um jogador humano e um programador enxadrista no computador jogam como equipe contra outra dupla computador-humano. Os resultados têm sido revolucionários, abrindo novos campos e estratégias que até então não se viam no jogo. Um dos efeitos é que se eliminam as gafes: o humano pode analisar seu movimento proposto a tal nível que pode jogar sem nenhum erro, o que resulta em jogadas táticas perfeitas e planos estratégicos empregados com mais rigor.

Mas o resultado que deriva do xadrez avançado que talvez seja o mais extraordinário, normalmente entre duplas equivalentes humano-máquina, acontece quando humano e máquina jogam contra uma máquina solo. Desde o Deep Blue, foram desenvolvidos muitos programas de computador que conseguem vencer qualquer humano com facilidade e eficiência: com incrementos em armazenagem de dados e potência de processamento, não se exige mais supercomputadores para a função. Contudo, até o programa contemporâneo mais poderoso pode ser derrotado por um jogador habilidoso que tenha acesso a um computador — mesmo que seja menos potente do que o de seu oponente. A cooperação entre humano e máquina acaba sendo uma estratégia mais potente do que a do computador mais potente por si só.

É o Algoritmo Oftalmo aplicado aos jogos, um método que se apoia nas habilidades respectivas de humano e máquina conforme solicitadas, em vez de botar um contra o outro. A cooperação também atenua o golpe da opacidade computacional: através do jogo cooperativo, não da análise post hoc, talvez tenhamos um entendimento mais profundo do modo como máquinas complexas tomam decisões. Reconhecer a realidade da inteligência não humana tem implicações profundas sobre como agimos no mundo e exige um pensamento esclarecido sobre nossos comportamentos, oportunidades e limitações. Enquanto a inteligência maquinal supera a performance humana com velocidade em diversas disciplinas, ela não é o único modo de pensar, e em muitas áreas é catastroficamente destrutiva. Qualquer estratégia que não seja a cooperação consciente, ponderada, é uma forma de desmobilização: bater em retirada não vai dar certo. Não podemos rejeitar a tecnologia contemporânea, tanto quanto não temos como rejeitar em definitivo e por completo nossos vizinhos na sociedade e no mundo; estamos entrelaçados. A ética da cooperação no presente também não precisa ser limitada às máquinas: no caso de outras entidades não humanas, animadas e não animadas, torna-se outra forma de superintendência, que enfatiza atos de justiça universal não em um futuro incognoscível e incomputável, mas no aqui e agora.

7.
Cumplicidade

Nos preparativos para a Olimpíada de Londres de 2012, o Estado britânico entrou em seus característicos paroxismos com segurança. Foram emitidos alertas quanto a terroristas de olho nos Jogos e manifestantes potenciais foram detidos por prevenção. O MI5 armou uma contagem regressiva para a cerimônia de abertura em seu foyer de Vauxhall.[1] A Royal Navy atracou seu maior navio, o HMS *Ocean*, no Tâmisa, com um suplemento de fuzileiros a bordo. O Exército preparou mísseis superfície-ar Rapier sobre prédios em torno de pontos do evento (operação que depois se revelou uma estratégia de vendas, complexa e bem-sucedida, para atrair governos estrangeiros). E a polícia metropolitana anunciou que usaria drones para vigiar a cidade.[2]

O último item foi o que me interessou. Por muitos anos acompanhei a evolução dos veículos aéreos não tripulados — os drones —, de projetos militares secretos a ferramentas de guerra cotidianas, até chegarem ao front doméstico na forma de plataformas de vigilância de alto nível e brinquedinhos de Natal. Mas a polícia britânica não teve lá muita sorte com os drones. A polícia de Essex, primeiro contingente a adquiri-los, engavetou seu programa em 2010. No mesmo ano, a polícia de Merseyside foi pega pilotando um drone sem alvará da Civil Aviation Authority (CAA); em 2011, recém-licenciados, bateram e perderam o seu no rio Mersey — e decidiram não ter mais nenhum.[3]

Quando os Jogos Olímpicos terminaram, entrei com uma requisição de Liberdade de Informação na polícia metropolitana, questionando se haviam usado drones durante a competição e, em caso positivo, onde e sob que condições.[4] Sua resposta, semanas depois, me surpreendeu: eles se recusavam a confirmar ou negar que tinham informação relacionada ao meu pedido. Reformulei a pergunta várias vezes: perguntei-lhes se haviam requisitado um alvará da CAA para pilotar drones, o que se recusaram a responder (embora a CAA prontamente tenha me dito que não). Perguntei se haviam contratado um terceirizado para pilotar os drones, e se recusaram a responder. Perguntei quais aeronaves, do tipo que fosse, eles possuíam ou alugavam, e fui informado de que tinham três helicópteros e não iriam confirmar nem negar outros.

Estranhei a resposta do helicóptero: se eles falam de helicópteros, por que não podem falar de drones? Por que os drones são tão especiais? Apesar de minha insistência para que respondessem à pergunta, incluindo eu ter levado o caso ao Information Commissioner — que arbitra solicitações de Liberdade de Informação no Reino Unido —, nunca tive resposta. Qualquer pergunta sobre drones imediatamente caía na rubrica de possíveis operações secretas, o que as deixava isentas de transparência ao público. Começou a me parecer que drones eram uma mortalha bastante útil, sob a qual era possível esconder qualquer coisa. Parece que o espectro dos drones é tão potente, tão sombrio, que ele pode transportar não só câmeras e armamento, mas todo um regime de sigilo, um sigilo que nasceu das operações militares secretas e que passou a contaminar todos os aspectos da vida civil. Esse sigilo transformado em arma foi corroborado na própria linguagem com que a polícia rebateu minhas perguntas. Toda vez que eu perguntava, e de todo modo que eu perguntava, a resposta era sempre a mesma: "Não podemos confirmar nem negar que temos essa informação". Essas palavras — o molde da resposta — tiveram origem no histórico de sigilos da Guerra Fria. Elas são uma espécie de feitiço ou tecnologia política que transforma a vida civil em conflito entre governo e governados com tanta garantia quanto a tecnologia militar — e, com isso, criam outro tipo de verdade.

Em março de 1968, o submarino soviético com mísseis balísticos *K-129* se perdeu no Pacífico com toda a tripulação a bordo. O Ocidente foi alertado em relação ao afundamento quando a Marinha soviética destacou uma frota de navios para a última posição conhecida do *K-129*. Eles reviraram uma grande extensão de mar a 960 quilômetros do Atol Midway, mas, depois de duas semanas de esquadrinhamento infrutífero, o comando naval encerrou as buscas.

Os Estados Unidos, contudo, tinham acesso a uma ferramenta que os soviéticos não possuíam: uma rede de estações de escuta subaquáticas projetadas para detectar explosões nucleares. Passar a rede de arrasto não no oceano, mas nos fardos de dados hidrófonos, levou ao registro de uma implosão em 8 de março — e seus ecos se espalharam a ponto de serem triangulados de vários pontos, conferindo uma localização aproximada. Despachou-se um submarino norte-americano configurado especialmente para a missão e, depois de três semanas de buscas, ele encontrou os escombros do *K-129* espalhados ao longo de cinco quilômetros debaixo d'água.

A comunidade de inteligência norte-americana ficou extasiada: além de três mísseis balísticos, o *K-129* também estaria carregando livros de códigos e equipamento criptográfico. Sua recuperação, bem debaixo do nariz da Marinha soviética, seria um dos maiores feitos da inteligência na Guerra Fria. O problema era que ele estava cinco quilômetros mais fundo do que qualquer operação de resgate já havia chegado, e qualquer tentativa de elevar o submarino teria de ser executada sob condições de sigilo absoluto.

Ao longo dos anos seguintes, a CIA procurou diversos fornecedores de tecnologia confidencial para construir um navio singular, chamado *Hughes Glomar Explorer*, em homenagem ao empresário e bilionário Howard Hughes, que concordou em dar ao navio um nome de acobertamento. O *Glomar Explorer* era imenso, absurdamente caro e tinha uma broca com vinte metros de altura. A Lockheed Ocean Systems construiu uma barca submersível de último tipo, à parte, só para encaixar uma garra gigante no navio sem que fosse detectada. Ao público, Hughes afirmava que o navio seria usado para mineração de nódulos de manganês — acúmulos de metais preciosos que se espalham pelo leito oceânico. Nódulos de manganês existem de fato e valem muito, mas nunca aconteceu de alguém conseguir minerar de um jeito que se justificasse economicamente — o que não impediu que uma imensa indústria tenha se desenvolvido em torno da possibilidade nos anos 1960 e 1970, em grande parte graças ao nome Hughes e à história de acobertamento da CIA. O propósito real do navio era capturar o *K-129*.

Ao levantar âncoras em 1974, o *Glomar Explorer* se posicionou acima dos destroços, abriu suas comportas ocultas na quilha e soltou a garra. Tendo conseguido pegar o casco intacto do submarino, ela começou a subir — mas em algum momento da operação a imensa garra de aço sofreu uma falha catastrófica e a maior parte do submarino foi rasgada. Ainda não se sabe quanto do *K-129* foi recuperado de fato, pois os detalhes são confidenciais desde aquela época. Há informes de que conseguiram recuperar dois mísseis; outros se referem a documentos e aparelhagem. Os únicos itens confirmados foram os corpos de seis submarinistas soviéticos, depois enterrados no mar em um recipiente de aço devido a temores de radiação.

Meses depois da operação, o repórter investigativo Seymour Hersh, do *New York Times*, ficou sabendo da história. O governo dos Estados Unidos conseguiu retardar a publicação afirmando que a operação ainda estava em andamento e que a divulgação levaria a um incidente internacional. Um roubo na sede da Hughes em Los Angeles fez outro repórter entrar na pauta, porém, e em fevereiro de 1975 o *Los Angeles Times* publicou um relato parcial da missão, coalhado de erros, o que levou a um frenesi na mídia. O *New York Times* subsequentemente veio a público com sua versão dos fatos e a matéria deles ficou mais famosa.[5]

Um dos aspectos mais intrigantes da operação *Glomar* foi ela ter sido executada à plena vista, sem que ninguém soubesse o que se passava. Desde o acobertamento de Hughes e a balsa submersível — que era manobrada na costa da ilha de Catalina, Califórnia, à plena vista dos banhistas — até os navios soviéticos que passaram a duzentos metros da *Explorer* enquanto ela erguia o submarino, o processo como um todo foi conduzido ao mesmo tempo em segredo e a céu aberto. O legado do *Glomar* seria a transferência dessa estratégia de opacidade e engodo ao campo do cotidiano.

Em 1981, outra jornalista, Harriet Ann Phillippi, utilizou a Lei de Liberdade de Informação para pressionar a CIA a revelar mais detalhes sobre o projeto e a tentativa de acobertamento. A agência formulou uma resposta inovadora à solicitação dela — e acabou inventando um novo tipo de discurso público. Preocupado com o fato de que qualquer coisa que revelassem poderia ser conscientemente útil ou não ao adversário soviético, um assessor geral da CIA de pseudônimo Walt Logan escreveu a seguinte declaração: "Não podemos confirmar nem negar a existência da informação solicitada, mas, hipoteticamente, caso esses dados existam, o tema seria confidencial e não poderia ser divulgado".[6]

Essa formulação, que passou a ser conhecida na lei norte-americana como "resposta Glomar", cria uma terceira categoria de declaração que fica entre a afirmação e a recusa, entre a verdade e a falsidade. Geralmente encurtada para "nem confirmar nem negar", ou apenas NCND (*neither confirm nor deny*), a resposta Glomar subsequentemente escapou de seus encarregados da CIA, deixou as fronteiras da Segurança Nacional e criou metástase no discurso oficial e público.

Hoje, uma busca rápida na internet revela que os termos *"neither confirm nor deny"* infestaram todos os aspectos da comunicação contemporânea.[7] Em um só dia de setembro de 2017, a expressão apareceu em notícias relativas ao ministro da Fazenda brasileiro (quanto a suas ambições presidenciais), ao xerife do condado de Stanly, Carolina do Norte (trotes com o 911), à Universidade de Joanesburgo (denúncias de corrupção), a um goleiro argentino (que seria transferido para o Zimbábue), ao conselheiro especial de mídia e relações-públicas do presidente da Nigéria (designação de terroristas), às motos Honda (novos modelos), à polícia de Nova York (vigilância em campus), à Georgia Judicial Qualifications Commission (urinar em tribunal), a um editor da Marvel Comics (o retorno do Quarteto Fantástico), ao relações-públicas da estrela de reality shows Kylie Jenner (possível gravidez), e ao FBI, ao Serviço Secreto e à Comissão de Valores Mobiliários dos Estados Unidos (em relação a um caso de hacking financeiro). Nem confirmar nem negar se tornou a resposta automática: afirmar a recusa em se envolver na discussão ou divulgação do tipo que for, e a postura básica daqueles de quem — com a possível exceção de Jenner — esperamos fidelidade.

Talvez seja ingenuidade de nossa parte. O encobrimento da natureza real do mundo para beneficiar quem está no poder tem longo histórico. No antigo Egito, todos os anos a enchente do Nilo era crucial tanto para a agricultura quanto para a receita do Estado. Uma inundação "boa" irrigava as planícies férteis perto do rio e depositava nutrientes, mas sempre havia o risco de que uma enchente muito forte levasse campos e vilarejos, ou que pouquíssima água resultasse em seca e fome. Sobre esse ciclo anual, a nobreza e o sacerdócio egípcios construíram uma civilização de riqueza e estabilidade extraordinárias, baseada na capacidade de prever a chegada e a força da enchente a cada ano, assim como seus prováveis efeitos — e o imposto correspondente. A cada ano, para celebrar a morte e o renascimento de Osíris, os sacerdotes faziam cerimônias e rituais complexos que marcavam Akhet, a Estação das Inundações, e culminava no anúncio da enchente. Por sua vez, a autoridade de suas previsões se traduzia na autoridade do mando teocrático. Mas essa autoridade não era — ou não era apenas — dádiva dos deuses. Escondidas entre os limites sagrados dos complexos templários nas ilhas e margens de rios havia estruturas chamadas nilômetros: poços fundos escavados na terra e marcados com colunas ou degraus, que mediam a profundidade da água no rio. Os nilômetros eram instrumentos científicos: se lidos corretamente, e comparados a séculos de dados registrados nas paredes, os sacerdotes e governantes podiam prever o comportamento do rio e fazer os devidos pronunciamentos e preparativos. A função e até mesmo a existência dos nilômetros eram ocultadas da população leiga. Se questionados, os sacerdotes egípcios sem dúvida teriam respondido: "Não podemos confirmar nem negar...".

Para atualizar tal conjuntura, lembre-se dos números secretos. Desde os anos 1940, a Agência de Segurança Nacional (NSA, National Security Agency) nos Estados Unidos e o Centro de Comunicações Governamentais (GCHQ, Government Communications Headquarters) no Reino Unido — e seus equivalentes na Rússia e na China, sem dúvida — vêm contratando matemáticos no auge da potência intelectual do departamento de matemática da melhor universidade. Uma vez dentro dessas organizações, toda a sua pesquisa é confidencial e oculta do público em geral. Ocasionalmente, vazam exemplos de sua engenhosidade. A troca de chaves Diffie-Hellman, batizada com o nome dos dois matemáticos que a criaram, foi publicada originalmente em 1976 e serviu de base para as chaves de criptografia pública hoje utilizadas para criptografar e-mails e páginas web.[8] Em 1997, porém, o governo britânico desconfidencializou documentos que mostraram que o processo havia sido inventado de forma independente anos antes por James Ellis, Clifford Cocks e Malcolm Williamson, três matemáticos que trabalhavam no GCHQ.[9]

A chave de criptografia pública depende da criação de problemas matemáticos para os quais não se conhece solução eficiente: vencer o código sem estar de posse da chave exige uma operação matemática tão complexa que ela se torna impossível. Uma abordagem normal de encriptação é decompor dois números primos. A codificação é feita com um número criado ao se multiplicar dois números primos muito altos; as chaves são os dois números originais. Dependendo do tamanho dos números, até um supercomputador leva anos para descobri-las. Mas há alguns problemas nessa suposição. O primeiro é geral: enquanto a fatorização é potente quando todo mundo usa números primos distintos, ocorre que a maioria das aplicações utiliza o mesmo pequeno conjunto de primos repetidas vezes, o que reduz significativamente a complexidade do problema. Muitos pesquisadores da área de segurança acreditam que a NSA, com seus imensos computadores e o orçamento anual de 11 bilhões de dólares, já conseguiu decodificar vários números primos de uso comum, e assim consegue ler uma quantia significativa da comunicação criptografada.[10] O advento da computação quântica, na qual a NSA faz um investimento pesado, com certeza vai acelerar esse esforço.[11] Mas o mais específico: pense nesses milhares de matemáticos, trabalhando em segredo, durante mais de setenta anos, nos salões fechados de

Cheltenham e Fort Meade. Eles inventaram a criptografia de chave pública e não contaram a ninguém. Nas décadas que se passaram desde então, quem vai dizer que eles não formularam novos campos inteiros da matemática — os números secretos — que possibilitam novos tipos de cálculo? Essas revoluções na matemática já aconteceram em outras épocas; e se Euclides, Euler ou Gauss trabalhassem hoje, há grandes chances de que trabalhariam para uma das agências de segurança, e suas descobertas teriam sumido na biblioteca oculta.

A nova idade das trevas está lotada dessas possibilidades nebulosas. Se parece exagero, lembre-se apenas de que a CIA gastou bilhões de dólares executando a operação de resgate mais profunda na história e a manteve em segredo do público e de seus inimigos, e que continuou a trabalhar em inovações tecnológicas durante décadas. Foi a CIA, não o Exército dos Estados Unidos nem a Força Aérea, que desenvolveu e criou os primeiros veículos aéreos não tripulados — os drones Predator e Reaper, que revolucionaram o combate contemporâneo, e que chegaram a tanto ampliando a paranoia e o sigilo da agência de inteligência primeiro no campo de batalha e depois planeta afora. E apesar de todos os avanços da CIA em engenharia, é na tecnologia de informação que ela fez o investimento mais pesado, trocando fornecedores da defesa como Raytheon e Lockheed Martin por empresas de tecnologia do Vale do Silício como a Palantir, que a ajuda a infiltrar as redes sociais e de comunicação modernas. Ou você há de lembrar que, em 2012, o Escritório Nacional de Reconhecimento Aéreo, órgão ainda mais sigiloso e encarregado de vigiar os satélites, anunciou que estava doando dois telescópios espaciais sem uso ao público. Oficiais da Nasa descobriram que, embora construídos nos anos 1990, ambos tinham recursos que superavam a versão civil mais potente da tecnologia, o telescópio espacial *Hubble*. No mais, a distância focal curta sugeria que eles haviam sido construídos para olhar para baixo, não para cima. Como escreveu um jornalista científico: "Se telescópios desse calibre estão mofando na prateleira, imagine os que eles usam de fato".[12] Nessas agências de três letras, assim como em seus equivalentes em outros países, isso é emblemático da nova idade das trevas. Conforme seu poder e tamanho cresceram com as décadas, também seções imensas da história global e da descoberta científica simplesmente passaram ao mundo confidencial.

A promulgação do sigilo oficial é profundamente corrosiva no modo como conhecemos e entendemos o mundo, pois não temos como saber nossa história, tampouco como entender do que somos capazes de fato. Em 1994, o governo dos Estados Unidos montou um comitê bipartidário, a Comissão sobre Sigilo Governamental, presidida pelo senador Daniel Patrick Moynihan. A função de Moynihan e seus colegas era analisar todos os aspectos do sigilo nos Estados Unidos, desde a confidencialização de documentos até autorizações de segurança — basicamente, o que se autoriza saber e quem está autorizado a saber. Os três anos de investigação descobriram que os Estados Unidos carimbavam como ultraconfidenciais 400 mil documentos novos por ano, o maior nível de triagem já visto, e guardavam mais de 1,5 bilhão de páginas de material confidencial com mais de 25 anos.

O relatório final de Moynihan incluía a afirmação de que

[o] sistema de sigilo sistematicamente negou a historiadores norte-americanos o acesso a registros da história dos Estados Unidos. Ultimamente nos vemos dependentes de arquivos da antiga União Soviética, em Moscou, para solucionar questões quanto ao que acontecia em Washington em meados do século.[13]

Vinte anos depois, Donald Trump descobriu que mesmo sendo presidente ele não conseguia convencer suas agências de inteligência a liberar os registros completos do assassinato de John F. Kennedy, cujo histórico turvo e geralmente confidencial tinha envenenado a relação entre o governo norte-americano e seu povo havia décadas.[14]

No Reino Unido, a situação é muito, muito pior. Em 2011, depois de uma batalha jurídica que durou mais de dez anos, um grupo de quenianos torturados por autoridades coloniais alcançou o direito de processar o governo britânico. Os quatro queixosos, selecionados entre 6 mil depoentes, haviam sido encarcerados em campos de concentração nos anos 1950 e submetidos a abusos abjetos. Ndiku Mutua e Paulo Muoka Nzili foram castrados; Jane Muthoni Mara foi estuprada com garrafas contendo água fervente; e Wambugu Wa Nyingi sobreviveu ao Massacre de Hola, em 1959, no qual guardas do campo espancaram onze detidos até a morte, deixando outros 77 com ferimentos que os incapacitaram. O governo britânico negou os fatos durante anos, assim como negou a existência de registros que os corroborassem, e também impediu o direito dos ex-súditos coloniais a desafiar seus opressores depois da independência. Assim que a última dessas objeções foi revogada pela Suprema Corte em Londres, o governo foi obrigado a admitir que tinha, de fato, os documentos — milhares de documentos.[15]

Conhecido como "arquivo migratório", o imenso depósito de documentos da era colonial ficou armazenado em pontos secretos de todo o Reino Unido durante décadas, sua existência, desconhecida de historiadores e negada por funcionários públicos. Em Hanslope Park, nas Midlands, uma instalação de pesquisa sigilosa do governo, aproximadamente 1,2 milhão de documentos revelavam detalhes sobre o "oleoduto" do Quênia, que historiadores compararam a campos de concentração nazistas. Milhares de homens, mulheres e até crianças sofreram espancamentos e estupros durante revistas e interrogatórios. Entre as táticas de tortura comuns havia inanição, eletrocussão, mutilação e penetração forçada, chegando a chicotadas e a queimar detentos até a morte. Os arquivos também continham detalhes de atividades coloniais em pelo menos 37 outros países, incluindo massacres de aldeões durante a emergência malaia, a subversão sistemática da democracia na Guiana Britânica, a operação de centros de tortura da Inteligência Militar em Aden, e planos de testes com gás venenoso em Botswana.

O arquivo migratório também continha evidências de que apenas fazia parte de uma história maior, em geral destruída e ocultada. Acompanhando os arquivos remanescentes — a maioria dos quais ainda não foi liberada —, estão milhares de "certificados de destruição": registros de ausência que atestam um programa abrangente de ofuscação e apagamento. Nos anos finais do Império Britânico, os administradores coloniais foram instruídos a recolher e guardar todos os registros que pudessem, para queimar ou enviar a Londres. É o que ficou conhecido como Operação Legado, projetada para garantir a camuflagem da história colonial. Secretarias do governo, com apoio do MI5 e das Forças Armadas de Vossa Majestade, ou fizeram piras funerárias ou, quando a fumaça ficou óbvia demais, botaram tudo em caixas com lastro que afundaram longe da costa, para proteger seus segredos dos governos das nações recém--independentes — ou de historiadores do futuro.

Mesmo quando as provas incriminatórias sobrevivem décadas, não há segurança. Até 1993, 170 caixas de documentos enviadas à Grã-Bretanha como parte da Operação Legado ficaram armazenadas em Londres, onde foram marcadas como "Registros de Independência Altamente Confidenciais 1953 a 1963". Segundo os registros remanescentes, eles tomavam 24 metros de espaço na sala 52A do Admiralty Arch, e incluíam pastas sobre Quênia, Cingapura, Malásia, Palestina, Uganda,

Malta e outras quinze colônias. Um inventário parcial observava que os arquivos quenianos incluíam documentos sobre abuso de presos e sobre guerra psicológica. Uma leva com o título "Situação no Quênia — Emprego de Feiticeiros por CO [Colonial Office]" trazia o alerta: "Esta pasta só pode ser processada e recebida por assessor administrativo homem".[16] Em 1992, talvez temendo a vitória do Partido Trabalhista na eleição geral que levasse a um novo período de transparência, o Foreign Office despachou milhares de documentos para Hanslope Park. Durante o trâmite, os registros de independência mais secretos simplesmente sumiram. Não foram emitidos certificados da destruição e não se encontrou registro em outros arquivos. Por lei, os documentos deviam ter sido transferidos aos National Archives ou ter seu arquivamento justificado; em vez disso, eles foram expurgados do registro. Os historiadores se viram obrigados a chegar à conclusão de que, cinquenta anos depois que os fatos documentados aconteceram, os únicos registros remanescentes foram destruídos no coração da capital britânica.

A brutalidade no Quênia foi "perturbadoramente similar às situações na Alemanha nazista e na Rússia comunista", escreveu o próprio procurador-geral da colônia a seu governante britânico em 1957.[17] Independentemente disso, ele aceitou escrever uma nova legislação que autorizava a situação, desde que se mantivesse o sigilo. "Se vamos pecar, que pequemos em silêncio", ele afirmou. A Operação Legado foi um esforço proposital e consciente de obscurecer a violência e a coerção que faziam o imperialismo acontecer, e sua manipulação historiográfica é um impedimento para lidar com o legado de racismo, de poderes encobertos e desigualdades no Império Britânico hoje. No mais, o hábito do sigilo que engendrou autoriza que os abusos continuem acontecendo. As técnicas de tortura desenvolvidas no Quênia colonial foram refinadas em "cinco técnicas" empregadas pelo Exército britânico na Irlanda do Norte, e depois nas orientações de "interrogação incrementada" da CIA. Em 1990, o arquivo da polícia em Carrickfergus, que continha provas vitais relativas às ações do Estado britânico na Irlanda do Norte, foi destruído em um incêndio. As provas cada vez mais vinculam o incêndio ao próprio Exército britânico. Quando os investigadores tentaram determinar se os voos da CIA para transferência de prisioneiros paravam no território britânico de Diego Garcia, foram informados de que os registros de voo estavam "incompletos devido a danos causados por infiltração".[18] É difícil imaginar uma desculpa mais apropriada ou mais terrível: não tendo conseguido encobrir o afogamento simulado de presos, as agências de inteligência recorreram ao afogamento da informação em si.

Rever essa litania de fraudes sugere que estamos vivendo na idade das trevas há um bom tempo, e existem sinais de que as redes contemporâneas dificultam ainda mais esconder os pecados do passado — ou do presente. Mas, para que isso seja verdade, teríamos de ser melhores não só em detectar sinais de ofuscação, mas também de agir para contê-los. Conforme se mostrou na torrente de revelações sobre práticas globais de vigilância nos últimos cinco anos, a consciência da corrosão raramente se traduz em remediação.

Quando as primeiras manchetes sobre atividades da NSA e do GCHQ começaram a sair nos jornais pelo mundo em junho de 2013, houve um alvoroço inicial. As duas agências, como se mostrou, vinham espionando milhões de pessoas globo afora, incluindo seus próprios cidadãos, em conluio com outros governos e empresas que praticamente administram a internet. Primeiro se revelou que 120 milhões de clientes da Verizon nos Estados Unidos eram monitorados, sendo que ambos os participantes de cada ligação tinham os números registrados, além da localização, do horário e da duração da ligação. Os dados eram recolhidos pela companhia telefônica antes de ser entregues ao FBI, que por sua vez os passava à NSA. No dia seguinte se expôs a Operação Prism, que recolheu todos os dados que passavam pelos servidores das maiores empresas de internet — incluindo e-mails, documentos, chats com voz e vídeo, e imagens e vídeos de Microsoft, Yahoo, Google, Facebook, YouTube, Skype, Apple e outras. Pouco tempo depois, revelou-se que o alcance das agências de inteligência ia ainda mais fundo, incluindo a coleta de dados brutos nos cabos que efetivamente transmitem a informação no mundo. Quando questionado como era usar o sistema de retaguarda da NSA, chamado Xkeyscore, Edward Snowden respondeu:

> Você podia ler o e-mail de qualquer pessoa do mundo, qualquer pessoa de quem você tivesse o endereço. Qualquer website: você pode ver o tráfego de entrada e saída. Qualquer computador onde estiver uma pessoa: você tem como observar. Qualquer laptop rastreado: você tem como acompanhá-lo andando de ponto a ponto no mundo inteiro.[19]

Ficou evidente que, dada a natureza internacional da internet, não havia restrição possível à vigilância da rede, nenhuma objeção a governos que espionam seu próprio povo; todo mundo era estrangeiro para alguém e, assim que se coletavam os dados, eles entravam na panela. A lula-vampira continuou a se expandir: primeiro foram NSA e GCHQ; a seguir foram os "Cinco Olhos" de Estados Unidos, Reino Unido, Austrália, Nova Zelândia e Canadá, que os "Nove Olhos" ampliaram para Dinamarca, França, Holanda e Noruega; depois vieram os Sigint Seniors Europa, ou grupo dos "Catorze Olhos", com inscrição de Alemanha, Bélgica, Itália, Espanha e Suécia — mesmo quando ficou claro que seus próprios políticos, embaixadas, missões comerciais e delegações na ONU eram alvos do outro lado. A chanceler da Alemanha, Angela Merkel, queixou-se de que seu celular privado tinha uma escuta durante o mesmo período em que o BND, seu Serviço Federal de Inteligência, cedia pilhas de informação sobre cidadãos europeus, fornecedores da defesa e indústrias críticas.[20] Cada detalhe privado da vida pessoal de bilhões de usuários da internet e de celular chapinhou em vastos tanques de dados, cujo tamanho e escala superaram o que antes nem se considerava tecnicamente possível.

Um programa chamado Optic Nerve teve como alvo específico as webcams de usuários do Yahoo Messenger, o programa de chat mais popular entre operadores de commodities e adolescentes com tesão. A cada transmissão, gravava-se uma foto de cinco em cinco minutos — um limite supostamente justificado "para se adequar à legislação de direitos humanos" e rodar software de reconhecimento facial para identificar participantes. O GCHQ foi obrigado a implantar controles extras para proteger sua equipe da proporção significativa de dados que revelaram "nudez indesejada".[21] Surgiram histórias de terceirizados da NSA vasculhando e-mails e mensagens de texto de cônjuges, amantes, ex-namoradas e paixonites, prática tão disseminada que ganhou seu próprio codinome jocoso, LOVEINT, e demonstrou a facilidade com que se podia acessar o sistema.[22] Outros códigos revelaram os preconceitos e o humor obscuro dos criadores. O Regin, um malware utilizado para infiltração em sistemas de telecomunicação na Bélgica e no Oriente Médio, continha códigos temáticos do críquete, como LEGSPIN e WILLISCHECK, que se entenderam como referência ao jogador de críquete inglês Bob Willis.[23] Outra operação do GCHQ para recolher endereços IP de visitantes de website tinha o codinome KARMA POLICE, aparentemente por causa da música homônima do Radiohead, que inclui a frase: *"This is what you'll get when you mess with us"* ["É isso que acontece com quem mexe com a gente"].[24]

As matérias seguiram por meses, tecnojargões obscuros se tornaram de conhecimento comum, e slides de Power-point muito feios ficaram cauterizados nas memórias de milhões. Os códigos se multiplicaram, virando uma espécie de poesia sinistra: TEMPORA, MUSCULAR, MYSTIC, BLARNEY e BOUNDLESS INFORMANT [informante sem fronteiras]; NOSEY SMURF [Smurf enxerido], HIDDEN OTTER [lontra oculta], CROUCHING SQUIRREL [esquilo agachado], BEARDED PIGGY [leitão barbado] e SQUEAKY DOLPHIN [golfinho guinchão]. Essas listas infinitas acabam obscurecendo a realidade prática do sistema de vigilância global, que é irredutível a suas peças. Conforme Edward Snowden escreveu no primeiro e-mail à cineasta Laura Poitras: "Saiba que a cada fronteira que você cruzar, cada coisa que comprar, cada ligação que fizer, cada torre de celular por onde passar, cada amigo que tiver, matéria que escrever, site que visitar, assunto de e-mail que digitar e pacote que encaminhar, você vai estar nas mãos de um sistema cujo alcance é ilimitado mas cujas salvaguardas não são".[25] Mas o que continua sendo mais marcante, poucos anos depois das revelações, não é o escopo delas, e sim como elas deviam ter parecido óbvias — e como pouca coisa mudou.

A existência de um esforço tecnológico concentrado para interceptar a comunicação civil é algo que se conhece desde 1967, quando um telegrafista chamado Robert Lawson entrou na sede do *Daily Express* em Londres e informou ao jornalista investigativo Chapman Pincher que cada cabo ou telegrama que entrava ou saía do Reino Unido era coletado todos os dias por um furgão do Ministry of Public Buildings and Works e levado ao prédio do Almirantado para averiguação, sendo depois devolvido. A matéria saiu no jornal do dia seguinte, que esclarecia que a interceptação de cabos fazia parte de uma operação muito maior que envolvia escutas telefônicas e cartas abertas. Na época, a existência do GCHQ nem era de conhecimento público, e mesmo quando a própria comissão de inquérito quanto ao assunto confirmou que a reportagem estava exata, e ao mesmo tempo denunciou que o número de declarações oficiais estava equivocado, o assunto logo fugiu da memória coletiva.

Em 2005, oito anos antes das revelações de Snowden, o *New York Times* mostrou que, depois do Onze de Setembro, a NSA havia recebido poderes secretos amplos do presidente George W. Bush para espionar as comunicações dos Estados Unidos sem necessidade de mandado.[26] A matéria revelou a existência de um projeto, que levava o codinome Stellar Wind, de construir um vasto banco de dados de comunicação dos cidadãos norte-americanos, incluindo comunicações por e-mail, conversas por telefone, transações financeiras e movimentação na internet. Um ex-analista da NSA, William Binney, deu uma declaração oficial que confirmou a dimensão do programa, e foi atacado na imprensa por seu abuso evidente das proteções constitucionais. O projeto já tinha sido tema de tumulto interno no governo quando se descobriu que, ao contrário do alvará presidencial, a NSA não estava só na escuta de comunicações com conexão estrangeira, mas reunindo dados de todas as comunicações que podia. A reposta da Casa Branca foi apenas renovar o alvará do programa com outra rubrica. Binney continuou a fazer barulho quanto ao projeto em anos subsequentes, e ainda em 2012 a revista *Wired* fez uma reportagem sobre um imenso *data center* que a NSA estava construindo em Utah, sugerindo que o Stellar Wind seguia ativo e citando Binney quanto ao seu potencial.[27]

Em maio de 2006, um fornecedor da AT&T chamado Mark Klein revelou que a NSA tinha potencial para monitorar uma imensa quantidade de comunicações. Em 2002, ele conhecera um agente da NSA que estava recrutando a gerência da AT&T para um projeto especial; no ano seguinte, ele descobriu uma sala secreta dentro da maior central telefônica de San Francisco, onde só podia entrar o técnico recrutado pela NSA. A sala era adjacente ao maquinário que encaminhava todas as ligações públicas. O próprio Klein foi alocado para trabalhar, em seguida, em outra sala da central; a sala lidava com o tráfego de internet de uma empresa chamada Worldnet. A função de Klein era cindir os cabos de fibra óptica em alguns circuitos e direcioná-los para a sala secreta. Esses circuitos em específico eram os que conectavam os clientes da Worldnet ao restante da internet; conversas com outros funcionários da AT&T revelaram que se instalaram separadores em centrais de outras cidades. Em cada caso, a fibra redirecionada levava a uma máquina de "análise semântica" da NarusInsight, que conseguia peneirar informações em vasta quantidade e captar palavras e expressões pré-programadas.[28] O tamanho da "tragada" sugeria que a NSA monitorava não só comunicações estrangeiras, mas aspirava também, de modo indiscriminado, o tráfego doméstico. Foi o que alegou uma ação civil contra a AT&T, baseada nas provas de Klein e apresentadas pela Electronic Frontier Foundation; mas, embora tenha virado uma manchete relevante, ela foi bloqueada pelo governo dos Estados Unidos, que rapidamente aprovou uma legislação retroativa para deixar a empresa imune a qualquer processo.

E, mesmo que essas revelações não tivessem acontecido, por que não havia ninguém de olho? A escala do orçamento suspeito estava lá e qualquer um podia conferir; as estações de escuta construídas para a Guerra Fria seguiam zumbindo, até crescendo; os campos de antenas e as parabólicas apareciam no Google Maps, empoleirados em penhascos brancos sobre os pontos de aterragem. O GCHQ chegou a ter um sindicato até 1984, quando foi proibido em público por Margaret Thatcher em uma das disputas trabalhistas mais arrastadas do século XX. Mas a discussão das potencialidades das agências continuou reservada a quem estudava serviços de inteligência — e, como veremos no próximo capítulo, virou substrato para teóricos da conspiração.

Foi só quando Edward Snowden liberou os documentos, em 2013, que se atingiu uma espécie de massa crítica da paranoia. Pode-se discutir por que teve de ser assim; talvez tenha sido o mero volume, seu charme visual e narrativo. Ultrapassou-se nossa capacidade de ignorar, simplesmente porque as informações não paravam de vir, um dia após o outro, em um rebuliço de chavões e projetos com nomes ridículos e slides de Powerpoint de doer os olhos, como uma reunião de marketing infinita com Satã em pessoa. Talvez tenha sido a história do próprio Snowden que captou nossa atenção: seu aparecimento repentino em Hong Kong, seu voo para a Rússia, a necessidade de um protagonista jovem e esquivo para conduzir a narrativa. As revelações de Snowden também foram as primeiras a vincular programas conhecidos da NSA e do GCHQ — a revelar seu entrelaçamento total e, assim, como a vigilância global transformou toda pessoa em alvo, negando qualquer possibilidade de ser protegida pela suposta superioridade de seu próprio governo.

Mesmo assim, não houve nenhuma atitude. Nos Estados Unidos, as propostas de acabar com as escutas sem mandado e conter a coleta generalizada de dados por parte das agências de inteligência, tal como a Emenda Amash-Conyers, foram derrubadas no Congresso e no Senado, onde outras propostas de lei travaram em comitês. O Decreto USA FREEDOM — formalmente intitulado Decreto Uniting and Strengthening America by Fulfilling Rights and Ending Eavesdropping, Dragnet--collection and Online Monitoring [Unindo e fortalecendo os Estados Unidos ao cumprir direitos e acabando com as escutas, coletas de arrasto e monitoramento da internet] — virou lei em 2 de junho de 2015, basicamente restaurando o Patriot

Act que vencera no dia anterior. Embora seja vendido como reação legislativa às revelações de Snowden, o decreto manteve intacta boa parte dos potenciais da NSA, incluindo a coleta geral de metadados — cada detalhe de comunicação afora seu conteúdo, que pode subsequentemente ser adquirido por uma intimação secreta. De qualquer modo, o decreto pode ser minado a qualquer momento por um decreto presidencial, assim como aconteceu com versões anteriores nos anos pós--Onze de Setembro, e as operações além-mar continuam totalmente incólumes. Um processo que se fundou na rejeição sistemática e acobertada da lei nunca seria invalidado com mais legislação. O governo britânico, que nunca aprovou uma lei que impedisse a vigilância do GCHQ sobre seus cidadãos antes ou depois das revelações, contentou-se em emitir demandas de censura cada vez mais draconianas, conhecidas como D-Notices, a jornais que reportavam o caso. Diante da guerra global ao terror em curso e a um complexo industrial de inteligência de poder quase inimaginável, o resto do mundo só podia reclamar — em vão.

Por fim, a sede pública para confrontar as demandas insanas e insaciáveis das agências de inteligência nunca apareceu e, tendo dado as caras por um breve período de 2013, havia perdido o gás, desgastada pelo gotejar de revelações e pelo horror existencial que era tudo aquilo. Nunca quisemos saber de verdade o que havia nas salas secretas, nos prédios sem janelas no centro da cidade, pois a resposta não seria nada bonita. Tal como a mudança climática, a vigilância em massa se provou uma ideia muito vasta e desestabilizante para a sociedade enfiar na cabeça. Tal como as conversas constrangedoras — um meio-termo entre piada e pavor — sobre o clima, tornou-se apenas mais um chato zumbidinho de fundo da paranoia na rotina diária de todo mundo. Pensar na mudança climática estraga o clima, transformando-o em ameaça à existência mesmo quando está bom. Pensar em hipervigilância estraga os telefonemas, os e-mails, as câmeras e a conversa na cama. Sua seiva negra recobre tudo que tocamos diariamente. Suas implicações se estendem tão fundo em nosso cotidiano que é mais fácil somá-la à longa lista de coisas nas quais concordamos em não pensar.

É uma pena, pois há muita coisa que ainda falta pensar e discutir em relação à hipervigilância — aliás, a qualquer vigilância, e a qualquer imagem que se apresente como prova. A hipervigilância global depende do sigilo político e de opacidade tecnológica, e um se alimenta do outro. Embora os governos sempre tenham se espionado, assim como a seus inimigos, sua capacidade de ouvir cada momento da vida foi radicalmente incrementada pelas redes e pela potência de processamento — pelo avanço da computação às paredes de cada casa e por baixo de cada rua, a nossos ambientes de trabalho e nossos bolsos. A possibilidade técnica gera a necessidade política, pois nenhum político quer ser acusado de não ter feito tudo o que podia no rastro de alguma atrocidade ou denúncia. Faz-se vigilância porque se pode, não porque ela é eficiente; e, tal como outras práticas da automação, porque ela repassa o fardo da responsabilidade e da culpa à máquina. Que se junte tudo e deixe as máquinas resolverem.

Em um depoimento a um comitê parlamentar britânico em 2016, o supracitado delator da NSA assegurou que a coleta de dados em larga escala das agências de inteligência era "99% inútil". O motivo que ele deu para tanto era que o volume de informação coletada sufocou os analistas, o que impossibilitava selecionar dados relevantes para se direcionar a ameaças específicas. É um alerta que soou muitas vezes, mas nunca se prestou atenção nas suas implicações — aliás, elas foram exacerbadas. Depois da tentativa de explosão de um voo de Amsterdam a Detroit no Natal de 2009, o próprio presidente Obama admitiu que o problema era o volume de informações. "Foi uma falha não só na coleta de inteligência [mas] uma falha em integrar e entender o conhecimento que já tínhamos", ele declarou.[29] Um agente do contraterrorismo francês comentou, falando do caso, que "na mesma época em que somos tomados de inveja e espanto com o alcance e a profundidade da capacidade de coleta de informação dos americanos, começamos a perceber a sorte de não ter que processar essa massa impraticável de informação que se gera".[30]

Veem-se os excessos computacionais da hipervigilância no programa de drones dos Estados Unidos, que há anos é assolado por problemas de análise e interpretação. Conforme os drones se multiplicam e seus tempos de voo sobem, também crescem a resolução e a largura de banda das câmeras que eles transportam, excedendo exponencialmente nossa capacidade de monitorá-los. Ainda em 2010, um dos comandantes de maior grau na Força Aérea dos Estados Unidos alertava para o fato de que em breve iria "nadar em sensores e se afogar nos dados".[31] Mais informação, mesmo para as organizações mais avançadas no processamento de informação, não corresponde a mais compreensão. Na verdade, confunde e esconde, tornando-se estímulo a outras complexidades: uma corrida armamentista similar ao problema da previsão meteorológica, no qual a computação se desespera para vencer o próprio tempo. Como William Binney descreveu nas provas ao Parlamento britânico: "O efeito líquido da abordagem atual é que as pessoas morrem antes, mesmo que os registros históricos às vezes possam dar informações extras sobre os assassinos (que, quando se chega lá, já podem ter morrido)".[32]

Em diversos níveis, a hipervigilância simplesmente não funciona. Estudos demonstraram repetidamente que a hipervigilância gera pouca ou nenhuma informação para os departamentos de contraterrorismo. Em 2013, o Grupo de Revisão de Tecnologias de Inteligência e Comunicação declarou que a hipervigilância "não [é] essencial para evitar ataques", e descobriu que a maioria das pistas vinha de técnicas investigativas tradicionais, como informantes e relatos de atividades suspeitas.[33] Outro informe de 2014, da New American Foundation, afirmou que as declarações do governo quanto ao sucesso dos programas de vigilância no rastro dos ataques do Onze de Setembro eram "exageradas e até enganosas".[34]

Na outra ponta do espectro, a análise do emprego de câmeras de circuito fechado em espaços públicos demonstrou que elas também são ineficientes, tal como a vigilância global. A um preço enorme, elas sugam financiamento e atenção de outras abordagens às questões que se procura resolver, e têm pouco efeito de nota. Geralmente citadas como dissuasoras, elas não dissuadem ninguém. Quando San Francisco instalou centenas de câmeras de segurança, em meados dos anos 2000, o número de homicídios a 75 metros das câmeras caiu — e atingiu picos nos outros 75. As pessoas simplesmente se afastavam um pouquinho mais para matar umas às outras.[35] A CCTV, assim como a vigilância global, serve apenas para aumentar o zumbido de fundo da paranoia, fazendo subir o temor de crimes e controle, mas não se habilitando a resolvê-los. A CCTV e a vigilância em massa são ambas essencialmente retroativas e retributivas: pode-se recolher mais informação e fazer mais prisões, mas só depois que o crime foi cometido. O fato crítico já aconteceu e sempre se ignoram as causas subjacentes.

Pensar na eficácia da vigilância desse modo nos obriga a refletir sobre nossas próprias estratégias para nos opor a abusos de poder. Jogar luz ao assunto ajuda mesmo? A iluminação melhor há muito tempo é um dos axiomas do teatro da segurança em si, mas a instalação de luz elétrica em ruas municipais muitas vezes foi acompanhada por um crescimento do crime tantas vezes quanto precedeu uma queda.[36] Os criminosos podem ficar tão encorajados pela luz quanto a vítima: quando tudo está iluminado, o malicioso parece menos suspeito, e sabem que a barra está limpa. A luz faz com que as pessoas se sintam mais seguras, mas elas não estão.[37]

A exposição das atividades mais sinistras das agências de inteligência não as restringe; o que a exposição fez foi tranquilizar o público e legitimar as mesmas atividades. Operações que anteriormente se davam em uma zona nebulosa de obscuridade e negação agora foram normatizadas em lei, e não para o nosso bem.

Talvez, enquanto louvamos o impacto visual das revelações de Snowden por estimular uma discussão sobre a hipervigilância, precisemos considerar que sua visualidade serviu de distração em relação a entender seus mecanismos e sua persistência subjacente. Se por um lado podemos dizer que a vigilância fracassa por causa de sua dependência das imagens que estão acima da compreensão, e de sua crença em uma só narrativa justificatória, então como podemos defender, por outro lado, a ideia de que métodos vigilantes para se contrapor a ela terão êxito? Só que é exatamente isso que fazemos. Em oposição ao sigilo, afirmamos a transparência. Nossas demandas de clareza e abertura podem parecer contrárias à opacidade e à classificação, mas acabam afirmando a mesma lógica. Sob essa análise, a Agência de Segurança Nacional dos Estados Unidos e o Wikileaks compartilham da mesma visão de mundo, com fins diferenciados. Ambos essencialmente acreditam que existe um segredo no cerne do mundo que, se tivermos como descobrir, deixará tudo melhor. O Wikileaks quer a transparência para todos; a NSA só quer a transparência para alguns: seus inimigos; só que ambos seguem a mesma filosofia.

O intento original do Wikileaks não era se tornar um espelho da NSA, mas derrubar a máquina. Em 2006, nos primeiros dias do Wikileaks, Julian Assange redigiu uma análise do sistema conspiratório do governo e como atacá-lo, com o título

"A conspiração como governança". Para Assange, todos os sistemas autoritários são conspirações porque seu poder depende de guardar segredos de seu povo. Os vazamentos minam esse poder não por causa do que vaza, mas porque o incremento no medo e na paranoia internos prejudica a capacidade de o sistema conspirar. O que é prejudicial não é o ato do vazamento em si nem o conteúdo do vazamento em específico.[38] Conforme o Wikileaks adentrou o escrutínio público e o próprio Assange se tornou uma figura cada vez mais poderosa e arrogante, a organização se envolveu em uma série de rixas com agências de inteligência — acabou virando uma ferramenta para os Estados se atacarem — e essa percepção se perdeu. O que a substituiu foi a crença equivocada no poder da "arma do crime": a única fonte ou prova específica que derrubaria uma autoridade.

O problema da arma do crime acossa toda a estratégia que depende de revelações para mobilizar opiniões. Tal como se podia inferir, muito antes das revelações de Snowden, que as atividades de agências de inteligência já existiam, segundo diversos relatórios ao longo de décadas, também outras atrocidades são ignoradas até que se atinja um índice particular de veracidade documental. Em 2006, Caroline Elkins publicou um relato abrangente das atrocidades britânicas no Quênia, mas seu trabalho foi criticado por se apoiar em histórias orais e relatos de testemunhas.[39] Foi só quando o próprio governo britânico liberou documentos que confirmavam os relatos é que eles foram aceitos, tornando-se parte da história reconhecida como tal. O depoimento dos que sofreram foi ignorado, até que se conformou ao relato dado pelos opressores — um tipo de prova que, como já vimos, nunca estará à disposição para diversos outros crimes. Do mesmo modo, o culto do delator depende da mudança de consciência daqueles que já trabalham nos serviços de inteligência; quem fica de fora dessas organizações não tem devir, aguardando indefeso por um funcionário desconhecido do governo que se digne a levar a público o que sabe. É uma base essencialmente insuficiente para o agir moral.

Assim como a disponibilidade de vasta potência computacional conduz à implantação da vigilância global, também sua lógica passou a ditar como reagimos a ela, assim como a outras ameaças existenciais a nosso bem-estar cognitivo e físico. A demanda por alguma prova que nos possibilite afirmar alguma hipótese com 100% de certeza excede nossa capacidade de agir no presente. O consenso — como o acordo científico maior em torno da urgência da crise climática — é negligenciado diante do mínimo quantum de incerteza. Ficamos travados em uma estase, exigindo que a flecha de Zeno atinja o alvo mesmo quando a atmosfera diante dela aquece e se adensa. A insistência por uma confirmação sempre insuficiente cria a profunda estranheza do momento atual: todo mundo sabe o que se passa, e ninguém pode fazer nada a respeito do que se passa.

A dependência da lógica computacional da vigilância para derivar a verdade sobre o mundo nos deixa em uma posição fundamentalmente precária e paradoxal. O conhecimento computacional exige vigilância, pois só pode produzir sua verdade a partir dos dados que o alimentam diretamente. Por sua vez, todo conhecimento é reduzido ao que é computacionalmente cognoscível, de modo que todo o saber se torna uma espécie de vigilância. Assim, a lógica computacional nega nossa capacidade de pensar a situação e de agir de modo racional na ausência da certeza. Ela também é puramente reativa, autorizando a ação só depois de se recolher evidências suficientes e proibir a ação no presente, quando ela é mais necessária.

A operação da vigilância e nossa cumplicidade com ela são uma das características fundamentais da nova idade das trevas, pois ela insiste em uma espécie de visão cega: tudo está iluminado, mas nada se enxerga. Nós nos convencemos de que lançar luz sobre o assunto é a mesma coisa que pensar nele, e assim ter devir sobre ele. Mas a luz da computação também nos deixa impotentes — seja pela sobrecarga de informação, seja pela falsa sensação de segurança. É uma mentira que o poder sedutor do pensamento computacional nos vendeu.

Veja um exemplo da própria rede. Em algum momento anterior a maio de 2016, James O'Reilly, residente de Fort McMurray, Alberta, Canadá, instalou um sistema de segurança Canary em seu lar. O conjunto de produtos Canary, assim como os produtos Google Home, encarna perfeitamente a lógica da vigilância e do pensamento computacional: uma série de câmeras, sensores e alarmes — conectados entre si e à internet — que oferece uma consciência situacional total da casa em tempo real e a promessa de proteção e paz de espírito através da mobilização de máquinas que tudo veem.

Em 1º de maio de 2016, teve início um incêndio na floresta boreal do sudoeste de Fort McMurray que, alimentado por ventos fortes, se espalhou para a cidade. Em 3 de maio, emitiu-se uma ordem de retirada compulsória e 88 mil pessoas abandonaram seus lares, incluindo O'Reilly. Enquanto ele dirigia, seu iPhone recebeu um aviso do sistema de segurança doméstica e começou a transmitir um vídeo em tempo real, depois postado no YouTube.[40]

O vídeo começa com um plano da sala de estar de O'Reilly: as luminárias de mesa continuam acesas, assim como as luzes do aquário, no qual peixinhos dourados seguem nadando. As árvores do lado de fora da janela são abaladas por um vento forte, mas nada que seja um problema. Durante os minutos seguintes, sombras começam a bater na porta, lentamente se abrindo para a fumaça. Mais um minuto e a janela fica preta e o caixilho pega fogo. Primeiro o fogo estilhaça a persiana, depois a própria janela. A fumaça entra no recinto, que vai ficando escuro.

A câmera muda para a visão noturna, em preto e branco. Na escuridão cada vez mais densa, um alarme soa intermitente, mas por fim fica mudo e só se ouve o estalar das chamas.

É a cena de um pesadelo, mas que parece encarnar a condição da nova idade das trevas. Nossa visão é cada vez mais universal, mas nosso devir é cada vez mais reduzido. Sabemos cada vez mais sobre o mundo, mas somos cada vez mais incapazes de fazer algo a respeito do que sabemos. A sensação resultante de estar indefeso, em vez de nos fornecer uma pausa para repensar nossas preconcepções, parece nos levar cada vez mais fundo à paranoia e à desintegração social: mais vigilância, mais desconfiança, uma insistência cada vez maior no poder das imagens e da computação para retificar uma situação que vem da crença inquestionada na autoridade que elas teriam.

A vigilância não funciona, tampouco a revelação honrada. Não há argumento final a se fazer de nenhum lado, nenhuma afirmação segura que vá aliviar nossa consciência e mudar a mente de nossos adversários. Não há arma do crime, não há conformação total nem negação clara. A resposta Glomar, em vez de palavras mortas em uma burocracia descuidada, acaba sendo a descrição mais veraz do mundo que temos capacidade de articular.

8.
Conspiração

Em *Ardil 22*, livro de Joseph Heller, os pilotos do 256º Esquadrão da Força Aérea dos Estados Unidos se veem encurralados em uma condição impossível. A guerra está no auge e a batalha nos céus da Itália é intensa. Eles correm o risco de ser derrubados toda vez que sobem no cockpit, e é evidentemente insano querer pilotar em mais missões arriscadas; a opção sã seria se recusar a voar. Mas, para fugir das missões, eles teriam de alegar insanidade, momento em que seriam declarados sãos por tentar se livrar. O piloto "seria insano de pilotar mais missões e são se não pilotasse. Mas, se fosse são, teria de pilotar. Se pilotasse, seria louco e não teria de pilotar, mas, se não quisesse pilotar, estaria plenamente são e teria de pilotar".[1]

Ardil 22 exemplifica o dilema de agentes racionais enredados pelas maquinações de sistemas vastos e irracionais. Dentro desses sistemas, até reações racionais levam a resultados irracionais. O indivíduo está ciente da irracionalidade, mas perde todo o poder de agir em defesa de si mesmo. Diante da turbulência de informações, tentamos conquistar algum controle sobre o mundo contando histórias sobre o mundo: tentamos dominá-lo com narrativas. Essas narrativas são inerentemente simplificações, pois nenhuma história dá conta de tudo o que acontece; o mundo é complexo demais para histórias simples. Em vez de aceitar isso, as histórias ficam cada vez mais barrocas e bifurcadas, cada vez mais conturbadas e em aberto. Assim, a paranoia na era do excesso em rede gera um circuito de retroalimentação: não conseguir entender um mundo complexo leva à demanda por mais e mais informação, o que só anuvia mais nosso entendimento — trazendo à tona cada vez mais complexidade, da qual é preciso dar conta com teorias ainda mais frívolas sobre o mundo. Mais informação não rende mais clareza, e sim mais desnorteamento.

Na adaptação cinematográfica de *Ardil 22* lançada em 1970, o capitão da Força Aérea John Yossarian, interpretado por Alan Arkin, profere a frase imortal: "Não é por você ser paranoico que eles não estão de olho em você". O dictum de Yossarian encontrou uma nova vida nos thrillers conspiratórios atuais, engendrados pelos avanços tecnológicos e pela hipervigilância. Um dos primeiros sintomas da paranoia clínica é a crença de que há alguém de olho em você; mas acreditar nisso, hoje, é sensato. Cada e-mail que enviamos; cada mensagem de celular que escrevemos; cada telefonema que fazemos; cada viagem que empreendemos; cada passo, respiração, sonho e expressão é alvo de vastos sistemas automatizados de coleta de informação, dos algoritmos de triagem das redes sociais e das fábricas de spam, assim como do olhar insone de nossos próprios smartphones e aparelhos conectados na rede. E agora, quem é o paranoico?

A data é novembro de 2014 e estou em uma via de acesso de um campo próximo a Farnborough, em Hampshire, Inglaterra. Espero um avião fazer um sobrevoo. Não sei quando ele vai decolar, se é que vai. Há uma câmera no capô do meu carro que está filmando o nada no céu há umas duas horas; mais ou menos a cada trinta minutos eu apago o cartão de memória e recomeço. A nuvem fina e alta cintila e desaparece.

O avião que eu aguardo é um dos três Reims-Cessna F406 com base no Aeroporto de Farnborough, casa do famoso espetáculo aéreo e local do primeiro voo motorizado na Grã-Bretanha, em 1908. A Royal Aircraft Establishment, que pesquisou e construiu os primeiros dirigíveis e depois os aviões para as Forças Armadas britânicas, foi fundada aqui — assim como a Fábrica de Balões do Exército — em 1904. Nos hangares ao sul das passarelas, a Divisão de Investigação de Acidentes Aéreos reconstitui aeronaves caídas a partir dos fragmentos, para descobrir as circunstâncias da falha. É, portanto, uma Meca dos nerds de aeronáutica, como eu, assim como o aeródromo predileto de oligarcas e da realeza estrangeira, que costeia a Pista de Pouso Número Um em jatinhos particulares e sem identificação.

Os Cessnas não são jatos; são pequenos turboélices bimotores projetados para a vigilância civil e militar, os preferidos da Guarda Costeira e de empresas de aeroprospecção. Os três que têm base em Farnborough chamaram a atenção pela primeira vez quando me deparei com um deles fazendo círculos sobre a ilha de Wright em uma tarde de verão, por horas a fio. Eu vinha passando um bom tempo no website FlightRadar24, no início procurando aviões fretados que eram usados para deportar requerentes de asilo no meio da madrugada,[2] mas aos poucos fui ficando fascinado pela riqueza de dados que se transmitia dos céus, e dos padrões complexos que as aeronaves desenhavam sobre o sul da Inglaterra. A qualquer momento do dia se vê milhares de aviões, grandes e pequenos, singrando ou perambulando por esse espaço aéreo altamente congestionado, um dos mais movimentados do mundo. Entre os jatos de longa distância e os *city-hoppers* econômicos, cruzam aeronaves de treino e transportes militares — e, às vezes, voos que o governo preferia que ficassem ocultos.

Poucos sabem mais sobre as coisas que o governo britânico oculta do que o jornalista investigativo Duncan Campbell, a primeira pessoa a informar publicamente a existência do GCHQ, em 1976. Em 1978, o governo puniu Campbell e os colegas Crispin Aubrey (outro jornalista) e John Berry (ex-funcionário de inteligência), processando-os conforme o Decreto de Segredos

Oficiais.[3] O assim chamado Julgamento ABC, que durou meses, revelou que quase toda a informação utilizada na reportagem já era de domínio público. "Não há segredos, apenas investigadores com preguiça", escreveu Richard Aldrich, historiador dos serviços de inteligência, em um relato do julgamento.[4] Em 2010, Campbell resenhou o livro de Aldrich sobre o GCHQ para a *New Statesman* e escreveu:

> [A instalação do GCHQ em Bude, na Cornualha] foi o início do Projeto Echelon dos aliados anglófonos, comparável, sugere Aldrich, ao sistema Google Alert atual, que vasculha a internet constantemente atrás de acréscimos. É uma comparação engenhosa, mas omite um ponto de divergência crítico. O Google, embora muitas vezes vá além do que devia, coleta o que é posto em domínio público. Os coletores de *sigint* estão vasculhando e armazenando todo o domínio privado da comunicação, na melhor das hipóteses com autoridade questionável e com certeza sem a responsabilização da forma como é normalmente entendida.
>
> Enquanto você está lendo este texto, uma aeronave de coleta de *sigint* está fazendo círculos a 10 mil pés do Canary Wharf, no leste de Londres, colhendo as redes celulares da capital, supostamente tentando encontrar, via reconhecimento de voz, terroristas na Grã-Bretanha que haviam sido treinados pelo Talibã. Se essa atividade pescar aqueles que planejam o mal às ruas da City, tudo ótimo e perfeito. Mas como proteger as centenas de milhares de outros cujas comunicações são coletadas contra impropriedade, ou erro, ou coisa pior?[5]

Encontrei esta, assim como outras referências dispersas, quando comecei a procurar informações sobre os Cessnas que circulavam a ilha de Wright. No G-INFO, o banco de dados sobre aeronaves registradas no Reino Unido, de acesso público, encontrei dois dos aviões listados como propriedade da Nor Aviation, entidade bastante misteriosa cujo endereço era um loja Mail Boxes Etc. em Surbiton, a poucos quilômetros do aeródromo. O mesmo local anônimo era o endereço registrado de um segundo Cessna que pertencia à Nor Aviation, enquanto um terceiro, que fazia os mesmos rasantes sobre Bembridge e Blackgang, estava registrado à Aero Lease UK na Mail Boxes Etc. de Farnborough. Os nomes de vários proprietários eram os mesmos de agentes e ex-agentes da polícia metropolitana, estranheza que se confirmou com a descoberta de uma reportagem de 1995, detalhando uma década das fraudes executadas por um antigo contador da polícia, Anthony Williams.[6] Williams foi encarregado de armar empresas-fantasma para a divisão aérea secreta da polícia, mas canalizou a maior parte do financiamento — por volta de 5 milhões de libras em nove anos — à sua própria conta bancária, os quais usou para comprar um belo naco de um vilarejo escocês em Tomintoul, assim como o título senhorial lorde Williams de Chirnside.

Tentativas de descobrir mais sobre os aviões em fóruns de pilotos e de *planespotters* foram frustradas pelo tradicional acato britânico à autoridade: quem postava algo sobre os aviões recebia um alerta dos outros usuários; administradores dos *planespotters* do grupo de Farnborough baniram todas as menções a seus números de cauda. Nada surpreendente: investigações sobre voos de deportação já haviam me levado a ser banido sem cerimônia de vários fóruns. "Nosso interesse é pelos aviões, não por quem está dentro", me disseram. Ou — no caso da vigilância, disseminada e juridicamente dúbia, das ligações de celular do público em geral por uma frota secreta de aeronaves policiais — nem mesmo estavam interessados nos aviões, apesar de fotos deles encherem os websites dos entusiastas de fotografia aérea. (Também suspeito que é a existência dessas aeronaves que reforçou a insistência da polícia quanto ao sigilo quando eu, ingenuamente, solicitei informação sobre o potencial aéreo delas, como relatei no capítulo anterior.)

Então, aqui estou na pista de Hampshire. Depois de várias horas o ruído de uma aeronave de pequeno porte, ou mesmo de uma máquina de cortar grama, fica audível e logo é acompanhado pela aparição de um pequeno bimotor, com o número de registro bem à vista na parte inferior das asas. Pouco depois de sumir no horizonte, ele surge no FlightRadar24, em direção sudoeste. Fico assistindo-o no telefone por uma hora, enquanto faz o circuito-padrão a meia altitude na costa sul e depois volta em minha direção. Aproximadamente noventa minutos depois de decolar, ele regressa a Farnborough. Ainda não sei o que fazem lá. Mais tarde vou escrever um software simples que devassa o website e registra todos os voos dos três aviões, assim como de outros — os voos de deportação às três da manhã que saem do Aeroporto de Stansted, as saídas da CIA não designadas sobre Los Angeles e Boston, as espreitas de alta altitude da aeronave Islander do MI5, que sai de Northolt. O big data flui do céu a um ritmo que eu mal consigo acompanhar e com o qual na verdade não sei muito bem o que fazer. Em algum ponto de 2016 os aviões param de transmitir sua posição depois da decolagem.

Enquanto aguardo no aeródromo, outro carro estaciona — um táxi, segundo o decalque de licença na janela traseira. A estrada de acesso é um ponto, na saída da A325, em que os taxistas ficam esperando entre um serviço e outro. O motorista sai do carro e aproveito a oportunidade para lhe pedir um isqueiro. Dividimos um cigarro camarada; ele nota meu rádio e o binóculo. Conversamos sobre aviões. E aí, como é inevitável, falamos de *chemtrails*, ou "trilhas químicas".

"Andam diferentes, né, as nuvens?", diz o motorista. A conversa está ficando familiar. Entre no YouTube e você encontrará infinitos vídeos que detalham, em geral com irritação, como os céus vêm mudando e quais são as aeronaves que provocam essas mudanças. Muitas das buscas na web por aeronaves que registram ligações de celular me levaram não a relatos de vigilância, mas de geoengenharia oculta: o uso de aviões para controlar a atmosfera pulverizando produtos químicos.

Há algo estranho acontecendo. No presente hiperconectado do dilúvio de dados, abalos emergem na percepção da massa. Estamos todos olhando para os mesmos céus, mas cada um enxerga uma coisa. Enquanto eu vejo deportações sigilosas e aviões de vigilância secreta — com base em registros de voo e dados do ADS-B, reportagens e solicitações via Liberdade de Informação —, outros enxergam uma conspiração global para adulterar a atmosfera, controlar mentes, escravizar povos ou reformular o clima para propósitos ingênuos ou nefastos. Em uma atmosfera na qual se pode medir o preenchimento de dióxido de carbono — o gás que aquece o planeta e nos emburrece —, muitos se convencem de que soltam bem mais do que gases do efeito estufa sobre nós.

Os *chemtrails* existem há algum tempo, pelo menos desde os anos 1990, quando, segundo os teóricos da conspiração, a Força Aérea dos Estados Unidos deixou escapar no que estavam metidos. Em um relatório com o título "O clima como multiplicador da força: como dominar o tempo em 2025", um grupo de pesquisadores da Força Aérea propôs uma série de medidas que as Forças Armadas dos Estados Unidos usam para provocar alterações climáticas e atingir "o domínio do campo de batalha em grau nunca antes imaginado", incluindo a indução e prevenção de precipitações, o controle de tempestades e a ativação seletiva da ionosfera com feixes de micro-ondas para incrementar ou prejudicar comunicações via rádio.[7] Enquanto alterações no clima têm um longo histórico, a conjunção específica de meteorologia especulativa, pesquisa militar e da internet nascente fez os *chemtrails* viralizarem — talvez o primeiro folclore de massa da rede.

Em questão de poucos anos, com o apoio de fóruns de internet e programas de rádio, a crença de que havia aeronaves intencionalmente borrifando produtos químicos na atmosfera se espalhou em nível global. Levantou-se a pergunta em parlamentos; organizações científicas nacionais se entupiram de requisições; cientistas atmosféricos foram cortados em congresso. Na internet, proliferam os vídeos tremidos de céus azuis imundos de fumaça e aviões deixando rastros negros. As pessoas se reúnem em fóruns e grupos do Facebook para trocar anedotas e imagens.

A teoria dos *chemtrails* é multifacetada e parece uma hidra; seus seguidores acreditam em versões fractais da mesma ideia. Para alguns, os produtos químicos que são borrifados por aeronaves comerciais, militares e misteriosas fazem parte de um programa maior de controle da radiação solar: a criação de uma cobertura de nuvens para reduzir a luz solar e retardar — ou acelerar — o aquecimento global. Os produtos químicos que se usa causam câncer, Alzheimer, doenças da pele e deformidades. O aquecimento global em si pode ser mentira, ou um complô de forças sombrias para tomar o mundo. Outros acreditam que a intenção dos produtos químicos é transformar as pessoas em drones dementes, ou deixá-las doentes para dar lucro à indústria farmacêutica. A geoengenharia oculta, o negacionismo climático e a nova ordem mundial se reúnem na batedeira da desinformação online, dos vídeos amadores, das afirmações, ridicularizações e desconfiança contagiosa.

Os *chemtrails* viram o vórtice de outras conspirações e puxam tudo para a sua órbita. "Seu poder de volta: vote para sair da EU", incita um youtuber, com o nome nada surpreendente de Flat Earth Addict [Viciado em Terra Plana], sobre uma montagem de céus suburbanos azuis entrecruzados por rastros de condensação.[8] Nesse relato, a ciência climática secreta é um projeto da União Europeia para suprimir a vontade individual. Alguns dias depois, na manhã após a Grã-Bretanha votar para sair da EU, Nigel Farage, o líder de fato da Campanha do Deixa, entra em rede nacional. "O sol nasceu na Grã-Bretanha independente", ele diz, "e vejam só, até o clima melhorou."[9]

A difusão dos *chemtrails* é muito similar à leitura que Timothy Morton faz quanto ao hiperobjeto da própria mudança climática: algo que se agarra à pele e se insere em cada faceta da vida, como retrata perfeitamente um relato captado pela jornalista Carey Dunne durante o mês que passou com *chemtrailers*, ou "rastristas", na Califórnia: "Preferia não saber porque, agora que eu sei, meu coração fica triste".[10] As conspirações tornam literal o terror que sentimos à espreita pelo mundo.

O entusiasmo inicial de Dunne por uma licença idílica do serviço em uma fazenda orgânica dá uma guinada para o bizarro quando ela descobre as crenças dos funcionários, ripongas querendo voltar às origens que, via Facebook, descobriram uma comunidade de adeptos locais do *chemtrailing* — e um tuíte adulterado de Donald Trump afirmando que seu governo ia acabar com as trilhas químicas:

> "Como é que uma pessoa que nem eu vai saber o que é e o que não é verdade?", diz Tammi. "Eu tenho 54 anos. Não assisto o noticiário. Não ouço notícias no rádio. Aí, quando estou na internet e vejo uma coisa que me faz pensar, tipo, 'Cacete, *sério*?', eu sigo naquilo até acreditar. Não tenho o conhecimento que o jornalista tem para saber se a fonte é confiável. Quando você é uma pessoa comum, conseguem te fazer acreditar em qualquer coisa. Por causa da internet, qualquer um pode botar as notícias lá. Como eu sei se é verdade ou não? Fica difícil quando você tenta escolher um presidente. O povo escolheu Donald Trump porque

[achavam que] ele tuitou que ia acabar com *chemtrails* — está me entendendo?"[11]

Teorias da conspiração, independentemente disso, cumprem uma função vital e necessária, ao trazer à vista objetos e discursos que ficariam ignorados — os casos extremos do espaço dos problemas. O termo "teoria da conspiração" tem mais a ver com a relação que as pessoas têm com o poder do que com a verdade. Não se pode ignorar os "fumigadores" dos *chemtrailers*, quando está evidente que eles apontam diretamente o cataclismo factual e a corrente na atmosfera. A Nuvem da Peste de Ruskin pode ou não ter sido as primeiras emanações visíveis das chaminés de uma Grã-Bretanha em industrialização feroz, pois é possível que tenha sido uma metáfora mais profunda: o miasma que se ergueu de milhares de cadáveres que poluíam os campos de batalha da Europa, as primeiras baixas das guerras do capital industrial no século XX.

Tal como na época de Ruskin, a incerteza fundamental do presente se manifesta em formações meteorológicas: um arranjo de nuvens novas e estranhas. Em 2017, a última edição do Atlas Internacional de Nuvens, publicado pela Organização Mundial de Meteorologia, acrescentou uma classificação nova à sua lista oficial de formações de nuvens. É a "homogenitus", e se usa para descrever formações de nuvens que surgem devido à atividade humana.[12]

Na parte inferior da atmosfera, o ar quente e úmido das emissões urbanas e veiculares cria uma neblina: são camadas de *Stratus homogenitus*. Em atmosferas instáveis, essas camadas se erguem para formar nuvens desapegadas de *Cumulus homogenitus*. Usinas de energia termal, que ejetam seu excesso de calor na atmosfera média a partir das torres de refrigeração, incham os nimbos-estratos e altos-estratos já existentes, fazendo sombra sobre elas. Mas é na alta atmosfera, longe da superfície da terra, que a homogenitus está em seu elemento.

Stratocumulus homogenitus: Excedente térmico subindo das usinas de energia de Prunéřov, Tušimice e Počerady, na República Tcheca, gera nuvens que se espalham para formar estratos-cúmulos a alturas de aproximadamente 2500 metros.

A combustão do querosene nos motores a jato produz vapor d'água e dióxido de carbono. O vapor d'água resfria rápido no ar congelado, primeiro formando gotículas de água líquida, depois endurecendo em cristais de gelo. Em altas altitudes, cristais de gelo exigem um pequeno núcleo em torno do qual se formam: é o que vem das impurezas do combustível dos jatos. Milhões e milhões desses cristais formam o rastro que marca a passagem do avião. É a *Cirrus homogenitus*. Rastros de condensação são oficialmente nuvens de origem humana, e em dias frios e parados elas podem persistir durante horas, até mais.

O zigue-zague dos céus se repete por todo lado. Na série em quadrinhos *Os invisíveis*, de Grant Morrison, um dos personagens tira uma polaroide do céu do deserto e comenta: "Uma nuvem se ergue sobre a meseta em Dulce, Novo México — que é exatamente a mesma, em cada detalhe, da fotografada em Queenstown, Nova Zelândia". Na cosmologia de *Os invisíveis*, esse é um dos momentos dramáticos em que a narrativa colapsa e se revelam evidências de viagens no tempo e muito mais. Para nós, o entrelaçamento global e estranho da *Cirrus homogenitus* e sua circulação e reprodução infinita na internet através da pesquisa climática e teorias da conspiração são o momento em que o clima se torna um dado: uma Nuvem de Tormenta do Antropoceno, ilimitada no espaço físico e se espalhando pela rede e pela imaginação paranoica.

Os cientistas passam dificuldades para dissociar os rastros "normais" dos *chemtrails* dos conspiracionistas, mas os dois contêm as sementes da mesma crise. Rastros de condensação são sinais visíveis do que é ejetado invisivelmente dos jatos:

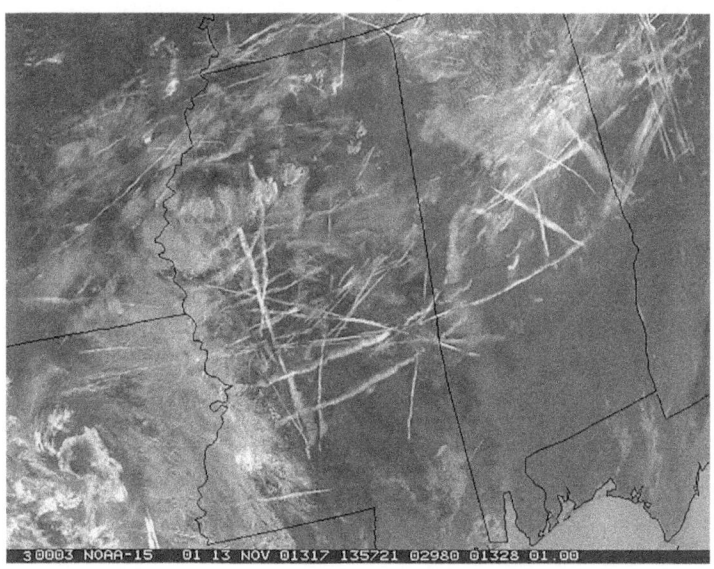

13 de novembro de 2001, infravermelho NOAA-15 AVHRR sobre o sudeste dos Estados Unidos, mostrando rastros de condensação de várias idades.

dióxido de carbono, o isolante soporífero que aumenta de forma veloz e perigosa na atmosfera. A descarga dos jatos também inclui óxido de nitrogênio, óxido de enxofre, chumbo e carbono negro, que interagem entre si e com o ar de formas complexas e que não entendemos por completo. Embora as companhias aéreas continuem apresentando medidas para poupar combustível à medida que as décadas passam, essas economias financeiras e ecológicas são sobrepujadas em muito pelo crescimento acelerado da aviação no total. Na taxa de expansão atual, por volta de 2050 a indústria da aviação representará a totalidade das emissões de carbono permitidas para manter o aquecimento global abaixo do ponto de crise de 2°C.[13]

É claro que os rastros de condensação afetam o clima, em particular quando persistem no céu, espalhando-se para formar vastas camadas de brancura que lembram cirros e altos-cúmulos. Não é apenas sua composição química, mas sua própria nebulosidade que afeta a atmosfera: eles retêm mais radiação térmica de onda comprida abaixo deles do que refletem no espaço, o que resulta em mais aquecimento global. A diferença é particularmente pronunciada à noite e durante o inverno.[14] Estudos de longo prazo da atmosfera demonstraram que está ficando mais nublado lá no alto: os rastros de condensação andam modificando os céus, e não para melhor.[15]

Na Grécia antiga, alguns videntes praticavam a ornitomancia: a adivinhação do futuro observando o voo dos pássaros. Segundo Ésquilo, foi Prometeu — o que trouxe a tecnologia — que apresentou a ornitomancia aos antigos, designando alguns pássaros como fortuitos e outros como sinistros.[16] Prometeu também impulsionou a haruspicação — uma espécie de hacking primitivo. O harúspice de hoje é o investigador de internet obsessivo, que passa horas captando rastros de acontecimentos, estripando-os e abrindo suas entranhas, mexendo em suas juntas e tirando fragmentos de aço, plástico e carbono negro.

Muitas teorias da conspiração, portanto, podem ser uma espécie de conhecimento tradicional: um augúrio inconsciente das condições, produzido por aqueles com uma consciência intensa, até oculta, das condições atuais e sem modo de articulá-las em termos cientificamente aceitáveis. Mas um mundo que não tem como admitir esses relatos de articulação diferente está em perigo de ser vítima de histórias bem piores — de pânicos anticientíficos a difamações sanguinárias — e de não conseguir ouvir vozes de alerta genuíno e necessário.

No extremo norte do Canadá, o povo indígena afirma que o sol não se põe mais onde se punha e que as estrelas estão desalinhadas. O clima está mudando de maneiras estranhas e imprevisíveis. Ventos quentes, instáveis, vêm de direções que não vinham; enchentes graves ameaçam cidadezinhas e vilarejos. Até os animais estão mudando seus padrões de vida, esforçando-se para se adaptar a condições incertas. É assim que o mundo é descrito em *Inuit Knowledge and Climate Change* [O conhecimento inuíte e a mudança climática], do cineasta nunavute Zacharias Kunuk e do cientista ambientalista Ian Mauro, uma série de entrevistas com anciões inuítes nas quais eles contam suas vivências com o mundo ao redor — vivências informadas por décadas de observação do clima em primeira mão. O sol se põe em outro lugar, dizem eles, geralmente a quilômetros de onde se punha. A Terra em si está desorientada.

Quando o filme foi exibido na Conferência sobre Mudança Climática de Copenhague (COP15), em dezembro de 2009, muitos cientistas se queixaram de que, embora o ponto de vista inuíte fosse importante, sua afirmação de que a Terra havia se mexido — havia se inclinado sobre o eixo — era perigosa e os levaria ao descrédito.[17] Mas a experiência direta dos inuítes é sustentada pela teoria científica: em altas latitudes, a aparência do sol é altamente afetada pela neve que cobre o chão, que o reflete e o refrata de várias maneiras. Mudanças na neve e no gelo correspondem a mudanças de visibilidade. Ao mesmo tempo, a atmosfera está indisputavelmente se enchendo de matéria particulada, das impurezas dos jatos e do escapamento da queima de combustível fóssil. Os pores do sol em vermelho--vivo que se veem em cidades poluídas são resultado de smog e fumaça que a própria cidade solta. Assim, o sol acima do Ártico fica distorcido e parece que se põe cada vez mais longe. O céu, como tudo o mais, é visto pela lente da mudança climática. Não saber o motivo não o faz deixar de ser.

"Ao longo dos anos, nunca aconteceu de ouvirem essa gente. Toda vez [que a discussão é] aquecimento global, aquecimento do Ártico, são os cientistas que vão lá e cuidam do serviço. E quem faz as leis depende desses resultados. Ninguém chega a entender o povo de lá", informou Kunuk.[18] Nesse aspecto, o conhecimento dos inuítes é muito similar ao das vítimas quenianas de torturas, cujas provas agregadas foram ignoradas até ser validadas na língua do opressor, através de documentação e análise formal. Conhecimentos científicos e políticos não têm como fugir do horizonte da própria experiência mais do que podem os agregados, mas isso não quer dizer que não estão diante da mesma coisa e buscando maneiras de articulá-la.

Alguns dos pores do sol mais espetaculares que foram vistos na Europa em época recente ocorreram depois da erupção do Eyjafjallajökull, o vulcão islandês que encheu os céus de cinzas em abril de 2010. Esses pores do sol também são provocados por aerossóis na atmosfera, particularmente o dióxido de enxofre. Conforme o pôr do sol se aproxima, cinzas e dióxido de enxofre produzem estrias de nuvem branca no horizonte, antes de a luz azul espalhada por partículas atmosféricas combinar com um vermelho amplo de pores do sol para produzir um tom singular conhecido como lavanda vulcânico.[19] Os pores do sol apareceram pelo continente conforme a nuvem de cinza tomou os rumos sul e oeste ao longo de vários dias. Sabia-se que a cinza vulcânica causava interferência em motores a jato, mas, apesar de diversos incidentes ao longo de décadas, pouco estudo se fez. Por causa disso, todo o espaço aéreo europeu foi travado. Ao longo de oito dias, mais de 100 mil voos foram cancelados, quase metade do tráfego aéreo mundial, e 10 milhões de passageiros ficaram ilhados.

Fora o pôr do sol, o mais desconcertante quanto ao evento do Eyjafjallajökull foi o silêncio. Pela primeira vez em décadas, os céus da Europa ficaram quietos. A poeta Carol Ann Duffy notou a quietude:

Passarinhos britânicos
cantam na primavera, de Inverness a Liverpool,
de Crieff a Cardiff, Oxford, London Town,
de Land's End a John O'Groats; o silêncio musical invoca,
o que ouviram Shakespeare, Burns, Edward Thomas; breve-
mente, nós.[20]

Outros comentaram a estranheza arcaica de um céu sem rastros. Era uma estranheza que foi surgindo sobre nós devagar, uma inversão do fato. Enquanto a mídia informava o "caos" dos voos cancelados, nós nos sentávamos à luz do sol sob límpidos céus azuis. A erupção foi um hiperobjeto: um fato de violência quase inconcebível, presente em tudo mas vivenciado localmente como ausência, como mudança climática, como o paradoxo do clima de Roni Horn: "O agradável acontece no imediato e no indivíduo, e o errado acontece no sistema".

Os céticos quanto ao clima afirmam há muito tempo que os vulcões produzem mais dióxido de carbono do que a atividade humana. De fato, vulcões historicamente têm sido responsáveis por períodos de resfriamento global e de paranoia. Em 1815, a erupção colossal do monte Tambora, na Indonésia, foi o cataclismo final em uma série de acontecimentos que fizeram

1816 ficar conhecido como "O ano sem verão". As lavouras feneceram por toda a América do Norte e Europa, com neve, gelo e geadas em julho e agosto, meses tradicionais de verão. Céus vermelho-vivos e roxos foram vistos e a fome se espalhou pelas terras, assim como os maus agouros e vaticínios apocalípticos. Em Genebra, um grupo de amigos decidiu se recolher com as histórias que lhes provocassem mais medo. Um dos resultados foi *Frankenstein, ou o Prometeu moderno*, de Mary Shelley; outro foi o poema "Trevas", de Byron, no qual ele escreveu:

> *O sol esplêndido extinguira-se, e as estrelas*
> *Vagueavam escuras pelo espaço eterno,*
> *Sem raios nem roteiro, e a enregelada terra*
> *Girava cega e negrejante no ar sem lua.*[21]

A explosão do vulcão Krakatoa, em agosto de 1883, também rendeu pores do sol roxos e quedas globais de temperatura, e tem sido associada tanto à Nuvem da Peste de Ruskin quanto ao céu flamejante da tela *O grito*, de Edvard Munch.[22] Tal como o Tambora, que o precedeu, levou meses para a notícia da erupção chegar à Europa: até lá, previsões apocalípticas vicejaram.

A erupção do Eyjafjallajökull foi uma oportunidade de pôr fim a alguns equívocos em relação ao dióxido de carbono vulcânico. Estima-se que o vulcão tenha emitido entre 150 mil e 300 mil toneladas de dióxido de carbono por dia;[23] em comparação, a imobilização da frota aérea europeia impediu a emissão de aproximadamente 2,8 milhões de toneladas em apenas oito dias,[24] número maior do que o de emissões anuais globais de todos os vulcões do mundo.[25] Se *O grito* fosse pintado hoje, a paisagem de fundo apropriada não seria o céu vermelho-sangue da erupção do Krakatoa, mas um firmamento atravessado por rastros de condensação: os mesmos rastros que entopem os websites de teóricos da conspiração com seus *chemtrails*, mesmo, se não especialmente, aqueles que negam a realidade da mudança climática por ação humana. Estamos todos olhando para o mesmo céu e vemos coisas radicalmente distintas.

Atos de violência humana contra o clima foram registrados em diversas ocasiões. No século XIII, as invasões mongóis à Eurásia provocaram tanta devastação à agricultura que as florestas cresceram significativamente, causando uma queda de 0,1% nos níveis atmosféricos de carbono.[26] A "pequena era do gelo", que atingiu seu clímax no Ano sem Verão de 1816, começou em 1600, mas foi resultado de um século de tumulto global, que teve início com a catástrofe colombiana de 1492. Nos 150 anos que se seguiram à chegada dos europeus na América, 80% a 95% da população indígena foi dizimada, chegando a 100% em algumas regiões; muitos morreram em combate, mas a maioria por doenças que vieram do Velho Mundo. A população de 50 milhões a 60 milhões foi reduzida a aproximadamente 6 milhões. Na esteira, 50 milhões de hectares de terra previamente cultivada ficaram sem seres humanos. Depois, mais de 12 milhões de africanos foram escravizados e deslocados para as Américas, outros milhões morreram no trajeto. Mais uma vez a agricultura veio abaixo, agora nos dois lados do Atlântico, e o crescimento renovado das florestas, acoplado à redução na queima de madeira, resultou em um declínio atmosférico no dióxido de carbono de sete a dez partes por milhão entre 1570 e 1620.[27] Desde então nunca houve uma queda igual.

Talvez seja este o evento que devia ser considerado o início do Antropoceno, em vez de alguma fabulosa invenção humana tardiamente reconhecida como suicida. Não a invenção do motor a vapor que queima carvão e que deslanchou a era industrial no século XVIII; não a fixação do nitrogênio, que começou com a invenção da síntese de Haber-Bosch; não com a liberação de bilhões de partículas de contaminação radioativa da detonação de centenas de bombas nucleares: o

Antropoceno começa com o genocídio em massa, com uma violência planetária em tal escala que fica registrada em núcleos de gelo e na polinização das lavouras. O traço distintivo do Antropoceno é que, diferentemente das eras que começaram com o impacto de um meteoro ou erupções vulcânicas repetitivas, suas origens são nebulosas e incertas. E seus efeitos, que estão acontecendo agora, são ainda mais obscuros. O que podemos dizer dele é que, como a primeira era realmente humana — aquela da qual estamos mais próximos e entrelaçados —, também é a mais difícil de ver e pensar.

Às 9h08 de 11 de setembro de 2001, cinco minutos depois que o segundo avião bateu nas torres do World Trade Center, a Federal Aviation Authority dos Estados Unidos fechou o espaço aéreo de Nova York e trancou os aeroportos. Às 9h26, emitiu-se uma imobilização nacional, proibindo a decolagem de qualquer avião no país. E às 9h45 o espaço aéreo nacional estava totalmente fechado: nenhuma aeronave civil podia decolar e todas as aeronaves em voo receberam ordens para pousar no aeroporto mais próximo assim que possível. A agência de transportes do Canadá fez o mesmo a seguir. Às 12h15, não havia aeronaves civis nem comerciais no espaço aéreo sobre os Estados Unidos continentais. Com exceção de aeronaves militares e transporte de presos, nada voou sobre a América do Norte por três dias.

Durante esses três dias entre 11 e 14 de setembro, a diferença entre as temperaturas diurnas e noturnas, conhecida como variação média de temperatura diurna (DTR, ou Diurnal Temperature Range), teve um aumento marcante. Em todo o continente, a DTR subiu mais de um grau Celsius, enquanto em regiões do Meio-Oeste, do Nordeste e do Noroeste, onde a cobertura de rastros de condensação costumava ser maior, a média da estação mais do que duplicou.[28] Um ato de violência, como tantos que o precederam, ficou registrado no próprio clima.

Ao longo do dia em 11 de setembro, as faixas rolantes começaram a aparecer na parte inferior da tela dos noticiários — primeiro na Fox News, depois na CNN e na MSNBC. As faixas já tinham sido usadas em situações de urgência, pois os produtores se esforçavam para comunicar o máximo de informação e atualizar espectadores recém-chegados. Mas, depois do Onze de Setembro, as faixas não arredaram o pé. A crise virou um evento diário, contínuo, que se mesclou perfeitamente à guerra ao terror, ao medo de bombas sujas, aos mercados de ações desabando e às ocupações. Nas faixas do noticiário, a abordagem discreta e empírica dos boletins foi varrida por um fluxo constante de informação: um precursor dos paredões em fluxo nos feeds de Facebook e Twitter. A circulação infinita de informação sem data, sem crédito, nas faixas do noticiário e nos fluxos digitais, dizimou nossa capacidade de contar histórias coerentes sobre o mundo. O Onze de Setembro — não o acontecimento em si, mas o ambiente midiático em que aconteceu e que se acelerou — foi precursor da chegada de uma nova era de paranoia, mais bem exemplificada nas conspirações do governo cúmplice do evento, mas espelhado em cada nível da sociedade.

Douglas Hofstadter, escrevendo em 1964, criou o termo "estilo paranoico" para caracterizar a política norte-americana. Citando exemplos que vão de histerias maçônicas e anticatólicas nos anos 1800 às afirmações do senador Joseph McCarthy quanto a conspirações governamentais de alto escalão nos anos 1950, Hofstadter delineou uma história da alterização: escolher um inimigo invisível como "modelo perfeito do maligno, uma espécie de super-homem amoral — sinistro, ubíquo, poderoso, cruel, sensual, luxurioso".[29] O atributo mais comum desse inimigo é seu poder extraordinário: "Diferentemente de todos nós, o inimigo não é capturado pelas armadilhas do vasto mecanismo da história, ele mesmo vítima de seu passado, seus desejos, suas limitações. Ele deseja, aliás, ele fabrica o mecanismo da história, ou tenta rechaçar o rumo normal da história de modo maligno". Em resumo, o inimigo é o outro que se ergue acima dos espasmos e das complexidades do presente, que agarra a totalidade da situação e está apto a manipulá-la de maneiras que nós, os outros, não temos como fazer. Teorias da conspiração são o recurso extremo dos sem poder, imaginando o que seria ter poder.

Esse tema foi abordado por Fredric Jameson quando escreveu que a conspiração é "o mapeamento cognitivo do fraco na era pós-moderna; é a figura degradada da lógica total do capital tardio, um esforço louco de representar o sistema deste último, cujo fracasso é marcado por seu deslize no tema e no conteúdo puro".[30] Cercado por evidências de complexidade — o que, para o teórico marxista, é emblemático da alienação generalizada produzida pelo capitalismo —, o indivíduo, por mais que indignado, recorre a narrativas cada vez mais simplistas para reconquistar algum controle sobre a situação. Conforme o mundo tecnologicamente incrementado e acelerado tende ao oposto da simplicidade, à medida que ele se torna mais — e mais visivelmente — complexo, as conspirações, por necessidade, têm de ficar mais bizarras, complexas e violentas para se adequar.

Hofstadter identificou outro aspecto-chave do estilo paranoico: o espelhamento dos desejos do próprio sujeito: "É difícil resistir à conclusão de que esse inimigo, em várias ocasiões, é a projeção do eu; atribui-se a ele tanto o aspecto ideal quanto o inaceitável".[31] Os *chemtrails* grudam no corpo, tornam-se manifestações inconscientes, embora persistentes, da degradação maior do ambiente. Tal como um amigo me contou quanto a viajar para as suas férias de verão em um dos mesmos jatinhos que eu vi fazendo deportações à meia-noite, os crentes nos *chemtrails* filmam "fumigadores" das janelinhas de seus voos turísticos, também poluentes. Não há como ficar de fora da complexidade em que nos vemos envolvidos, não há ponto de vista exterior que possamos compartilhar da situação. A rede que nos traz conhecimento nos envolve, refratando nossa perspectiva em 1 milhão de pontos de vista, ao mesmo tempo nos iluminando e nos desorientando.

Nos últimos anos, o estilo paranoico virou *mainstream*. É fácil tratar os *chemtrailers* e os *truthers* do Onze de Setembro como uma periferia lunática, até que eles começam a tomar governos e derrubar países. Donald Trump pode não ter tuitado que vai dar fim aos *chemtrails*, mas tuitou em várias oportunidades que o aquecimento global é uma conspiração contra a indústria norte-americana, e provavelmente uma armação chinesa.[32] Sua ascensão política veio nas costas do movimento "Birther", o qual afirmava que Barack Obama não era cidadão dos Estados Unidos e, assim, inelegível a presidente. O movimento Birther deslanchou a radicalização republicana, tornando-se uma questão dominante em comícios do Tea Party e em reuniões municipais. Em 2011, Trump fez uma turnê nacional questionando a legitimidade da certidão de nascimento de Obama e afirmou no Twitter que o presidente era um impostor nascido no Quênia chamado "Barry Soweto". Ele ofereceu uma doação em dinheiro à instituição de caridade predileta do presidente se ele apresentasse seu pedido de passaporte. Em decorrência de seu envolvimento, o apoio a Trump entre eleitores prováveis nos republicanos dobrou, e vários políticos, incluindo seu oponente posterior na chapa republicana, Mitt Romney, foram atrás de seu endosso. Quando ele finalmente negou a conspiração, em 2016 — muito tempo depois de a certidão de nascimento de Obama vir a público —, afirmou que Hillary Clinton havia criado a situação.[33]

Depois que entrou na corrida presidencial, Trump continuou a tirar suas falas dos teóricos da conspiração mais extremados e de maior destaque na internet. Seu clamor por um muro de fronteira para impedir que mexicanos "assassinos e estupradores" entrem nos Estados Unidos se embasou em um vídeo produzido pelo Infowars.com de Alex Jones, website de teoria de conspiração e império de comunicação. Seus apelos frequentes ao encarceramento de Hillary Clinton durante a campanha também tiveram origem no Infowars.com. A disposição de Trump a repetir o que lia na internet, ou que era alimentada por assessores com vínculo direto a redes conspiratórias de direita, surpreendeu até mesmo Jones. "É surreal falar de um assunto aqui no ar e, dois dias depois, ouvir Trump repeti-lo palavra por palavra", ele declarou.[34] As periferias da internet haviam voltado ao centro.

Em "Weather as a Force Multiplier: Owning the Weather in 2025" [O clima como multiplicador da força: como dominar o tempo em 2025], o documento da Força Aérea que lançou a conspiração dos *chemtrails*, os autores comentaram que:

> enquanto a maioria dos empenhos de modificação do clima depende de certas condições preexistentes, é possível criar alguns efeitos climáticos artificialmente, que independem dessas condições. Por exemplo: pode-se criar um clima virtual influenciando a informação climática que o usuário final recebe. A percepção que eles têm de valores de parâmetro ou imagens dos sistemas de informação meteorológicos global ou local diferiria da realidade. A diferença na percepção levaria o usuário final a tomar decisões operacionais prejudicadas.[35]

Nesse caso, não é preciso alterar o clima em si, mas apenas desorganizar as ferramentas com que o alvo percebe o clima. Não há necessidade de semear nuvens na estratosfera; basta inseri-las como código nas redes de informação que tomaram o lugar de nossa percepção direta do mundo. Como dirá uma versão da conspiração dos *chemtrails*: é o clima *virtual* que nos ameaça.

O clima virtual perturba nossa capacidade de contar histórias coerentes a respeito do mundo porque desafia modelos que se tinha até então de realidade consensual — e de consenso em geral. Em análises das teorias da conspiração mais extremas na internet, os modelos psicológicos tradicionais não dão conta. Segundo a definição textual — nesse caso, do *Manual diagnóstico e estatístico de transtornos mentais*, publicado pela Associação Americana de Psiquiatria e amplamente utilizado por médicos, pesquisadores e pelo sistema jurídico —, uma crença não é um delírio quando vem da "cultura ou subcultura" de uma pessoa. Mas as redes mudaram a maneira como formamos e moldamos culturas: pessoas geograficamente distantes podem se encontrar na internet e compartilhar experiências e crenças para formar sua própria cultura.

Em 30 de dezembro de 1796, James Tilly Matthews, um comerciante de chá de Londres, interrompeu uma sessão da Câmara dos Comuns gritando "Traição!", da galeria pública. Foi preso na hora e internado no Bethlem Royal Hospital — mais conhecido como Bedlam. Depois de uma análise, Matthew afirmou estar envolvido em assuntos de Estado sigilosos, que eram ocultados pelo governo de William Pitt. Ele também detalhou a operação de uma máquina chamada "tear aéreo", que utilizava um sistema de bombas hidráulicas e emanações magnéticas para controlar seu corpo e mente.[36] Matthews entrou para a história como o primeiro caso documentado de esquizofrenia. Suas descrições detalhadas do tear aéreo também entraram na literatura, pois dão o primeiro exemplo de ilusões paranoicas que acompanham as descobertas científicas da época.

Em 1796, a Grã-Bretanha e a Europa estavam agitadas por revoluções científicas e políticas: Joseph Priestley havia decomposto o ar em elementos constituintes, enquanto, em Paris, Antoine Lavoisier acabara de publicar *Elementos de química*, que levou a um novo entendimento do mundo físico.

Vindas poucos anos depois da Revolução Francesa, essas descobertas tinham um viés político. Priestley era um republicano convicto e publicava panfletos promovendo a crença de que ciência e razão iriam dissipar os erros e as superstições da tirania. Por sua vez, oponentes conservadores da nova ciência e reformas sociais comparavam a turbulência política ao "gás louco" de Priestley: anormal e incontrolável.[37] O tear aéreo de Matthews misturava os maquinários pneumático e político para criar uma conspiração.

O processo se repetiu em toda tecnologia subsequente, do rádio à televisão, do fonógrafo à internet. Eles são o resultado

O tear aéreo de James Tilly Matthews. Imagem de
Illustrations of Madness, de John Haslam, 1810.

de tentativas de leigos em integrar novas tecnologias, estranhas e mal-entendidas, ao seu modelo do mundo; mas o mundo tem alguma responsabilidade pela maneira como admite e nutre essas crenças. Matthews — homem inteligente e gentil, que mais tarde viria a ajudar no projeto do Bedlam para lidar melhor com as necessidades dos internados — reconheceu sua doença, mas continuou a insistir em uma conduta política ilegal. Provavelmente estava certo: historiadores posteriores encontraram provas de que ele fora empregado em missões secretas pelo Estado, e que fora repudiado.

Os equivalentes mais próximos de Matthews hoje, fora do campo da paranoia clínica, são os que afirmam ser vítimas de "*gang stalking*" (ou "perseguidos por quadrilhas") e "experimentos de controle mental", os termos de busca mais comuns para um conjunto de sintomas que inclui vigilância e perseguição de indivíduos por pessoas desconhecidas (através de assédio nas ruas e coerção), escutas eletrônicas e influência telepática. As vítimas de *gang stalking* e controle mental chamam a si de Indivíduos-Alvo e se reúnem em websites com nomes como Fight "Gang Stalking" [Contra *gang stalking*] e Freedom from Covert Harrassment and Surveillance [Liberdade do assédio e da vigilância secretos]. As comunidades que se reúnem em torno desses sites superam em muito o número de pessoas que são tratadas por doenças mentais; aliás, a resistência ao tratamento e a adoção daqueles que compartilham de suas crenças são um dos componentes-chave desses grupos. Indivíduos-Alvo contam a mesma história de Matthews: atores desconhecidos, utilizando a última tecnologia, agindo para influenciar e controlá-los. Mas, diferentemente de Matthews, eles têm uma comunidade em torno de si — uma cultura — que justifica e sustenta suas crenças.

É isso que complica a definição clínica de delírio, que faz exceção a crenças "aceitas por outros membros da cultura ou subcultura da pessoa".[38] Aqueles que a comunidade psiquiátrica teria classificado como delirantes podem "curar-se" de seus delírios buscando e se inscrevendo em uma comunidade online de mentes afins. Qualquer oposição a essa visão de mundo pode ser rebaixada a acobertamento da verdade de sua experiência, que terá o apoio de outros Indivíduos-Alvo. Além disso, existe a possibilidade de que a confirmação de suas crenças traga mais atenção a indivíduos do que à oposição, ao desgosto e ao medo cabal que emanam do resto da sociedade. Um grupo caracterizado por sua descrença dos outros cooptou a tecnologia da rede para criar sua própria comunidade dinâmica, complexa e informativa, que se apoia mutuamente e é autossustentável. Ela se separou do *mainstream* médico e social para construir um mundo no qual sua própria compreensão é validada e valorizada.

O mesmo padrão se repete em grupos diferentes, mas relacionados. Morgellons é o nome de uma doença autodiagnosticada que incomoda a profissão médica há anos. Quem sofre dela diz que está com a pele constantemente pruriente e com fibras saindo do corpo. Diversos estudos concluíram que Morgellons é uma condição psicológica, não física, mas quem sofre dela, via internet, organiza congressos e grupos de pressão.[39] Outros afirmam que as ondas eletromagnéticas geradas por celulares, antenas de wi-fi e linhas de transmissão os deixam doentes. A hipersensibilidade eletromagnética, afirmam alguns, aflige 5% da população norte-americana, provocando um sofrimento indizível. As vítimas fazem para si quartos forrados de alumínio, conhecidos como Gaiolas de Faraday, para as ondas não entrarem; ou se mudam para a Zona Nacional de Rádio Silencioso, na Virgínia Ocidental, uma reserva científica onde não há sinais de rádio.[40]

Grupos de autoafirmação, dos Indivíduos-Alvo a quem sofre de Morgellons, dos *truthers* do Onze de Setembro ao Tea Party, parecem ser um traço distintivo da nova idade das trevas. O que eles revelam é o que os *chemtrailers* mostram de forma direta: que nossa capacidade de descrição do mundo é resultado das ferramentas que temos à nossa disposição. Estamos todos diante do mesmo mundo e enxergamos coisas radicalmente distintas. E construímos um sistema que reforça esse efeito, um populismo automatizado que dá às pessoas o que elas querem o tempo todo.

Se você se conecta às redes sociais e começa a procurar informações sobre vacinas, logo vai encontrar as opiniões antivacina. É assim que você se expõe a essas fontes de informação, outras conspirações — *chemtrailers*, terraplanistas, os *truthers* — aparecem no feed. Logo essas opiniões começam a parecer maioria: uma câmara de eco infinita de opiniões de apoio, independentemente de qual seja a temática. O que acontece quando nosso desejo de saber mais e mais sobre o mundo colide com um sistema que continua a fechar suas respostas a qualquer pergunta possível, sem resolução?

Se você quer apoio para as suas opiniões na internet, você vai encontrar. Além disso, vai encontrar um fluxo constante de validação: cada vez mais informação, de natureza cada vez mais extremista e polarizada. É assim que ativistas pelos direitos masculinos chegam ao nacionalismo branco, e é dessa forma que jovens muçulmanos descontentes com a vida caem no jihadismo violento. É a radicalização algorítmica, que funciona em prol dos próprios extremistas, que sabem que a polarização da sociedade acaba servindo às metas deles.

Um mês depois do ataque ao *Charlie Hebdo*, em janeiro de 2015 em Paris, a *Dabiq*, revista online do Estado Islâmico do Iraque e do Levante (EIIL), publicou sua sétima edição, com um editorial que delineava a estratégia do grupo. Ele se baseava nas declarações anteriores do EIIL, promovendo o sectarismo e ao mesmo tempo condenando a coexistência e colaboração entre religiões.[41] Em 2006, a Al-Qaeda no Iraque, precursora do EIIL, atacou e destruiu o santuário Al-Askari em Samarra, um dos locais mais sagrados do Islã xiita — um de vários atos de provocação proposital que desencadearam a guerra civil corrente no país. Desde sua emergência em 2014, o EIIL ampliou essa abordagem a todo o planeta: assumindo a responsabilidade por ataques terroristas no globo, o grupo espera desencadear uma reação contra as comunidades muçulmanas no Ocidente, polarizando sociedades e criando uma espiral de violência com alienação e desforra.[42]

O EIIL chama o espaço de coexistência e cooperação entre muçulmanos e outras comunidades de "zona cinzenta", e jura que vai destruí-la. Ao jogar tradições muçulmanas umas contra as outras, e as maiorias não muçulmanas contra outros cidadãos, eles buscam se retratar como únicos protetores do verdadeiro Islã, e o califado como único lugar onde os muçulmanos podem estar seguros de verdade. Para essa estratégia ter êxito, exige-se que a maior parte da população saia da zona cinzenta por pressão implacável de violência e paranoia, e que se submeta a uma visão em preto e branco do mundo, que não admite dúvidas nem incertezas.

Do outro lado do território, o termo "zona cinzenta" já foi empregado para descrever a forma mais contemporânea de guerra, que existe logo abaixo do limiar do conflito armado tradicional. A guerra na zona cinzenta é caracterizada por táticas não convencionais, incluindo ciberataques, guerra de manipulação e guerra política, coerção e sabotagem econômica, assim como o patrocínio de combatentes-mandatários armados, todos encobertos por uma nuvem de desinformação e fraude.[43] O uso que a Rússia fez de "homenzinhos verdes" na invasão do leste da Ucrânia e da Crimeia, a expansão da China para o mar do Sul e a guerra por procuração do Irã e da Arábia Saudita na Síria apontam uma evolução dos conflitos definida pela ambiguidade e pela incerteza. Ninguém tem certeza quanto a quem enfrenta quem; tudo pode ser negado. Bem quando as

Forças Armadas dos Estados Unidos estão entre os planejadores mais avançados em relação à realidade da mudança climática, os planejadores de West Point e da Academia de Armas Combinadas estão na dianteira em reconhecer as realidades turvas da nova idade das trevas.

E se decidirmos nos apropriar da zona cinzenta? Em algum ponto entre os jihadistas e os estrategistas militares, entre guerra e paz, entre preto e branco, a zona cinzenta é onde a maioria de nós vive atualmente. Zona cinzenta é o melhor termo para descrever um panorama inundado de fatos não comprováveis e falsidades comprováveis que mesmo assim se aproximam, como zumbis, nas conversas, na bajulação e na persuasão. A zona cinzenta é o terreno escorregadio, quase inapreensível, em que nos vemos agora por resultado de nossas ferramentas tecnológicas amplas para construção de conhecimento. É um mundo de cognoscibilidade limitada e dúvida existencial, aterrorizante tanto para o extremista quanto para o teórico da conspiração. Neste mundo, somos obrigados a reconhecer a extensão estreita do cômpito empírico e o baixo retorno dos fluxos assoberbantes de informação.

Não há como vencer a zona cinzenta. Não há como dren-la nem como correr dela — ela já está transbordando. A teoria da conspiração é a narrativa dominante e a língua franca de nossa época: se devidamente lida, ela explica tudo. Na zona cinzenta, os rastros de condensação são tanto *chemtrails* quanto primeiros sinais do aquecimento global: podem ser as duas coisas ao mesmo tempo. Na zona cinzenta, os gases de escape de chaminés industriais se misturam às moléculas livres da atmosfera superior, animando o natural e o artificial em movimentos brownianos de procedência incerta. Os filamentos fibrosos que brotam da pele dos que sofrem de Morgellons são rastros dos cabos de fibra óptica e das vibrações eletromagnéticas das torres de celular que transmitem os dados das transações de alta frequência. Na zona cinzenta, o sol poente refrata em meio à cerração das partículas aéreas, e a Terra está mesmo fora de prumo: só agora estamos propensos a admitir isso.

Viver conscientemente na zona cinzenta, se assim optarmos, nos permite provar, por uma variedade de explicações, que nossa cognição limitada se estende como uma máscara sobre as meias verdades vibrantes do mundo. É uma aproximação melhor da realidade do que qualquer codificação binária rígida teria esperança de ser — o reconhecimento de que todas as nossas apreensões são aproximações, e que se tornam mais potentes por sê-las. A zona cinzenta nos possibilita fazer as pazes com as visões de mundo irreconciliáveis e conflitantes que nos impedem de tomar atitudes significativas no presente.

9.
Concomitância

Na tela, as mãos de um homem rotacionam bem devagar uma caixa de 24 Kinder Ovos com o tema do filme *Carros*. Ele retira a embalagem de polietileno e gira, levantando-a com cuidado para mostrar o alto e o fundo da caixa. O vídeo corta para uma dúzia de ovos cuidadosamente dispostos na mesa. As mãos pegam e descascam o invólucro de metal vermelho e prata, revelando o ovo de chocolate por dentro. Racha-se o ovo para mostrar um barrilzinho de plástico, que, quando aberto, contém um brinquedinho de plástico. Se o brinquedo vem com adesivos ou outros acessórios, eles são meticulosamente aplicados e o brinquedo é manipulado bem devagar em frente à câmera, aos suaves ruídos de alumínio rasgado, chocolate rachado e plástico arrancado. Depois de devidamente apreciado, o ovo e seu conteúdo ficam de lado e o processo se repete em outro ovo e no seguinte, até todos terem sido abertos. Depois de um rápido panorama de todos os brinquedos, o vídeo termina. Ele dura sete minutos e foi assistido 26 milhões de vezes no YouTube.

O Kinder Ovo é um confeito italiano que consiste em uma casca de chocolate de leite e chocolate branco que contém um brinquedo de plástico empacotado. Desde seu lançamento, em 1974, ele é vendido aos milhões mundo afora — embora seja proibido nos Estados Unidos, onde não se pode vender doces com objetos dentro. *Carros*, filme da Disney de 2006 com as aventuras animadas de Relâmpago McQueen e seus amigos veiculares, atingiu 450 milhões de dólares na bilheteria mundial e rendeu duas continuações até o momento, assim como derivados promocionais quase infinitos — incluindo o Kinder Ovo Carros. Por que, entre tantos confeitos e produtos promocionais no mundo, esse merece uma resenha tão reverente?

Não merece, é claro. Ele não é especial. O vídeo, intitulado "Cars 2 Silver Lightning McQueen Racer Surprise Eggs Disney Pixar Zaini Silver Racers by ToyCollector", é apenas um dentre milhões e milhões de vídeos de "ovo surpresa" no YouTube. Cada vídeo segue o mesmo tema: há um ovo; há uma surpresa dentro do ovo; revela-se a surpresa. A partir dessa premissa tão simples, porém, gera-se uma infinidade de combinações. Há outros vídeos de Kinder Ovo, para todo gosto que se imaginar: ovos de super-heróis, ovos da Disney, ovos de Natal, e assim por diante. Depois há os ovos falsificados, os semi-Kinder, os ovos de Páscoa, os ovos feitos de Play-Doh, os ovos de Lego, os ovos de balão, e assim por diante. Há objetos que lembram ovos, como garagens de brinquedo ou casas de bonecas que você pode abrir para revelar o conteúdo com a mesma reverência e silêncio. Há vídeos de ovos surpresa que duram mais de uma hora, e há mais vídeos de ovos surpresa do que um ser humano teria como assistir na vida.

Vídeos de *unboxing* são elemento básico da internet desde que o streaming decente virou possibilidade. Originários na comunidade de tecnologia, eles fetichizam produtos novos e a experiência de tirá-los da caixa, com closes demorados em iPhones e consoles de video game assim que saem do pacote. Por volta de 2013, a tendência se espalhou para brinquedos infantis. Aí começou algo bizarro. As crianças expostas aos vídeos travavam neles com foco laser e faziam loops infinitos, tal como gerações anteriores esgarçaram fitas dos filmes preferidos da Disney. Quanto mais nova a criança, parece que menos conteúdo tem importância. A repetição de um processo, assim como as cores vivas e a sensação constante de revelação, parecem transfixá-las. No YouTube, as crianças podem surfar durante horas e horas em vídeos como esses, animados sem parar pela repetição apaziguante e pelas surpresas sem fim, seus desejos alimentados constantemente pelos algoritmos de recomendação do sistema.[1]

A televisão infantil, particularmente a direcionada a pré-escolares, sempre parece estranha aos adultos. Antes de ela sumir da grade tradicional e ganhar vida nova em canais digitais exclusivos e na internet, a última grande controvérsia da era da televisão infantil foi os *Teletubbies*, programa que retratava cinco criaturinhas que lembravam ursos-bebês com antenas na cabeça e telas de TV na barriga bamboleando-se por campos e colinas verdes, fazendo brincadeirinhas e tirando cochilos. O programa fez um sucesso imenso, mas também incomodou outros que achavam que a TV infantil deveria ter algo de educativo. Os Teletubbies se comunicavam em um idioma simplificado de "gugus", que pais e jornais achavam que prejudicaria o desenvolvimento infantil. Na verdade, a língua dos Teletubbies havia sido desenvolvida por linguistas e tinha uma lógica interna. O programa também incluía muitos dos temas que seriam automatizados pelos vídeos dos ovos surpresa: armações de estímulo-resposta e gritinhos de "de novo, de novo" quando uma sequência estava para se repetir.[2] O que os adultos acharam bizarro, sem sentido e em algum ponto entre o chato e o ameaçador criava um mundo seguro e tranquilizante para as criancinhas. Conscientemente ou não, são esses traços psicológicos que tornaram os vídeos de ovos surpresa e sua estirpe tão famosos no YouTube atual. Porém, a mistura de atração infantil, promessa de recompensa e variação algorítmica também é o que torna os vídeos tão assustadores.

Os algoritmos de recomendação do YouTube se baseiam em identificar aquilo de que os espectadores gostam. Um conteúdo inédito e sem categoria tem de se virar por conta própria na rede, pois existe em uma espécie de limbo que só é perturbado por links de acesso e recomendações externas. Mas se ele encontra público, se começa a acumular *views*, pode ser que os algoritmos aceitem deixá-lo entre seus vídeos recomendados — destacando-o na barra lateral de outros vídeos e promovendo-o entre espectadores comuns, aumentando assim sua "descobrilidade". Melhor ainda: se ele tiver uma descrição, se tiver o devido título e rótulos para identificá-lo de um modo simpático ao algoritmo, o sistema pode agrupá-lo com outros vídeos parecidos. É bem simples: se você gosta disso, você vai gostar disso, e aí já caiu na toca do coelho. Você pode até configurar o website para autoplay, de modo que quando um vídeo termina, roda o seguinte na fila de recomendação, e assim em sucessão eterna. Crianças geram perfis de recomendação muito rápido, e eles se intensificam também rapidamente quando a criança trava em um tipo de vídeo específico e o repete várias vezes. Os algoritmos amam: eles identificam uma necessidade clara e tentam saciá-la.

Do outro lado da tela, há as pessoas que fazem os vídeos. Criar vídeos é um negócio que vem acompanhado de um incentivo básico: quanto mais *views*, mais dinheiro para você. O YouTube, uma empresa do Google, tem parceria com o AdSense, também do Google. Junto aos — e cada vez mais dentro dos, antes dos, depois dos, até durante os — vídeos, o AdSense serve propaganda. Quando conseguem *views* nos anúncios que acompanham os vídeos, os criadores são pagos — em geral na base do "custo por mil" (CPM, ou a cada mil *views*). O CPM de um criador varia bastante, pois nem todos os vídeos e nem todos os *views* são acompanhados de anúncios, e a taxa de CPM em si pode mudar conforme diversos fatores. Mas há vídeos que podem valer uma fortuna: "Gangnam Style", o hit pop coreano que foi o primeiro a bater 1 bilhão de *views* no

248

YouTube, ganhou 8 milhões de dólares do AdSense com seu primeiro 1,23 bilhão de *views*, ou aproximadamente 0,65 cents por *view*.[3] Você não precisa de sucesso nível "Gangnam" para viver do YouTube, embora obviamente seja mais fácil tirar dividendos maiores se você fizer cada vez mais vídeos e botá-los diante de cada vez mais olhinhos — e mirar mercados, como o infantil, que assistem aos vídeos repetidamente.

As regras oficiais do YouTube afirmam que o site é para maiores de treze anos, recomendando orientação dos pais para os menores de dezoito. Mas não há nada que impeça uma criança de treze anos de acessá-lo. Além disso, não há necessidade de criar uma conta; como a maioria dos websites, o YouTube rastreia visitantes únicos conforme seu endereço e consegue construir um perfil detalhado em termos de dados demográficos e preferência para alimentar os motores de recomendação sem que o espectador conscientemente entregue alguma informação sobre si. Isso se aplica mesmo quando o espectador é uma criança de três anos espatifada diante do iPad do pai ou da mãe, amassando a tela com seu pequeno punho.

A frequência com que uma situação como essa acontece fica óbvia nas estatísticas de *views* do próprio site. O Ryan's Toy Review, especializado em vídeos de *unboxing* e outros clichês infantis, é o sexto canal mais famoso na plataforma, apenas um pouco atrás de Justin Bieber e da WWE.[4] Houve um momento de 2016 em que foi o mais famoso. Ryan tem seis anos, é youtuber desde os três e tem 9,6 milhões de assinantes. Estima-se que sua família ganhe por volta de 1 milhão de dólares por mês com os vídeos.[5] A seguir na lista vem o Little Baby Bum, especializado em cantigas de ninar para pré-escolares. Com apenas 515 vídeos, ele soma 11,5 milhões de assinantes e 13 bilhões de *views*.

O YouTube infantil é uma indústria vasta e lucrativa porque o vídeo sob demanda é isca tanto para os pais quanto para os filhos — e, assim, para criadores de conteúdo e anunciantes. Crianças pequenas, hipnotizadas por personagens e canções familiares, cores fortes e sons tranquilos, ficam quietas e entretidas durante horas. A tática comum de juntar várias cantigas ou episódios de desenho animado em compilações de horas — dando destaque à duração nas descrições e nos títulos — sugere quanto tempo as crianças podem passar com os vídeos.

O resultado é que os canais de YouTube criaram uma enormidade de táticas para atrair a atenção dos pais e dos filhos, além das receitas da publicidade que vêm com eles. Uma dessas táticas, como se demonstra nos *mash-ups* de ovos surpresa, é como um estouro de palavras-chave, encaixando o maior número possível de termos de busca relevantes no título do vídeo. O resultado é o que chamamos de salada de palavras, sendo que a amostra aleatória de um só canal diz: "Surprise Play Doh Eggs Peppa Pig Stamper Cars Pocoyo Minecraft Smurfs Kinder Play Doh Sparkle Brilho"; "Cars Screamin' Banshee Eats Lightning McQueen Disney Pixar", "Disney Baby Pop Up Pals Easter Eggs SURPRISE"; "150 Giant Surprise Eggs Kinder CARS StarWars Marvel Avengers LEGO Disney Pixar Nickelodeon Peppa" e "Choco Toys Surprise Mashems & Fashems DC Marvel Avengers Batman Hulk IRON MAN".[6]

A mistureba ininteligível de marcas de empresas, personagens e palavras-chave aponta o verdadeiro público para as descrições: não o espectador, mas os algoritmos que decidem quem vê quais vídeos. Quanto mais palavras-chave você encaixa em um título, mais chance há de que seu vídeo abra caminho até os recomendados, ou, ainda melhor, que ele venha a rodar automaticamente quando um vídeo parecido terminar. O resultado: milhões de vídeos com títulos que fazem sobreposições sem sentido. Mas, no caso, o YouTube é uma plataforma de vídeos, e nem os algoritmos nem o público-alvo dão bola para sentido.

Existem outras maneiras de canalizar *views* para o canal, e a mais simples e consagrada é puramente copiar e piratear conteúdo de outros. Uma busca rápida por "Peppa Pig" no YouTube rende mais de 10 milhões de resultados — e a primeira página deles é quase toda do "Canal Oficial Peppa Pig", devidamente credenciado e administrado pelos criadores do programa. Mas logo os resultados começam a se encher de outros canais, embora o modo como o YouTube apresente uniformemente seus resultados de busca dificulte que você perceba. Um desses canais é o Play Go Toys, não credenciado que tem 1800 assinantes e consiste em episódios pirateados de Peppa Pig, vídeos de *unboxing*, assim como vídeos de episódios oficiais de Peppa Pig encenados com brinquedos oficiais, com o mesmo título dos episódios de verdade.[7] Misturados a eles há vídeos dos (supõe-se) filhos do proprietário do canal com brinquedos e em passeios no parque.

Enquanto esse canal está apenas se permitindo uma piratariazinha que não faz mal a ninguém, ele mostra como a estrutura do YouTube facilita o descolamento de conteúdo e autor, e como isso impacta nossa consciência e confiança na fonte. Uma das características tradicionais do conteúdo corporativo é que ele vem de uma fonte confiável. Seja Peppa Pig na TV infantil ou um filme da Disney, e seja lá o que se pense sobre o modelo industrial da produção de entretenimento, esses produtos são cuidadosamente produzidos e monitorados para que as crianças fiquem, de certo modo, seguras enquanto assistem, e pode-se confiar que a função será cumprida. Isso não se aplica mais quando marca e conteúdo são dissociados pela plataforma. Assim, um conteúdo conhecido e confiável é uma porta de entrada ininterrupta para conteúdos sem certificação e potencialmente nocivos.

É exatamente o mesmo processo de descolamento de fontes noticiosas confiáveis nos feeds do Facebook e nos resultados do Google que está arrasando tanto nosso sistema cognitivo quanto o político. Quando uma matéria do *New York Times* com devida verificação é compartilhada no Facebook ou pula na caixinha de "conteúdo relacionado" de uma busca no Google, o link é quase idêntico ao que vem do NewYorkTimes-Politics.com, o website criado por um adolescente na Europa Oriental e recheado de matérias inventadas, provocadoras e altamente partidárias sobre a eleição nos Estados Unidos.[8] (Voltaremos a esses websites em seguida.) No YouTube, o resultado é que facilmente um conteúdo estranho e inapropriado vai aparecer mesclado — e de forma quase indistinguível — a fontes conhecidas.

Outro exemplo marcante da bizarrice dos vídeos infantis é a *Finger Family*, ou Família dos Dedos. Em 2007, um usuário do YouTube chamado Leehosok subiu um vídeo no qual dois grupos de dedoches dançam conforme a música de fundo metálica de uma canção de ninar: "*Daddy finger, daddy finger, where are you? Here I am, here I am, how do you do?*" ["Papai dedo, papai dedo, onde você está? Aqui estou, aqui estou, como vai?"], e assim por diante com mamãe-dedo, irmão-dedo, irmã-dedo e bebê-dedo. Embora a música evidentemente fosse mais antiga do que o vídeo, essa foi sua estreia no YouTube.[9] Até o fim de 2017, havia pelo menos 17 milhões de versões da *Finger Family Song* no YouTube. Assim como os vídeos de ovos surpresa, eles recobrem todo gênero possível, somando bilhões de bilhões de *views*. Só a versão do canal Little Baby Bum tem 31 milhões de *views*. A do famoso canal ChuChu tem meio bilhão. A simplicidade da premissa a torna perfeita para automatização: um software simples consegue cobrir uma mão animada com qualquer objeto ou personagem, de modo que a Família dos Dedos Super-Heróis, a Família dos Dedos Disney, a Família dos Dedos frutas, ursinhos e pirulito, mais variações infinitas, se derramam pela página, acumulando milhões e milhões de *views* extras. Animações prontas, faixas de áudio e listas de palavras-chave são reunidas aos milhares para criar um fluxo de vídeos infinito. Fica difícil ter um ponto de apoio para entender esses processos sem ouvir suas infinitas variações, mas é importante entender como o sistema é vasto, e como suas ações, seus processos e públicos são indeterminados. Também é internacional: há variações dos vídeos da Família dos Dedos e do Aprenda as Cores com épicos tâmeis e desenhos animados malaios que dificilmente aparecerão nos resultados de anglófonos. A indeterminação e o alcance são justamente a chave para a existência desse sistema, assim como suas implicações. Sua dimensionalidade torna difícil captá-lo, ou sequer pensar nele.

É preciso levar em consideração os números de *views* desses vídeos. Assim como um número imenso deles é criado por softwares automatizados — *bots* —, eles também são assistidos por *bots* e até mesmo comentados por *bots*. A corrida armamentista entre criadores de *bots* e os algoritmos de aprendizado de máquina do Google é uma corrida que o Google perdeu há muito tempo em várias de suas propriedades. Também é uma corrida que não se pode levar a sério: embora em público seja possível denunciar e minimizar a importância dos *bots*, o fato é que eles ampliam imensamente o número de propagandas exibidas e, assim, a receita que o Google gera. Mas essa cumplicidade não devia obscurecer o fato de que há crianças de verdade, e muitas, plugadas em iPhones e tablets, assistindo aos vídeos repetidamente — o que dá conta, em parte, dos números de *views* inflados — enquanto aprendem a digitar os termos de busca mais básicos no navegador ou simplesmente socam a barra de rolagem para ativar mais um vídeo. Cada vez mais os comandos ativados por voz, por si só, cumprem a função de chamar conteúdo.

A bizarrice só aumenta quando os humanos ressurgem no circuito. Famílias dos Dedos da Latinha Pringles e do Incrível

Hulk 3D até se entende, pelo menos dentro do processo, mas canais bem conhecidos com equipes de atores humanos também começam a reproduzir a mesma lógica, dada a necessidade de ganhar *views*. Em algum momento fica impossível determinar o grau de automação em jogo, ou como analisar a brecha entre humano e máquina.

O Bounce Patrol é um grupo de entretenimento infantil de Melbourne que segue a tradição de sensações infantis pré-digitais de seus colegas australianos, os Wiggles. O canal deles no YouTube, o Bounce Patrol Kids, tem quase 2 milhões de assinantes e posta vídeos com produção profissional estrelando sua equipe de atores humanos ao ritmo de mais ou menos um por semana.[10] Mas as produções do Bounce Patrol seguem com fidelidade a lógica inumana da recomendação algorítmica. O resultado é a bizarrice de um grupo de pessoas encenando infinitamente as implicações de uma mistura de palavras-chave geradas por algoritmos: "Coleção Músicas Dia das Bruxas Família dos Dedos Dia das Bruxas & mais Músicas Dia das Bruxas para Crianças Meninos Meninas"; "Música da Família dos Dedos Animais Australianos | Cantigas de Ninar Família dos Dedos"; "Família dos Dedos Animais da Fazenda e mais Canções Bichinhos | Coleção Família dos Dedos — Aprenda Sons dos Animais"; "Música Família dos Dedos Animais Safári | Elefante, Leão, Girafa, Zebra, Hipopótamo! Animais Selvagens para Crianças"; "Família dos Dedos Super-Heróis e mais Músicas Família dos Dedos! Coleção Família dos Dedos Super-Heróis"; "Música Família dos Dedos Batman — Super-Heróis e Vilões! Batman, Coringa, Charada, Mulher-Gato"; e mais e mais e mais. É improvisação à moda antiga, só que as dicas são berradas por um computador que recebe as demandas de 1 bilhão de bebês em hiperatividade. Esta é a produção de conteúdo na era da descoberta algorítmica: mesmo que você seja humano, acaba se passando por máquina.

Já encontramos exemplos bem claros dos resultados perturbadores da automatização total, como as capinhas de celular na Amazon e as camisetas que promovem estupro. Ninguém queria criar capas de celular que mostrassem drogas ou equipamento médico; foi só um resultado probabilístico altamente bizarro. Do mesmo modo, o caso da camisetas "Keep Calm and Rape a Lot" é deprimente — e perturbador —, mas compreensível. Ninguém quis criar uma camiseta dessas; elas simplesmente emparelham uma lista de verbos e pronomes com um gerador de imagens digital, sem verificação. É possível que nenhuma dessas camisetas nem sequer tenha existido fisicamente, nem que tenha sido comprada ou vestida, e assim não se fez mal algum. É significativo, contudo, o fato de que quem cria esses produtos não percebeu nada, tampouco o distribuidor. Eles literalmente não tinham ideia do que faziam.

O que começa a ficar aparente é que a escala e a lógica do sistema são cúmplices nesses resultados, e nos levam a pensar em suas implicações. Esses resultados embarcam os efeitos sociais maiores de exemplos anteriores, tais como os vieses raciais e de gênero em sistemas movidos a big data e inteligência de máquina, do mesmo modo que não têm soluções fáceis nem preferenciais.

Que tal um vídeo com o título "Cantigas de Ninar Cabeças Trocadas Disney Orelhas Trocadas Pernas Trocadas Crianças Aprendem Cores Família dos Dedos 2017"? O título por si só confirma sua procedência automatizada. A origem do tema "Cabeças Trocadas" [*Wrong Heads*] é misteriosa. Mas é fácil imaginar que, assim como a Família dos Dedos, em algum momento existiu uma versão totalmente original e inofensiva que fez com que as crianças rissem até começar a escalar rankings algorítmicos e chegar às listas de salada de palavras. Ali ele se combinaria com Aprenda as Cores, Família dos Dedos, Cantigas de Ninar e todos os outros clichês — não apenas como palavras, mas como imagens, processos e ações — para se misturar nessa montagem em específico.

O vídeo consiste na música da Família dos Dedos rodando sobre a animação em rodízio de cabeças e corpos do personagem do *Aladim* da Disney. De início inocente, mesmo que incongruente, começa a estranheza quando se infiltra uma personagem que não é de *Aladim* — Agnes, a garotinha de *Meu malvado favorito*, da Universal. Agnes é a juíza da cena: quando as cabeças se encaixam, ela comemora; quando não, ela solta enchentes de lágrimas de mentira. Embora o mecanismo seja claro, o resultado é pura tolice: o mínimo de esforço pelo mínimo de sentido.

O criador do vídeo, BABYFUN TV, produziu vários vídeos parecidos e todos funcionam exatamente do mesmo jeito. A personagem Alegria do filme *Divertida Mente*, da Disney, chora durante uma troca de cabeças entre Smurfs e Trolls. A Mulher-Maravilha chora com os X-Men. E segue sem parar. O BABYFUN TV tem 170 assinantes e taxas de *views* muito baixas, mas há milhares e milhares de canais iguais. Os números de *views* no YouTube e outros mega-agregadores de conteúdo não são significativos no abstrato, mas no acúmulo. O mecanismo subjacente do Cabeças Trocadas é evidente, mas o revestimento e a mescla constante de clichês começam a ficar preocupantes para o gosto adulto: uma sensação crescente de algo inumano, do *uncanny valley* entre nós e o sistema que produz esse tipo de conteúdo. Parece um erro, em algum ponto, mais profundo do que o conteúdo na superfície.

Nos vídeos de Cabeças Trocadas da BABYFUN, o mesmo sample, idêntico, digital e tosco, de uma criança chorando aparece em cada vídeo. Embora possamos achar perturbador, é possível — assim como o bebê balbuciando no sol dos Teletubbies — que o som possa dar parte do ritmo ou cadência ou relação com sua experiência de modo que bebês de verdade se atraiam pelo conteúdo. Mas ninguém tomou essa decisão: ela foi deformada e esticada por meio da repetição e recombinação algorítmica de maneiras que ninguém pensou, que ninguém queria que acontecesse. E o que acontece quando a recirculação e a ampliação infinita voltam aos humanos?

O Toy Freaks é um canal do YouTube de fama descomunal — é o 68º na plataforma, com 8,4 milhões de assinantes — que mostra um pai e as duas filhas brincando com muitos dos clichês que já identificamos, seguindo os mesmos princípios do Bounce Patrol: as meninas abrem ovos surpresa e cantam variações sazonais da música da Família dos Dedos. Assim como as cantigas de ninar e aprendendo as cores, o Toy Freaks é especializado em situações de nojeira, como brigas de comida e encher banheiras com insetos de mentira. O canal gerou certa controvérsia, sendo que muitos espectadores acham que os vídeos beiram o abuso e a exploração — se é que não passam do limite —, e citam vídeos de crianças vomitando, sangrando e sentindo dor.[11] O Toy Freaks é um canal certificado pelo YouTube, embora a certificação signifique apenas que ele tem mais de 100 mil assinantes.[12]

O Toy Freaks é praticamente dócil se comparado a seus imitadores. Em uma variação vietnamita chamada Freak Family há uma garotinha que bebe produtos de toalete e se corta com uma navalha.[13] Em outros canais, há crianças que pescam armas automáticas em cores vivas de rios pantanosos. Uma Elsa de *Frozen*, em versão real, se afoga em uma piscina. O Homem-Aranha invade um resort em uma praia tailandesa e ensina as cores por meio de fita adesiva, ao lado de adolescentes de biquíni. Policiais usando cabeças de bebê avantajadas e máscaras de borracha do Coringa aterrorizam clientes de um parque aquático russo. E mais, mais, mais. A amplificação dos clichês em canais populares e com condução humana, como o Toy Freaks, leva à sua repetição infinita pela rede em recombinações cada vez mais excêntricas e mais distorcidas. Mas há uma tensão subjacente de violência e degradação — que não vem, assim se espera, das imaginações de crianças de verdade que amam nojeira.

Existem seções do YouTube, assim como no restante da internet, que hospedam há muito tempo a cultura do desaforo violento, na qual nada é sagrado. O YouTube Poop é uma dessas subculturas, que traz remixes de outros vídeos, em geral inócuos, mas propositalmente ofensivos, dublando programas de TV infantis com falas que usam palavrões e fazem referências a drogas. Costuma ser o primeiro nível de bizarrice que os pais encontram. Um vídeo oficial da Peppa Pig no qual a porquinha vai ao dentista talvez seja um dos mais famosos — embora, estranhamente, o que parece ser o episódio real só está disponível em um canal não oficial. Na linha do tempo oficial, Peppa é devidamente anestesiada por um dentista gentil. Em uma versão que aparece no alto de resultados para "peppa pig dentist", ela é praticamente torturada: seus dentes são arrancados com muito sangue e sons de gritos. Há vários vídeos assustadores com Peppa Pig que tendem à violência e ao medo extremos, como Peppa comendo o pai ou bebendo alvejante. Muitos são obviamente paródias, ou mesmo sátiras de si: aliás, controvérsias anteriores entre eles resultaram em processos por direitos autorais. A intenção deles não é aterrorizar crianças — não exatamente —, mesmo quando conseguem. Mas aterrorizam e desatam uma cadeia de resultados emergentes.

Atribuir a bizarrice e o terror do YouTube simplesmente às ações de trolls e gente com humor negro não cola. No vídeo citado, Peppa passa por uma experiência odontológica horrenda e depois se transforma em uma série de híbridos Homem de Ferro/porco/robô e faz a dança do Aprendendo as Cores. A mobilização em jogo aqui está longe de ser clara: o vídeo começa com uma paródia troll de Peppa, mas depois sincroniza com a repetição automatizada de clichês que já vimos. Não são só os trolls nem só a automatização; não são só atores humanos executando uma lógica algorítmica, ou algoritmos descuidadamente reagindo a motores de recomendação. É uma matriz vasta e quase plenamente oculta de interações entre desejos e recompensas, tecnologias e públicos, clichês e máscaras.

Outros exemplos parecem menos acidentais e mais intencionais. Há toda uma vertente de produção de vídeos que envolve remontagens automatizadas de gravações de video game, reprogramados com super-heróis ou personagens de desenho animado em vez de soldados e gângsteres. O Homem-Aranha quebra as pernas do Anjo da Morte e da Elsa de *Frozen*, depois as enterra até o pescoço. Os Teletubbies — sim, eles de novo — reprisam Grand Theft Auto em perseguições de motocicleta, tiroteios e assalto a banco. Dinossauros, trespassados por sorvetes e pirulitos, destroem cidades. Enfermeiras comem fezes ao som da Música da Família dos Dedos. Nada faz sentido e tudo está errado. Personagens familiares, cantigas tarimbadas, saladas de palavra-chave, automatização total, violência e os piores sonhos infantis se combinam em um canal atrás do outro de conteúdo sem diferenciação, martelados ao ritmo de centenas de vídeos inéditos por semana. Tecnologias baratas e métodos de distribuição baratos a serviço da produção industrializada do pesadelo.

O que leva à criação desses vídeos e quem os cria? Como vamos descobrir? O fato de não haver atores humanos não significa que não há gente envolvida. Animação hoje em dia é algo fácil, e conteúdo digital para crianças é um dos jeitos mais simples de ganhar dinheiro com animação 3D, pois os padrões estéticos são mínimos e a produção independente consegue tirar lucro em escala. Eles utilizam conteúdo existente e facilmente disponível (como moldes de personagem e arquivos de *motion-capture*), e podem ser repetidos e refeitos infinitamente, em geral sem criar sentido, porque os algoritmos não fazem discriminação — nem as crianças. Animações baratas podem ser obra de um pequeno estúdio de meia dúzia de pessoas sem serviço; podem ser imensos depósitos de trabalho escravo, *sweatshops* de produção audiovisual; podem ser produto de uma IA rebelde e burra, um experimento que ficou em uma caixinha por aí mas segue rodando, acumulando milhões de *views*. Se fosse uma potência governamental ou uma rede de pedófilos propositalmente tentando envenenar uma geração — como creem alguns críticos na internet —, não teríamos como saber. Pode ser apenas o que a máquina quer. Levantar a questão na internet faz a pessoa se enfiar em mais uma toca de coelho de conspirações e traumas. É óbvio que a rede é incapaz de se diagnosticar, assim como o sistema é incapaz de moderar suas demandas.

Os vídeos traumatizam as crianças. Elas assistem aos seus personagens prediletos encenando homicídio e estupros.[14] Os pais já relataram uma mudança de comportamento nos filhos depois de assistir a vídeos que assustam. Esses efeitos da rede provocam dano real e provavelmente duradouro. Expor crianças pequenas — algumas bem pequenas — a cenas violentas e perturbadoras é uma forma de abuso. Mas seria um erro tratar essa questão como uma simples lamúria ao estilo "quem vai considerar as criancinhas?". É óbvio que esse conteúdo não é apropriado; é obvio que há agentes malignos por aí; é óbvio que alguns vídeos como esses tinham de ser proibidos. É óbvio também que isso levanta questões de uso devido, apropriação, liberdade de expressão, e assim por diante. Mas, se lermos a situação apenas por essa lente, não daremos conta dos mecanismos empregados, e assim seremos incapazes de pensar em suas implicações totais e na devida resposta.

O que caracteriza muitos dos vídeos estranhos por aí é o nível de terror e violência à mostra. Às vezes são só crianças fazendo coisas nojentas, às vezes é a provocação de um troll; na maior parte do tempo parece mais profundo e mais inconsciente. A internet costuma amplificar e habilitar muitos de nossos desejos latentes — na verdade, parece que é o que ela faz de melhor. Pode-se defender essa tendência pelo lado positivo: o florescer das tecnologias da rede fez com que muitos se percebessem e se expressassem de maneiras que antes não eram possíveis, aumentando sua mobilização individual e liberando formas de identidade e sexualidade que nunca se expressaram com tanta vivacidade e com vozes tão diversas quanto as de hoje. Mas aqui, onde milhões de crianças e adultos brincam por horas, dias, semanas, meses e anos — onde eles revelam, através das atitudes, seus desejos mais vulneráveis a algoritmos predatórios —, essa tendência parece ser opressivamente violenta e destrutiva.

A tiracolo da violência vêm níveis de exploração sem precedente: não das crianças por serem crianças, mas das crianças por serem impotentes. Sistemas de recompensa automatizados como os algoritmos do YouTube precisam da exploração para manter sua renda, codificando os piores aspectos do capitalismo predatório e do livre mercado. Não há controle possível sem que o sistema inteiro venha abaixo. A exploração está codificada nos sistemas que construímos, o que dificulta enxergar, dificulta pensar e explicar, dificulta contrapor e se defender. O que torna tudo mais perturbador é que não estamos em um futuro explorador da ficção científica, com senhores supremos da IA e mão de obra 100% robótica nas fábricas, mas sim explorando na sala de brinquedos, na sala de estar, na casa e no bolso, conduzidos pelos mesmos mecanismos computacionais. E os humanos são humilhados nos dois lados da equação: tanto aqueles que, entorpecidos e aterrorizados, assistem aos vídeos quanto aqueles que, mal pagos ou nem pagos, explorados ou abusados, os criam. Entre eles há corporações, sobretudo automatizadas, que tiram lucro dos dois lados.

Esses vídeos, onde quer que sejam feitos, como quer que venham a ser feitos, e seja lá quais forem suas intenções conscientes, são alimentados por um sistema conscientemente pensado para mostrar vídeos a crianças com o objetivo de lucrar. Os resultados emergentes, gerados inconscientemente, se veem por todos os lados.

Expor crianças a esse tipo de conteúdo é abusivo. Não é a mesma coisa que os efeitos discutíveis, mas indubitavelmente reais, da violência cinematográfica ou dos video games sobre adolescentes, ou os efeitos da pornografia ou imagens extremas sobre mentes jovens. Essas discussões são importantes, mas não é isso que se discute aqui. Quem se arrisca no YouTube são as crianças muito pequenas, de fato desde o nascimento, propositalmente alvos de conteúdo que podem traumatizá-las ou perturbá-las, através de redes vulneráveis a esse tipo de abuso. Não se trata de intenção, mas de um tipo de violência inerente à combinação de sistemas digitais e incentivo capitalista.

O sistema é cúmplice do abuso, e o YouTube e o Google são cúmplices do sistema. A arquitetura que construíram para extrair receita máxima de vídeos online está sendo hackeada por desconhecidos para abusar de crianças — talvez não propositalmente, mas em escala descomunal. Os proprietários dessas plataformas têm responsabilidade absoluta de lidar com isso, assim como têm responsabilidade de lidar com a radicalização de (geralmente) jovens (geralmente homens) via vídeos extremistas — das mais variadas tendências políticas. Até o momento eles não mostraram inclinação nenhuma para tanto, o que é desprezível, mas, infelizmente, não surpreende. Mas a pergunta sobre como eles podem reagir sem desativar os próprios serviços, e muitos dos sistemas que se assemelham a eles, não tem resposta fácil.

Estamos em uma época profundamente sinistra, na qual as estruturas que construímos para ampliar a esfera de nossas comunicações e discursos são usadas contra nós — contra todos nós — de modo sistemático e automatizado. É difícil ter fé na rede quando ela produz horrores como esses. Embora seja tentador tratar os exemplos mais insanos do YouTube como *trollagem* — e um número significativo deve ser —, isso não dá conta do volume de conteúdo que pende para o grotesco. Representa perigos que são muitos e entrelaçados, incluindo o fato de que esses acontecimentos são usados como justificativa para um maior controle sobre a internet, abarcando censura, vigilância e achaques à liberdade de expressão. Com isso, a crise do YouTube infantil reflete a crise cognitiva maior que é produzida por sistemas automatizados, inteligência maquinal fraca, redes sociais e científicas e a cultura em geral — com seu conjunto correspondente de bodes expiatórios fáceis e subestruturas mais nebulosas e emaranhadas.

Nas últimas semanas da eleição de 2016 nos Estados Unidos, a mídia internacional se dirigiu à pequena cidade de Veles, na República da Macedônia. A uma pequena distância da capital, Escópia, Veles é um antigo centro industrial de apenas 44 mil pessoas, mas que atraiu a atenção de altíssimo nível. Nos últimos dias de campanha, até o presidente Obama ficou obcecado pelo local, que veio a se tornar sinônimo de um novo ecossistema midiático no qual, disse ele, "tudo é verdade e nada é verdade".[15]

Em 2012, dois irmãos de Veles montaram um website chamado HealthyFoodHouse.com [Casa da Comida Saudável.com]. Eles encheram o site de dicas de perda de peso e recomendação de remédios alternativos, retirados de qualquer lugar da internet, e ao longo dos anos o site atraiu cada vez mais visitantes. A página deles no Facebook tem 2 milhões de assinantes e 10 milhões chegam ao site todo mês, atraídos, via Google, por matérias com títulos como "Como se livrar das dobrinhas nas costas e ancas em 21 dias" e "Cinco óleos essenciais calmantes para passar no nervo ciático para alívio imediato da dor". Com os visitantes, os ganhos do AdSense começaram a entrar: os irmãos viraram celebridades locais e gastaram o dinheiro em carros esporte e garrafas de champanhe nos bares de Veles.

Outros garotos de Veles seguiram o exemplo, muitos deles largaram o colégio para se dedicar a encher o portfólio crescente de websites com conteúdo plagiado e capcioso. No início de 2016, a mesma meninada descobriu que os consumidores mais vorazes de notícia — de qualquer notícia — eram apoiadores de Trump, que se reuniam em grupos imensos e eram alvos fáceis no Facebook. Assim como os canais sem certificação do YouTube, seus websites eram indistinguíveis — e nem mais nem menos qualificados — que os milhares de sites de notícias alternativos que pululam pela internet em reação à renúncia trumpiana à imprensa convencional. O mais comum é que essas distinções não fizessem diferença: como vimos, todas as fontes parecem iguais nas redes sociais, e manchetes caça-cliques se combinam ao viés de confirmação aplicado a públicos conservadores mais ou menos como algoritmos do YouTube reagem a "Elsa Homem-Aranha Família dos Dedos Aprendem Cores Com Atores". Os cliques repetitivos fazem essas matérias subirem no ranking do próprio Facebook. Adolescentes mais audazes tentaram a mesma coisa com apoiadores de Bernie Sanders e os resultados não impressionaram. "Os apoiadores de Bernie Sanders estão entre os mais espertos que eu já vi", disse um. "Eles não acreditam em nada. Para acreditarem, a postagem tem de ter provas."[16]

Ao longo de poucos meses, manchetes afirmando que Hillary Clinton tinha sido condenada ou que o papa havia declarado apoio a Trump fizeram a riqueza pingar em Veles: mais BMWs surgiram nas ruas e os bares venderam mais champanhe. A imprensa norte-americana, de sua parte, condenou a "imoralidade" e "postura convencida" da juventude macedônia.[17]

Ao fazer isso, ignorou, ou não conseguiu pensar, no histórico e nas complexas inter-relações que alimentaram o estouro de fake news macedônio — e, por sua vez, não entendeu as implicações maiores, sistêmicas, de acontecimentos similares.

Veles já foi conhecida oficialmente como Veles de Tito, quando a cidade pertencia não à República da Macedônia, mas à Iugoslávia. Quando aquele país e suas estruturas vieram abaixo, a Macedônia conseguiu evitar os conflitos mais sangrentos que rasgaram os Estados balcânicos centrais. Em 2001, um acordo com apoio da ONU fez a paz entre o governo de maioria e separatistas de etnia albanesa, e em 2005 o país se inscreveu para se filiar à União Europeia. Mas se deparou com um grande impedimento: uma disputa com sua vizinha ao sul, a Grécia, por causa do nome. Segundo os gregos, o nome Macedônia pertence à província grega de mesmo nome, e eles acusaram os novos macedônios de tentar incorporá-la. A disputa ferveu em fogo baixo por mais de uma década, impedindo a admissão da República à União Europeia e subsequentemente à Otan, afastando-a ainda mais de reformas democráticas.

Frustrados com a falta de avanços, as divisões sociais se aprofundaram e os nacionalismos étnicos se reavivaram. Um dos resultados foi a diretriz do partido governante de "antiquização": a apropriação proposital e até a fabricação de uma história macedônia.[18] Aeroportos, estações ferroviárias e estádios foram rebatizados em homenagem a Alexandre, o Grande, e Filipe da Macedônia — ambos figuras da história grega que têm pouca ligação com a Macedônia eslava —, assim como outros lugares e figuras da Macedônia grega. Áreas imensas de Escópia passaram por terraplenagem e foram reconstruídas em estilo clássico, um programa que custou centenas de milhões de euros em um país com uma das taxas de desemprego mais altas do continente. Agora o centro da cidade tem estátuas imensas que são tratadas oficialmente como o Guerreiro e o Guerreiro a Cavalo — mas que todos conhecem como Filipe e Alexandre. Durante algum tempo, a bandeira oficial do país retratou o Sol de Vergina, um símbolo encontrado na tumba de Filipe em Vergina, no norte da Grécia. Essas e outras apropriações tiveram o apoio da retórica nacionalista, que foi utilizada para reprimir partidos minoritários e centristas. Políticos e historiadores receberam ameaças de morte por defender o consenso com a Grécia.[19] Em resumo, a Macedônia é um país que tentou construir toda a sua identidade com base em fake news.

Em 2015, uma série de vazamentos revelou que o mesmo governo que promovia o programa de antiquização também patrocinou uma megaoperação de escutas nos serviços de segurança do país, que gravou ilegalmente em torno de 670 mil conversas de mais de 20 mil números de telefones durante mais de uma década.[20] Diferentemente dos Estados Unidos, do Reino Unido e de outras democracias que foram pegas escutando seus cidadãos, os vazamentos levaram ao colapso do governo, seguido pela liberação das gravações à população. Jornalistas, parlamentares, ativistas e empregados de ONGs humanitárias receberam CDs contendo horas de suas conversas mais íntimas.[21] Mas, tal como em todo lugar, essas revelações não mudaram nada — simplesmente alimentaram mais paranoia. Gente da direita acusou potências estrangeiras de orquestrar o escândalo, apostando na retórica nacionalista. A confiança no governo e nas instituições democráticas veio abaixo de novo.

Em um clima como esse, surpreende que os jovens de Veles assumam de peito aberto um programa de desinformação, ainda mais quando se tem a recompensa dos mesmos sistemas da modernidade que lhes disseram que é o futuro? As fake news não são produto da internet. Na verdade, são a manipulação de novas tecnologias da parte dos mesmos interesses que sempre buscaram manipular a informação para os seus fins. É a democratização da propaganda política, no fato de que agora cada vez mais atores podem desempenhar o papel de propagandistas. E, ao fim, o amplificador de uma divisão que já existe na sociedade, tal como websites sobre *gang stalking*, amplifica a esquizofrenia. Mas a objetificação de Veles, que ignora o contexto histórico e social que a formou, é sintomática de um fracasso coletivo em compreender os mecanismos que construímos e com os quais nos cercamos — e do fato de que ainda buscamos respostas claras para problemas nebulosos.

Nos meses depois da eleição, outros atores foram acusados de manipulação. O bode expiatório mais famoso era a Rússia, o vilão recorrente para os carrapatos contemporâneos mais escusos, em particular quando eles surgem da internet. Depois dos protestos russos pró-democracia em 2011, organizados sobremaneira através da internet, os aliados de Vladímir Putin ficaram cada vez mais ativos na internet, armando exércitos de fantoches pró-Kremlin nas redes sociais. Uma dessas operações, conhecida como Agência de Pesquisa na Internet, emprega centenas de russos em São Petersburgo, a partir de onde coordenam uma campanha de postagens em blogs, comentários, vídeos virais e infográficos que promovem a linha do Kremlin tanto na Rússia quanto internacionalmente.[22] Essas "fábricas de trolls" são o equivalente eletrônico das campanhas militares da zona cinzenta da Rússia: evasivas, negáveis e propositalmente confusas. Elas também são milhares, em todos os níveis administrativos: um burburinho de fundo constante com desinformação e malignidade.

Tentando apoiar o partido de Putin na Rússia e manchar a reputação de oponentes em países como a Ucrânia, as fazendas de trolls aprenderam que, independentemente de quantos comentários e postagens produzissem, é muito difícil convencer as pessoas a mudar de opinião sobre qualquer assunto que seja. E assim começaram a ir pela segunda melhor opção: anuviar a discussão. Na eleição dos Estados Unidos, trolls russos postaram a favor de Clinton, Sanders, Romney e Trump, assim como as agências de segurança russas parecem ter tido um dedo em vazamentos contra os dois lados. O resultado é que primeiro a internet e depois o discurso político mais amplo ficam maculados e polarizados. Como descreveu um ativista russo: "A função é contaminar, criar uma atmosfera de ódio, deixar a coisa tão fétida que gente normal não vai querer nem chegar perto".[23] Forças não identificadas influenciaram também outras eleições, cada uma delas contaminada com conspiração e paranoia. Na corrida para o referendo da União Europeia no Reino Unido, um quinto do eleitorado acreditava que o voto seria manipulado em conluio com serviços de segurança.[24] Os defensores da saída da UE aconselhavam votantes a levar canetas ao voto, para garantir que votos a lápis não fossem apagados.[25] Logo depois, a atenção se concentrou no trabalho da Cambridge Analytica — empresa de propriedade de Robert Mercer, ex-engenheiro da área de IA, bilionário dos fundos de investimento e o apoiador mais poderoso de Donald Trump. Os funcionários da Cambridge Analytica já descreveram o que fazem como "guerrilha psicológica" — mobilizar um grande volume de dados para mirar e persuadir eleitores. E é claro que a eleição foi manipulada pelos serviços de segurança, do modo que a manipulação costuma acontecer de fato: no conselho administrativo e na equipe da Cambridge Analytica, que "doaram" seus serviços à campanha pela saída da UE, há ex-militares britânicos — em especial o ex-diretor de operações psicológicas das forças britânicas no Afeganistão.[26] Tanto no referendo da UE quanto na eleição dos Estados Unidos, fornecedores das Forças Armadas usaram tecnologias de inteligência militar para influenciar eleições democráticas em seus próprios países.

Carole Cadwalladr, jornalista que repetidamente ressaltou os vínculos entre a campanha do Deixa, a direita dos Estados Unidos e empresas sinistras da área de dados, escreveu:

Tente acompanhar esses casos diariamente e sua cabeça entra em parafuso: uma teia de aranha de inter-relações, redes de poder, patronato e alianças que abrangem o Atlântico e englobam empresas da área de dados, *think tanks* e meios de comunicação. Trata-se de estruturas corporativas complexas em jurisdições obscuras, envolvendo fundos offshore canalizados pelos algoritmos caixa-preta de monopolistas das plataformas. O fato de ser uma coisa tão complicada e tão dispersa geograficamente não é coincidência. A confusão é amiga do charlatão, o ruído é cúmplice. A tagarelice no Twitter é um manto conveniente de trevas.[27]

Tal como na eleição dos Estados Unidos, também se volta a atenção para a Rússia. Pesquisadores descobriram que a Agência de Pesquisa na Internet estava fazendo uma profusão de tuítes sobre o Brexit, de maneira caracteristicamente desarmoniosa. Uma conta que se identificava como "republicano texano", mas suspensa pelo Twitter devido a vínculos com a Agência, tuitou: "Espero que depois do #VoteBrexit a GB faça uma faxina da invasão muçulmana a suas terras!" e "GB votou para sair do futuro Califado Europeu! #VoteBrexit". A mesma conta já havia aparecido nas primeiras páginas dos tabloides quando postou imagens que diziam mostrar uma muçulmana ignorando vítimas de um ataque terrorista em Londres.[28]

Além das 419 contas identificadas como pertencentes à Agência, outras incontáveis eram automatizadas. Outro informe, um ano depois do referendo, encontrou uma rede de mais de 13 mil contas automatizadas tuitando dos dois lados do debate — mas com uma probabilidade oito vezes maior de promover conteúdos pró-Deixa do que pró-Fica.[29] Todas as 13 mil contas foram deletadas pelo Twitter nos meses que se seguiram ao referendo, e sua origem continua desconhecida. Segundo outros informes, um quinto de toda discussão online em torno da eleição de 2016 nos Estados Unidos foi automatizada e a ação dos *bots* mexeu com a opinião pública de modo mensurável.[30] Há algo de podre na democracia quando grandes números dos que participam nas duas discussões não são nem responsabilizados nem detectáveis, quando não temos como saber quem são nem o que são. As motivações e origem são totalmente opacas, mesmo quando seus efeitos sobre a sociedade crescem exponencialmente. Os *bots* já estão por toda parte.

No verão de 2015, o AshleyMadison.com, um website de encontros para casados que buscam casos extraconjugais, foi hackeado e detalhes de 37 milhões de membros vazaram na internet. Escavando vastos bancos de dados de mensagens explícitas entre os usuários do site, ficou claro que para um site que prometia conectar diretamente homens e mulheres — incluindo a garantia de affairs para os membros premium — havia uma enorme discrepância entre os números de cada gênero. Dos 37 milhões de usuários, apenas 5 milhões eram mulheres, e a maioria havia criado uma conta e nunca mais logado. A exceção era um corte altamente ativo de cerca de 70 mil contas femininas que o Ashley Madison chamava de "Anjas". Eram as Anjas que iniciavam o contato com os homens — que tinham de pagar para responder — e mantinham o diálogo ao longo dos meses para fazer com que eles voltassem e pagassem mais. As Anjas, é óbvio, eram totalmente automatizadas.[31] O Ashley Madison pagava a terceiros para criar milhões de perfis falsos em 31 idiomas, construindo um sistema complexo para administrar e lhes dar vida. Houve homens que gastaram milhares de dólares no site — e alguns inclusive acabaram tendo casos. Mas a grande maioria simplesmente passou anos tendo diálogos explícitos e infrutíferos com softwares. Outra abordagem da automatização da distopia: um site de socialização onde é impossível ser social, metade dos participantes está nas sombras e só se pode participar pagando. Os expostos ao sistema não tinham como saber o que estava acontecendo, fora a desconfiança de que podia haver algo de errado. E era impossível tomar uma atitude quanto à desconfiança sem destruir a fantasia em torno da qual se armava todo o empreendimento. O colapso da infraestrutura — o hack — revelou sua falência, mas ela já havia se explicitado no enquadramento tecnológico de um sistema abusivo.

Quando publiquei pesquisas sobre a estranheza e a violência no YouTube infantil, recebi um surto de mensagens e e-mails que diziam saber de onde os vídeos vinham. Alguns haviam passado meses rastreando os proprietários dos websites e endereços IP pela web. Outros haviam feito correlações das locações de vídeos com cenários reais com casos documentados de abuso. Os vídeos vinham da Índia, da Malásia, do Paquistão (sempre vinham de Outro Lugar). Eram ferramentas para maquiar uma quadrilha internacional de pedófilos. Eram produto de uma empresa só. Eram produção de uma IA descontrolada. Eram parte de um plano combinado, internacional e com apoio estatal para corromper a juventude ocidental. Alguns dos e-mails eram de excêntricos, outros de pesquisadores dedicados; todos acreditavam que haviam, de algum modo, decifrado o código. A maioria das avaliações era convincente em relação a certo subgrupo ou aspecto dos vídeos; todos fracassavam plenamente quando se fazia o teste da totalidade do material.

O que é comum à campanha do Brexit, à eleição nos Estados Unidos e às profundezas perturbadoras do YouTube é que, apesar de desconfiança múltipla, ao fim é impossível dizer quem faz o quê, ou quais são as motivações e intenções por trás daquilo. Assistindo a vídeos infinitos no streaming, rodando paredões de postagens e tuítes, é fútil tentar discernir o que é besteira gerada por algoritmos do que é fake news cuidadosamente elaborada para gerar dólares de publicidade;

o que é ficção paranoica, ação estatal, propaganda política ou spam; o que é desinformação proposital ou checagem bem-intencionada. Essa confusão com certeza serve às manipulações de agentes do Kremlin e abusadores de crianças, mas também é mais ampla e mais profunda do que os interesses de um grupo só: é como o mundo realmente é. Ninguém decidiu que era a esse ponto que o mundo devia chegar — ninguém queria a nova idade das trevas —, mas foi o que construímos e é onde teremos de viver.

10.
Cumulus

Em maio de 2013, o Google convidou um grupo seleto, de mais ou menos duzentas pessoas, ao Hotel Grove, em Hertfordshire, Inglaterra, para a sua conferência anual sobre o Zeitgeist. Realizado todos os anos desde 2006 e acompanhado de um evento na "tenda" armada no terreno do hotel, o encontro dura dois dias e é veementemente fechado, e apenas os vídeos de palestrantes selecionados chegam à internet. Ao longo dos anos, o congresso trouxe palestras de ex-presidentes dos Estados Unidos, da realeza e de pop stars, e a lista de convidados de 2013 incluiu vários chefes de Estado e ministros, CEOs de grandes empresas europeias e o ex-comandante das Forças Armadas britânicas, ao lado de diretores do Google e palestrantes motivacionais. Muitos dos participantes, incluindo o próprio CEO do Google, Eric Schmidt, retornariam ao mesmo hotel um mês depois para o encontro anual, e ainda mais sigiloso, do Grupo Bilderberg, junto à elite política global.[1] Entre os tópicos de 2013 estavam "Como tomar atitude hoje", "Nosso legado", "Coragem em um mundo conectado" e "O princípio do prazer", com uma sucessão de palestras que incitam alguns dos mais poderosos do planeta a apoiar iniciativas benemerentes e buscar a própria felicidade.

O próprio Schmidt abriu a conferência com um panegírico ao poder emancipador da tecnologia:

Acredito que estamos perdendo algo talvez devido ao modo como nossa política funciona, talvez devido ao modo como nossa mídia funciona. Não somos otimistas o bastante [...] a natureza da inovação, as coisas que estão acontecendo tanto no Google quanto no planeta são bastante positivas para a humanidade, e devíamos ser mais otimistas quanto ao que acontecerá daqui para a frente.[2]

Na sessão de discussões que se seguiu, em resposta a uma pergunta que sugeria que o *1984* de George Orwell era o contra-exemplo desse pensamento utópico, Schmidt citou a difusão dos celulares — em especial das câmeras de celular — para ilustrar como a tecnologia melhorou o mundo.

É muito, muito difícil implantar o mal sistêmico hoje, em uma era de internet. Vou dar um exemplo. Tivemos Ruanda. Ruanda, em 1994, passou por um terrível... basicamente um genocídio. Foram 750 mil pessoas mortas durante um período de quatro meses, mortas a machete, um jeito horrendo, horrendo de matar. Exigia planejamento. As pessoas tinham de anotar o que iam fazer. Quando penso em 1994, se todo mundo tivesse um smartphone, isso não aconteceria de jeito nenhum; aquela gente teria como notar o que se passava. Os planos teriam vazado. Alguém ia ter sacado, alguém ia ter reagido e impedido a carnificina.[3]

A visão de mundo de Schmidt — e do Google — é totalmente embasada na crença de que tornar algo visível melhora esse algo, e que a tecnologia é uma ferramenta para dar visibilidade a tudo. Essa perspectiva, que veio a dominar o mundo, não está só fundamentalmente errada; ela é efetivamente perigosa, tanto no sentido global quanto na condição específica que Schmidt afirma.

O amplo espectro da informação que os criadores de políticas globais possuíam — em especial os Estados Unidos, mas também as ex-potências coloniais na região, Bélgica e França —, tanto nos meses quanto nas semanas que precederam o genocídio de Ruanda, e enquanto ele ocorria, já foi documentado profusamente.[4] Diversos países tinham embaixadas e equipes em solo, assim como ONGs, enquanto a ONU, departamentos de Exterior e de Estado, grupos militares e de inteligência monitoravam a situação e retiraram algumas pessoas em reação à crise galopante. A Agência de Segurança Nacional dos Estados Unidos ouviu e gravou os programas de rádio, hoje infames, que convocavam a "guerra final" para "exterminar as baratas" (o general Roméo Dallaire, comandante da força de paz da ONU em Ruanda na época do genocídio, comentou posteriormente que "a simples interferência [nas] transmissões, substituindo-as por mensagens de paz e reconciliação, teria impacto significativo no rumo dos fatos").[5] Os Estados Unidos negaram durante anos que tinham prova direta das atrocidades enquanto ocorriam, mas no julgamento de um *genocidaire* ruandês em 2012, a acusação inesperadamente trouxe fotos de satélite de alta resolução tiradas sobre o país em maio, junho e julho de 1994, ao longo dos ditos "cem dias de genocídio".[6] As imagens — retiradas de um tesouro maior confidencial do Escritório Nacional de Reconhecimento e da Agência Nacional de Inteligência Geoespacial — retratavam bloqueios de estrada, prédios destruídos, covas coletivas e até corpos caídos nas ruas de Butare, a antiga capital.[7]

A situação se repetiu nos Bálcãs em 1995, quando operativos da CIA assistiram ao massacre de aproximadamente 8 mil homens e meninos muçulmanos em Srebrenica a partir de sua sala de guerra em Viena, via satélite.[8] Dias depois, fotografias de um avião-espião U-2 mostraram os montículos recém-escavados de covas coletivas: provas que só foram mostradas ao presidente Clinton um mês depois.[9] Mas não se pode culpar a inércia institucional, pois o tipo de produção e difusão de imagens a que Schmidt faz apelo já se cumpriu. Hoje, imagens de satélite de covas coletivas não são mais restritas a agências militares e de inteligência estatal. As imagens de antes e depois das trincheiras tomadas de assassinados, tais como as da área na Mesquita de Daraya, ao sul de Damasco, em 2013, estão no Google Maps.[10]

Em todos esses casos, a vigilância se revela um empreendimento retroativo, incapaz de agir sobre o presente e totalmente subserviente aos interesses formados e plenamente comprometidos do poder. O que faltou em Ruanda e Srebrenica não foi a evidência de uma atrocidade, mas a disposição de agir diante do que acontecia. Como comentou um informe investigativo sobre as mortes em Ruanda: "Todo fracasso de estimar por completo o genocídio derivou de faltas políticas, morais e de imaginação, não de informação".[11] Parece o arremate de um livro, condenando nossa capacidade de ignorar ou buscar mais informação bruta, quando o problema não está em nosso saber, mas em nosso fazer.

Essa denúncia do poder reduzido da imagem não devia, contudo, ser vista como apoio à posição de Schmidt de que mais imagens ou mais informação, tenham ou não sido geradas de forma democrática ou distribuída, teriam ajudado. Já se demonstrou repetidas vezes que a exata tecnologia em que Schmidt insiste como contraponto ao mal sistêmico, o smartphone, amplifica a violência e expõe indivíduos a suas ruínas. Depois do controverso resultado eleitoral no Quênia em 2007, o espaço das emissoras de rádio de Ruanda foi tomado pelo celular e o turbilhão de violência foi alimentado por mensagens de texto que circularam entre grupos étnicos dos dois lados da carnificina. Mais de mil indivíduos foram mortos. Um exemplo muito compartilhado incitava as pessoas a fazer e enviar listas de seus inimigos:

Não deixaremos que se derrame mais sangue quicuio inocente. Vamos massacrá-los aqui mesmo, na capital. Em nome
da justiça, faça uma lista de luos e kalus que você conhece
no trabalho ou em suas propriedades, ou em outro ponto de
Nairóbi, e onde e como seus filhos vão para o colégio. Passa-
remos números para que você envie essa informação.[12]

O problema das mensagens de ódio foi tão intenso que o governo tentou circular suas próprias mensagens de paz e reconciliação, e ONGs humanitárias culparam o ciclo agravado de
violência diretamente à retórica crescente dentro das comunidades fechadas, inacessíveis, criadas pelos celulares. Estudos
subsequentes descobriram que, em todo o continente, mesmo
quando se levam em conta a desigualdade de renda, a fragmen-
tação étnica e a geografia, o aumento da cobertura de celular
está associado a níveis de violência mais altos.[13]

Nada disso serve para argumentar que o satélite ou o smartphone em si geram violência. Na verdade, é a crença acrítica e
acéfala em sua utilidade amoral que perpetua nossa incapacidade de repensar como lidamos com o mundo. Cada afirmação
que não se debate quanto à bondade neutra da tecnologia apoia
e sustenta o status quo. A frase sobre Ruanda não se sustenta —
na verdade, vale o inverso, e Schmidt, um dos facilitadores mais
poderosos da expansão digital à base de dados, tendo uma mul-
tidão de empresas globais e líderes de governos em sua plateia,
não está apenas errado, mas perigosamente errado.

Informação e violência estão conectadas de modo pleno e
inextricável, e a armamentização da informação é acelerada por
tecnologias que supostamente garantem o controle do mundo.
A associação histórica entre Forças Armadas, governo e interesses corporativos, por um lado, e o desenvolvimento de novas
tecnologias, por outro, deixa isso claro. Veem-se os efeitos por
todo lado. Ainda assim continuamos a dar valor desmesurado

à informação que nos trava em ciclos repetitivos de violência, destruição e morte. Dado nosso longo histórico de fazer exatamente a mesma coisa com outras commodities, essa percepção não devia e não pode ser relevada.

A expressão "os dados são o novo petróleo" aparentemente foi cunhada em 2006 por Clive Humby, o matemático e arquiteto britânico do Clubcard Tesco, um programa de milhagem de supermercado.[14] Desde então, ela foi repetida e amplificada, primeiro por marqueteiros, depois por empreendedores, e por fim por capitães da indústria e legisladores. Em maio de 2017, a *Economist* dedicou uma edição inteira à ideia, declarando que "smartphones e a internet geraram a abundância de dados, ubíqua e muito mais valiosa. [...] Ao reunir mais dados, uma empresa tem maior escopo para melhorar seus produtos, o que atrai mais usuários, gerando ainda mais dados e assim por diante".[15] O presidente e CEO da Mastercard contou a uma plateia da Arábia Saudita, o maior produtor mundial de petróleo de verdade, que esses dados podiam ser tão eficientes quanto petróleo cru como meio de gerar riqueza (ele também disse que eram um "bem público").[16] Em discussões do Parlamento britânico sobre a saída da União Europeia, as qualidades untuosas do petróleo foram citadas por parlamentares de esquerda e direita.[17] Mas poucas dessas frases tratam das implicações que há em depender desse material venenoso a longo prazo, de forma sistêmica e global, ou as circunstâncias suspeitas de sua extração.

Na formulação original de Humby, os dados se assemelhavam a petróleo porque "são valiosos, mas sem refino não há como usar. Eles têm de virar gasolina, plástico, produtos químicos etc. para criar uma entidade de valor que conduz a uma atividade rentável; ou seja, os dados têm de ser decompostos, analisados quanto ao que têm de valor".[18] A ênfase no trabalho que se exige para tornar uma informação útil se perdeu com os anos, com o auxílio do poder de processamento e com a inteligência de máquina, e foi substituída por especulação pura. No processo de simplificação, as ramificações históricas da analogia, assim como seus perigos atuais e suas repercussões de longo prazo, foram esquecidos.

Nossa sede por dados, assim como nossa sede por petróleo, é historicamente imperialista e colonialista, e muito vinculada às redes capitalistas de exploração. Os impérios mais bem-sucedidos sempre se promulgaram através da visibilidade seletiva: a de subalternos ao centro. Usam-se dados para mapear e classificar o súdito da intenção imperialista, tais como os súditos dos impérios foram obrigados a se registrar e se nomear conforme os *diktats* de seus mestres.[19] Os mesmos impérios primeiro ocuparam, depois exploraram as reservas naturais de suas posses, e as redes que criaram perduram nas infraestruturas digitais dos dias de hoje: a autoestrada da informação segue as redes dos cabos de telégrafo que se ergueram para controlar antigos impérios. Enquanto as rotas de dados mais rápidas da África Ocidental ao resto do mundo ainda passam por Londres, a multinacional britânica-holandesa Shell continua a explorar o petróleo no delta do Níger. Os cabos submarinos que circundam a América do Sul são de propriedade de empresas com base em Madri, enquanto países de lá ainda lutam para ter o controle sobre os lucros com seu petróleo. As conexões de fibra óptica canalizam transações financeiras através de territórios além-mar silenciosamente retidos por períodos de descolonização. O império rescindiu o território, na maior parte, mas prossegue sua atividade imperial no nível da infraestrutura, mantendo seu poder na forma da rede. Regimes movidos a dados repetem as políticas racistas, sexistas e opressoras de seus antecedentes porque esses vieses e atitudes foram codificados neles na raiz.

No momento atual, a extração, o refino e uso de dados/petróleo poluem a terra e o ar. Eles vazam. Eles se infiltram em tudo. Entram nos lençóis freáticos de nossas relações sociais e os envenenam. Reforçam o pensamento computacional sobre nós, conduzem às divisões profundas na sociedade causadas pela classificação ilegítima, pelo fundamentalismo e pelo populismo, e aceleram a desigualdade. Sustentam e alimentam relações de poder desiguais: na maioria de nossas interações com o poder, os dados não são algo que se dê de graça, mas que se extrai à força — ou que é impulsionado em momentos de pânico, como um choco nervoso tentando se encobrir de um predador.

A capacidade que políticos, legisladores e tecnocratas têm de conversar de modo favorável sobre dados/petróleo deveria chocar, em vista do que sabemos sobre mudança climática — se já não fôssemos tão indiferentes à hipocrisia dessa classe. Esses dados/petróleo continuarão nocivos quando já não estivermos aqui: levará séculos para dissipar a dívida que já se acumulou, e ainda não chegamos perto de sentir seus piores e inevitáveis efeitos.

Em um aspecto-chave, contudo, até um relato realista sobre dados/petróleo é insuficiente em seu poder de analogia, pois pode nos dar falsas esperanças de uma transferência pacífica a uma economia sem informação. O petróleo é, apesar de tudo, definido por seu esgotamento. Já estamos nos aproximando do pico do petróleo, e embora todo choque de abastecimento nos leve a envolver e explorar um território novo ou uma tecnologia aniquiladora — prejudicando mais o planeta e a nós mesmos —, os poços vão secar. O mesmo não se pode dizer da informação, apesar do *fracking* louco que parece acontecer enquanto agências de inteligência registram cada e--mail, cada clique no mouse, cada movimento de cada celular. Embora o ápice do conhecimento esteja mais próximo do que pensamos, a exploração da informação bruta pode prosseguir por tempo indefinido, assim como o prejuízo que causa a nós e à nossa capacidade de consideração com o mundo.

Nisso, a informação lembra mais o poder atômico do que o petróleo: um recurso efetivamente ilimitado que ainda contém um imenso poder destrutivo, e que está mais explicitamente conectado ao petróleo do que a um histórico de violência. A informação atômica pode, contudo, nos obrigar a confrontar questões existenciais sobre o tempo e o contágio de maneiras que a petrocultura, que borbulha há séculos, em geral conseguiu evitar.

Já acompanhamos o modo como o pensamento computacional, que evoluiu com ajuda das máquinas, foi desenvolvido para construir a bomba atômica, e como a arquitetura do processamento e das redes contemporâneas foi forjada no cadinho do Projeto Manhattan. Também vimos como os dados vazam e saem pelas rachaduras: as incursões críticas e reações em cadeia que levam a catástrofes de privacidade e à nuvem cogumelo rizomática. Essas analogias não são mera especulação: são os efeitos inerentes e totalizantes de nossas opções sociais e de engenharia.

Assim como passamos 45 anos travados em uma Guerra Fria perpetuada pelo espectro da destruição mutuamente garantida, hoje nos vemos em um beco sem saída intelectual e ontológico. O método primário que temos para avaliar o mundo — mais dados — não vem dando certo. Ele não consegue levar em conta os sistemas complexos e humanos, e seu fracasso está se tornando óbvio — no mínimo porque construímos um sistema de compartilhamento de informação vasto, que recobre todo o planeta para torná-lo óbvio para nós. A catástrofe de privacidade, mutuamente garantida através da vigilância estatal e do ativismo de contravigilância movido a vazamentos, é um exemplo de seu fracasso, assim como o desnorteamento provocado pela sobrecarga de informação em tempo real que vem da própria vigilância. Assim como a crise de descobertas na indústria farmacêutica, onde bilhões de dólares em computação dão um retorno exponencial de menos avanços nas drogas. Mas talvez o aspecto mais óbvio seja o de que, apesar do volume de informação que existe online — a pluralidade de visões moderadas e explicações alternativas —, as teorias da conspiração e o fundamentalismo não apenas sobrevivem, mas proliferam. Assim como na era nuclear, aprendemos a lição errada. Olhamos para a nuvem de cogumelo, vemos todo o seu poder e adentramos a corrida armamentista mais uma vez.

Mas o que devíamos ver é a rede em si, em toda a sua complexidade. A rede é apenas a última, mas com certeza mais avançada das ferramentas de introspecção em escala civilizatória que nossa espécie já construiu. Lidar com a rede é lidar com uma biblioteca borgiana infinita e com todas as contradições a ela inerentes: uma biblioteca que não converge e continuamente se recusa à coerência. Nossas categorias, sumários e autoridades não são mais apenas insuficientes; são literalmente incoerentes. Como H.P. Lovecraft comentou em seu prenúncio da nova idade das trevas, nossos modos atuais de pensar o mundo não conseguem sobreviver à sua totalidade de informação pura mais do que temos como sobreviver à exposição a um núcleo atômico.

A "Câmara Negra", precursora da Agência de Segurança Nacional dos Estados Unidos, foi criada como primeira organização de criptoanálise do país em tempos de paz, em 1919, dedicando-se à decodificação, ao refino e à combustão da informação em nome do poder. Seu análogo físico foi construído por Enrico Fermi sob as arquibancadas do Estádio Stagg de Chicago, em 1942, com 45 mil blocos de grafite negro, usado para revestir a primeira reação nuclear artificial do mundo. Assim como o planalto secreto de Los Alamos tem seu equivalente contemporâneo nos *data centers* da NSA em construção no deserto do Utah, a câmara negra é reificada hoje tanto no vidro opaco e no aço do quartel-general da NSA em Fort Meade,

Pilha exponencial precursora da Pilha Chicago-1, 1942.

Maryland, quanto nas prateleiras infinitas e inescrutáveis de servidores do Google, do Facebook, da Amazon, da Palantir, do Lawrence Livermore, do Sunway TaihuLight e do National Defense Management Center.

As duas câmaras, a de Fermi e a da NSA, representam contatos com duas aniquilações — uma do corpo e uma da mente, mas ambas do self. Ambas são análogas da busca infinitamente aniquiladora do conhecimento cada vez mais granulada, à custa do reconhecimento do que é incognoscível. Construímos a civilização moderna com base na dialética de que mais informação leva a decisões melhores, mas nossa engenharia já alcançou nossa filosofia. A romancista e ativista Arundhati Roy, escrevendo por ocasião da primeira bomba nuclear detonada na Índia, chamou-a de "fim da imaginação" — e, mais uma vez, essa revelação se torna literal em nossas tecnologias de informação.[20]

Em resposta ao fim da imaginação, inegavelmente visível não só na nuvem cogumelo que se assoma, mas na longevidade inumana das meias-vidas atômicas que ainda continuarão irradiando muito depois de a própria humanidade perecer, recorremos ao mito e ao silêncio. Propostas apresentadas para fazer armazenagens de dejetos de longo prazo nos Estados Unidos incluem esculturas com formas tão terríveis que outras espécies vão identificar sua localização como algo maligno. Uma formulação verbal compilada para acompanhá-la afirma: "Este lugar não é um local de honra. Aqui não se comemora nenhum feito de alta estima. Aqui não há nada de valor".[21] Outra proposta da Força-Tarefa de Interferência a Humanos, agregada pelo Departamento de Energia nos anos 1980, sugeriu a procriação de "gatos radioativos", que mudariam de cor quando expostos a emissões radioativas e serviriam de indicadores vivos dos perigos, a ser acompanhados por obras de arte e fábulas que transmitiriam a importância dessa transformação ao longo dos tempos da cultura.[22] O repositório de combustível nuclear irradiado de Onkalo, escavado no leito de rocha sob a Finlândia, apresentou outro plano: assim que finalizado, ele será simplesmente apagado do mapa, tendo sua localização ocultada e eventualmente esquecida.[23]

A perspectiva atômica da informação apresenta, por fim, uma concepção tão cataclísmica do futuro que nos obriga a insistir no presente como o único domínio de ação. Em contraste e em oposição aos relatos niilistas de pecados originais e das imaginações distópicas/utópicas do futuro, um ramo do ativismo ambiental e atômico propõe a ideia de custódia.[24] A custódia consiste em assumir responsabilidade total pelos produtos tóxicos da cultura atômica, mesmo e especialmente quando foram criados para o nosso benefício ostensivo. Sua base está nos princípios de causar o menor dano no presente e de nossa responsabilidade com gerações futuras — mas não supõe que podemos conhecer ou controlar essas gerações. Assim, a custódia pede mudança, enquanto assume a responsabilidade pelo que já criamos, insistindo que o sepultamento profundo de materiais radioativos exclui tais possibilidades e gera o risco de contaminação disseminada. Nisso, ela se alinha com a nova idade das trevas: um lugar onde o futuro é radicalmente incerto e o passado irrevogavelmente contestado, mas onde ainda somos capazes de falar de forma direta com o que está à nossa frente, de pensar com clareza e de agir com justiça. A custódia insiste que esses princípios exigem um compromisso moral que está além das capacidades do puro pensamento computacional, mas possível e totalmente apropriado à nossa trevosa realidade.

Por fim, qualquer estratégia para viver na nova idade das trevas depende da atenção ao aqui e agora, e não às promessas ilusórias de previsão, vigilância, ideologia e representação computacionais. O presente sempre está onde vivemos e pensamos, posicionado entre uma história opressora e um futuro incognoscível. As tecnologias que informam e moldam nossas percepções presentes da realidade não vão sumir, e em muitos casos nem devíamos querer que elas sumam. Nossos sistemas atuais de manutenção da vida em um planeta de 7,5 bilhões dependem delas. Nosso entendimento desses sistemas e de suas ramificações, e as opções conscientes que fazemos em seu projeto, no aqui e agora, continuam plenamente condizentes com nossas capacidades. Não somos impotentes, não ficamos sem devir e não somos limitados pelas trevas. Só temos de pensar, e pensar de novo, e continuar pensando. A rede — nós, nossas máquinas e as coisas que pensamos e descobrimos juntos — exige.

Notas

1. Cova [pp. 9-25]

1. "A nuvem do não saber", anônimo, século XIV.
2. "A ciência não basta, a religião não basta, a arte não basta, nem a política e a economia, nem o amor, nem o dever, nem a ação, por mais desinteressada, nem, ainda que sublime, a contemplação. Nada basta, fora tudo." Aldous Huxley, *Island* (Nova York: Harper & Brothers, 1962). [Ed. bras.: *A ilha*. Trad. de Bruno Gambarotto. Rio de Janeiro: Biblioteca Azul, 2017.]
3. H.P. Lovecraft, "O chamado de Cthulhu". *Weird Tales*, fev. 1926.
4. Rebecca Solnit, "Woolf's Darkness: Embracing the Inexplicable", *New Yorker*, 24 abr. 2014, newyorker.com.
5. Donna Haraway, "Anthropocene, Capitalocene, Chthulucene: Staying with the Trouble" (palestra, congresso "Anthropocene: Arts of Living on a Damaged Planet", UC Santa Cruz, 9 maio 2014), opentranscripts.org.
6. Virginia Woolf, *Three Guineas*. Nova York: Harvest, 1966. [Ed. bras.: *Três guinéus*. Trad. de Tomaz Tadeu. Belo Horizonte: Autêntica, 2019.]

2. Computação [pp. 26-57]

1. John Ruskin, *The Storm-Cloud of the Nineteenth Century: Two Lectures Delivered at the London Institution February 4th and 11th, 1884*. Londres: George Allen, 1884.
2. Ibid.
3. Ibid.
4. Alexander Graham Belll, em carta a seu pai Alexander Melville Bell com data de 26 de fevereiro de 1880, citado em Robert V. Bruce, *Bell: Alexander Graham Bell and he Conquest of Solitude* (Ithaca, NY: Cornell University Press, 1990).
5. "The Photophone", *New York Times*, 30 ago. 1880.
6. Oliver M. Ashford, *Prophet or Professor? The Life and Works of Lewis Fry Richardson*. Londres: Adam Hilger Ltd., 1985.
7. Lewis Fry Richardson, *Weather Prediction by Numerical Process*. Cambridge: Cambridge University Press, 1922.
8. Ibid.
9. Vannevar Bush, "As We May Think", *Atlantic*, jul. 1945. [Ed. bras.: "Como podemos pensar". Trad. de Luana Villac. Disponível em: <http://www.scielo.br/pdf/rlpf/v14n1/02.pdf>. Acesso em: 2 ago. 2019.]

10. Ibid.
11. Ibid.
12. Ibid.
13. Vladímir K. Zworykin, *Outline of Weather Proposal*, Princeton, NJ: RCA Laboratories, out. 1945, meteohistory.org.
14. Citado em Freeman Dyson, *Infinite in All Directions*. Nova York: Harper & Row, 1988.
15. "Weather to Order", *New York Times*, 1 fev. 1947.
16. John von Neumann, "Can We Survive Technology?", *Fortune*, jun. 1955.
17. Peter Lynch, *The Emergence of Numerical Weather Prediction: Richardson's Dream*. Cambridge: Cambridge University Press, 2006.
18. "50 Years of Army Computing: From ENIAC to MSRC", Army Research Laboratory, Adelphi, MD, nov. 1996.
19. George W. Platzman, "The ENIAC Computations of 1950 — Gateway to Numerical Weather Prediction", *Bulletin of the American Meteorological Society*, abr. 1979.
20. Emerson W. Pugh, *Building IBM: Shaping an Industry and Its Technology*. Cambridge, MA: MIT Press, 1955.
21. Herbert R. J. Grosch, *Computer: Bit Slices from A Life*. Londres: Third Millennium Books, 1991.
22. George Dyson, *Turing's Cathedral: The Origins of the Digital Universe*. Nova York: Penguin Random House, 2012.
23. IBM Corporation, "Sage: The First National Air Defense Network", IBM History, ibm.com.
24. Gary Anthes, "Sabre Timeline", *Computerworld*, 21 maio 2014, computerworld.com.
25. "Flightradar24.com Blocked Aircraft Plane List", Radarspotters, fórum online, radarspotters.eu.
26. Federal Aviation Administration, "Statement by The President Regarding The United States' Decision To Stop Degrading Global Positioning System Accuracy", 1 maio 2000, faa.gov.
27. David Hambling, "Ships Fooled in GPS Spoofing Attack Suggest Russian Cyberweapon", *New Scientist*, 10 ago. 2017, newscientist.com.
28. Kevin Rothrock, "The Kremlin Eats GPS for Breakfast", *Moscow Times*, 21 out. 2016, themoscowtimes.com.
29. Chaim Gartenberg, "This Pokémon Go GPS Hack Is the Most Impressive Yet", *Verge*, Circuit Breaker, 28 jul. 2016, theverge.com.
30. Rob Kitchin; Martin Dodge, *Code/Space: Software and Everyday Life*. Cambridge, MA: MIT Press, 2011.
31. Brad Stone, "Amazon Erases Orwell Books From Kindle", *New York Times*, 17 jul. 2009, nytimes.com.

32. R. Stuart Geiger, "The Lives of Bots". In: Geert Lovink; Nathaniel Tkaz (Orgs.), *Critical Point of View: A Wikipedia Reader*. Institute of Network Cultures, 2011, networkcultures.org.

33. Kathleen Mosier et al., "Automation Bias: Decision Making and Performance in High-Tech Cockpits", *International Journal of Aviation Psychology*, vol. 8, n. 1, 1997, pp. 47-63.

34. "CVR Transcript, Korean Air Flight 007, 31 Aug 1983", Aviation Safety Network, aviation-safety.net.

35. K. L. Mosier; E. A. Palmer; A. Degani, "Electronic Checklists: Implications for Decision Making", Anais do 36º Encontro Anual da Human Factors Society, Atlanta, GA, 1992.

36. "GPS Tracking Disaster: Japanese Tourists Drive Straight into the Pacific", *ABC News*, 16 mar. 2012, abcnews.go.com.

37. "Women Trust GPS, Drive SUV into Mercer Slough", *Seattle Times*, 15 jun. 2011, seattletimes.com.

38. Greg Milner, "Death by GPS", *Ars Technica*, 3 jun. 2016, arstechnica.com.

39. S. T. Fiske; S. E. Taylor, *Social Cognition: From Brains to Culture*. Londres: Sage, 1994.

40. Lewis Fry Richardson, citado em Ashford, op. cit.

41. Id., "The Problem of Contiguity: An Appendix to Statistics of Deadly Quarrels". In: Id., *General Systems: Yearbook of the Society for the Advancement of General Systems Theory*. Ann Arbor, MI: The Society for General Systems Research, 1961, pp. 139-87.

3. Clima [pp. 58-90]

1. "Trembling Tundra — The Latest Weird Phenomenon in Siberia's Land of Craters", *Siberian Times*, 20 jul. 2016, siberiantimes.com.

2. US Geological Survey, "Assessment of Undiscovered Oil and Gas in the Arctic", USGS, 2009, energy.usgs.gov.

3. "40 Now Hospitalised after Anthrax Outbreak in Yamal, More than Half Are Children", *Siberian Times*, 30 jul. 2016, siberiantimes.com.

4. Roni Horn, "Weather Reports You", Artangel, website oficial, 15 fev. 2017, artangel.org.uk.

5. "Immigrants Warmly Welcomed", *Al Jazeera*, 4 jul. 2006, aljazeera.com.

6. Food and Agriculture Organization of the United Nations, "Crop biodiversity: Use It or Lose It", FAO, 2010, fao.org.

7. "Banking against Doomsday", *Economist*, 10 mar. 2012, economist.com.

8. Somini Sengupta, "How a Seed Bank, Almost Lost in Syria's War, Could Help Feed a Warming Planet", *New York Times*, 12 out. 2017, nytimes.com.

9. Damian Carrington, "Arctic stronghold of world's seeds flooded after permafrost melts", *Guardian*, 19 maio 2017, theguardian.com.

10. Alex Randall, "Syria and Climate Change: Did the Media Get It Right?", Climate and Migration Coalition, climatemigration.atavist.com.

11. Jonas Salomonsen, "Climate Change Is Destroying Greenland's Earliest History", *ScienceNordic*, 10 abr. 2015, sciencenordic.com.

12. J. Hollesen; H. Matthiesen; A. B. Møller; B. Elberling, "Permafrost Thawing in Organic Arctic Soils Accelerated by Ground Heat Production", *Nature Climate Change*, vol. 5, n. 6, pp. 574-8, 2015.

13. Elizabeth Kolbert, "A Song of Ice", *New Yorker*, 24 out. 2016, newyorker.com.

14. Council for Science and Technology, "A National Infrastructure for the 21st century", 2009, cst.gov.uk.

15. AEA, "Adapting the ICT Sector to the Impacts of Climate Change", 2010, gov.uk.

16. Council for Science and Technology, "A National Infrastructure for the 21st century".

17. AEA, "Adapting the ICT Sector to the Impacts of Climate Change".

18. Tom Bawden, "Global Warming: Data Centres to Consume Three Times as Much Energy in Next Decade, Experts Warn", *Independent*, 23 jan. 2016, independent.co.uk.

19. Institute of Energy Economics, "Japan Long-Term Energy Outlook — A Projection up to 2030 under Environmental Constraints and Changing Energy Markets", Japão, 2006, eneken.ieej.or.jp.

20. Eric Holthaus, "Bitcoin Could Cost Us Our Clean-Energy Future", *Grist*, 5 dez. 2017, grist.org.

21. Digital Power Group, "The Cloud Begins with Coal — Big Data, Big Networks, Big Infrastructure, and Big Power", 2013, tech-pundit.com.

22. Bawden, "Global warming".

23. Alice Ross, "Severe Turbulence on Aeroflot Flight to Bangkok Leaves 27 People Injured", *Guardian*, 1 maio 2017, theguardian.com.

24. Anna Ledovskikh, "Accident on Board of Plane Moscow to Bangkok", vídeo no YouTube, 1 maio 2017.

25. Aeroflot, "Doctors Confirm No Passengers Are In Serious Condition After Flight Hits Unexpected Turbulence", 1 maio 2017, aeroflot.ru.

26. M. Kumar, "Passengers, Crew Injured Due to Turbulence on MAS Flight", *Star of Malaysia*, 5 jun. 2016, thestar.com.my.

27. Henry McDonald, "Passenger Jet Makes Emergency Landing in Ireland with 16 Injured", *Guardian*, 31 ago. 2016, theguardian.com.

28. National Transportation Safety Board, "NTSB Identification: DCA98MA015", ntsb.gov.

29. Federal Aviation Administration, FAA Advisory Circular 120-88A, 2006.

30. Paul D. Williams; Manoj M. Joshi, "Intensification of Winter Transatlantic Aviation Turbulence in Response to Climate Change", *Nature Climate Change*, vol. 3, n. 7, pp. 644-8, 2013.

31. Wolfgang Tillmans, *Concorde*. Colônia: Walther Konig Books, 1997.
32. William B. Gail, "A New Dark Age Looms", *New York Times*, 19 abr. 2016, nytimes.com.
33. Joseph G. Allen et al., "Associations of Cognitive Function Scores with Carbon Dioxide, Ventilation, and Volatile Organic Compound Exposures in Office Workers: A Controlled Exposure Study of Green and Conventional Office Environments", *Environmental Health Perspectives*, vol. 124, n. 6, pp. 805-12, jun. 2016.
34. Usha Satish et al., "Is CO_2 an Indoor Pollutant? Direct Effects of Low-to--Moderate CO_2 Concentrations on Human Decision-Making Performance", *Environmental Health Perspectives*, vol. 120, n. 12, pp. 1671-7, dez. 2012.

4. Cálculo [pp. 91-119]

1. William Gibson, em entrevista a David Wallace-Wells, "William Gibson, The Art of Fiction No. 211", *Paris Review*, n. 197 (verão de 2011).
2. Tim Berners-Lee, "How the World Wide Web Just Happened", Do Lectures, 2010, thedolectures.com.
3. "Cramming More Components onto Integrated Circuits", *Electronics*, vol. 38, n. 8, 19 abr. 1965.
4. "Moore's Law at 40", *Economist*, 23 mar. 2005, economist.com.
5. Chris Anderson, "End of Theory", *Wired Magazine*, 23 jun. 2008.
6. Jack W. Scannell et al., "Diagnosing the Decline in Pharmaceutical R&D Efficiency", *Nature Reviews Drug Discover*, vol. 11, n. 3, pp. 191-200, mar. 2012.
7. Richard Van Noorden, "Science Publishing: The Trouble with Retractions", *Nature*, 5 out. 2011, nature.com.
8. F. C. Fang; A. Casadevall, "Retracted Science and the Retraction Index", *Infection and Immunity* 79, vol. 79, n. 10, pp. 3855-9, 2011.
9. F. C. Fang; R. G. Steen; A. Casadevall, "Misconduct Accounts for the Majority of Retracted Scientific Publications", *FAS*, 16 out. 2012, pnas.org.
10. Daniele Fanelli, "How Many Scientists Fabricate and Falsify Research? A Systematic Review and Meta-Analysis of Survey Data", *PLOS One*, 29 maio 2009, *PLOS One*, journals.pl.
11. F. C. Fang; R. G. Steen; A. Casadevall, "Why Has the Number of Scientific Retractions Increased?", *PLOS One*, 8 jul. 2013, journals.plosone.org.
12. "People Who Mattered 2014", *Time*, dez. 2014, time.com.
13. Yudhijit Bhattacharjee, "The Mind of a Con Man", *New York Times*, 26 abr. 2013, nytimes.com.
14. Monya Baker, "1,500 Scientists Lift the Lid on Reproducibility", *Nature*, 25 maio 2016, nature.com.

15. Para saber mais sobre os cálculos desse experimento, ver Jean-François Puget, "Green Dice Are Loaded (Welcome to P-Hacking)", postagem no blog IBM Developer-Works, 22 mar. 2016, ibm.com.
16. M. L. Head et al., "The Extent and Consequences of P-Hacking in Science", *PLOS Biology*, vol. 13, n. 3, 2015.
17. John P. A. Ioannidis, "Why Most Published Research Findings Are False", *PLOS One*, ago. 2005.
18. Derek J. de Solla Price, *Little Science, Big Science*. Nova York: Columbia University Press, 1963.
19. Siebert; Machesky; Insall, "Overflow in Science and Its Implications for Trust", *eLife*, 14 set. 2015, ncbi.nlm.nih.gov.
20. Ibid.
21. Michael Eisen, "Peer Review Is F***ed Up — Let's Fix It", postagem em blog pessoal, 28 out. 2011, michaeleisen.org.
22. Emily Singer, "Biology's Big Problem: There's Too Much Data to Handle", *Wired*, 11 out. 2013, wired.com.
23. Lisa Grossman; Maggie McKee, "Is the LHC Throwing Away Too Much Data?", *New Scientist*, 14 mar. 2012, newscientist.com.
24. Jack W. Scannell et al., "Diagnosing the Decline in Pharmaceutical R&D Efficiency", *Nature Reviews Drug Discovery*, vol. 11, n. 3, pp. 191-200, mar. 20112.
25. Philip Ball, *Invisible: The Dangerous Allure of the Unseen*. Londres: Bodley Head, 2014.
26. Daniel Clery, "Secretive Fusion Company Claims Reactor Breakthrough", *Science*, 24 ago. 2015, sciencemag.org.
27. E. A. Baltz et al., "Achievement of Sustained Net Plasma Heating in a Fusion Experiment with the Optometrist Algorithm", *Nature Scientific Reports*, vol. 7, 2017, nature.com.
28. Albert van Helden; Thomas Hankins (Orgs.), *Osiris, Volume 9: Instruments*. Chicago: University of Chicago Press, 1994.

5. Complexidade [pp. 120-55]

1. Guy Debord, "Introduction to a Critique of Urban Geography", *Les Lèvres Nues*, n. 6, 1955. Disponível em: <www.library.nothingness.org>.
2. James Bridle, The Nor, série de textos, 2014-5. Disponível em: <www.shorttermmemoryloss.com>.
3. Id., "All Cameras are Police Cameras", The Nor, nov. 2014.
4. Id., "Living in the Electromagnetic Spectrum", The Nor, dez. 2014.
5. Christopher Steiner, "Wall Street's Speed War", *Forbes*, 9 set. 2010, forbes.com.
6. Kevin Fitchard, "Wall Street Gains an Edge by Trading Over Microwaves", *GigaOM*, 10 fev. 2012, gigaom.com.

7. Luis A. Aguilar, "Shedding Light on Dark Pools", US Securities and Exchange Commission, 18 nov. 2015, sec.gov.

8. "Barclays and Credit Suisse are Fined Over US 'Dark Pools'", BBC, 1 fev. 2016, bbc.com.

9. Martin Arnold et al., "Banks Start to Drain Barclays Dark Pool", *Financial Times*, 26 jun. 2014, ft.com.

10. Care Quality Commission, relatório sobre o Hillingdon Hospital, 2015, cqc.org.uk/location/RAS01.

11. Aneurin Bevan, *In Place of Fear*. Londres: William Heinemann, 1952.

12. Correspondência com o Hillingdon Hospital NHS Trust, 2017, whatdotheyknow.com/request/hillingdon_hospital_structure_us.

13. Chloe Mayer, "England's NHS Hospitals and Ambulance Trusts Have £700 Million Deficit", *Sun*, 23 maio 2017, thesun.co.uk.

14. Michael Lewis, *Flash Boys*. Nova York: W. W. Norton & Company, 2014. [Ed. bras.: *Flash Boys: Revolta em Wall Street*. Trad. de Denise Bottmann. Rio de Janeiro: Intrínseca, 2014.]

15. Ibid.

16. "Forget the 1%", *Economist*, 6 nov. 2014, economist.com.

17. Thomas Piketty, *Capital in the Twenty-First Century*. Cambridge, MA: Harvard University Press, 2014. [Ed. bras.: *O capital no século XXI*. Trad. de Monica Baumgarten de Bolle. Rio de Janeiro: Intrínseca, 2014.]

18. Jordan Golson, "Uber Is Using In-App Podcasts to Dissuade Seattle Drivers From Unionizing", *Verge*, 14 mar. 2017, theverge.com.

19. Carla Green; Sam Levin, "Homeless, Assaulted, Broke: Drivers Left Behind as Uber Promises Change at the Top", *Guardian*, 17 jun. 2017, theguardian.com.

20. Ben Kentish, "Hard-Pressed Amazon Workers in Scotland Sleeping in Tents Near Warehouse to Save Money", *Independent*, 10 dez. 2016, independent.co.uk.

21. Kate Knibbs, "Uber Is Faking Us Out With 'Ghost Cabs' on Its Passenger Map", *Gizmodo*, 28 jul. 2015, gizmodo.com.

22. Kashmir Hill, "'God View': Uber Allegedly Stalked Users For Party-Goers' Viewing Pleasure", *Forbes*, 3 out. 2014, forbes.com.

23. Julia Carrie Wong, "Greyball: How Uber Used Secret Software to Dodge the Law", *Guardian*, 4 mar. 2017, theguardian.com.

24. Russell Hotten, "Volkswagen: The Scandal Explained", BBC, 10 dez. 2015, bbc.com.

25. Guillaume P. Chossière et al., "Public Health Impacts of Excess NOx Emissions from Volkswagen Diesel Passenger Vehicles in Germany", *Environmental Research Letters*, vol. 12, 2017, iopscience.iop.org.

26. Sarah O'Connor, "When Your Boss Is An Algorithm", *Financial Times*, 8 set. 2016, ft.com.

27. Jill Treanor, "The 2010 'Flash Crash': How It Unfolded", *Guardian*, 22 abr. 2015, theguardian.com.

28. "Singapore Exchange Regulators Change Rules Following Crash", *Singapore News*, 3 ago. 2014, singaporenews.net.

29. Netty Idayu Ismail; Lillian Karununga, "Two-Minute Mystery Pound Rout Puts Spotlight on Robot Trades", *Bloomberg*, 7 out. 2017, bloomberg.com.

30. John Melloy, "Mysterious Algorithm Was 4% of Trading Activity Last Week", CNBC, 8 out. 2012, cnbc.com.

31. Samantha Murphy, "AP Twitter Hack Falsely Claims Explosions at White House", *Mashable*, 23 abr. 2013, mashable.com.

32. Bloomberg Economics, @economics, postagem no Twitter, 23 abr. 2013, 12:23 p.m.

33. Para mais exemplos do Zazzle, ver Babak Radboy, "Spam-Erican Apparel", *DIS*, dismagazine.com.

34. Roland Eisenbrand; Scott Peterson, "This Is The German Company Behind The Nightmarish Phone Cases On Amazon", *OMR*, 25 jul. 2017, omr.com.

35. Jose Pagliery, "Man Behind 'Carry On' T-Shirts Says Company Is 'Dead'", *CNN Money*, 5 mar. 2013, money.cnn.com.

36. Hito Steyerl; Kate Crawford, "Data Streams", *New Inquiry*, 23 jan. 2017, thenewinquiry.com.

37. Ryan Lawler, "August's Smart Lock Goes On Sale Online And At Apple Retail Stores For $250", *TechCrunch*, 14 out. 2014, techcrunch.com.

38. Iain Thomson, "Firmware Update Blunder Bricks Hundreds of Home 'Smart' Locks", *Register*, 11 ago. 2017, theregister.co.uk.

39. John Leyden, "Samsung Smart Fridge Leaves Gmail Logins Open to Attack", *Register*, 24 ago. 2017, theregister.co.uk.

40. Timothy J. Seppala, "Hackers Hijack Philips Hue Lights with a Drone", *Engadget*, 3 nov. 2016, engadget.com.

41. Lorenzo Franceschi-Bicchierai, "Blame the Internet of Things for Destroying the Internet Today", *Motherboard*, 21 out. 2016, motherboard.vice.com.

42. Yossi Melman, "Computer Virus in Iran Actually Targeted Larger Nuclear Facility", *Haaretz*, 28 set. 2010, haaretz.com.

43. Malcolm Gladwell, "The Formula", *New Yorker*, 16 out. 2006, newyorker.com.

44. Gareth Roberts, "Tragedy as Computer Gamer Dies After 19-Hour Session Playing World of Warcraft", *Mirror*, 3 mar. 2015, mirror.co.uk; Kirstie McCrum, "Tragic Teen Gamer Dies After 'Playing Computer for 22 Days in a Row'", *Mirror*, 3 set. 2015, mirror.co.uk.

45. Entrevista do autor com a equipe médica do Hospital Evangelismos, Atenas, Grécia, 2016.

46. Ver, por exemplo, Nick Srnicek; Alex Williams, *Inventing the Future: Post-capitalism and a World Without Work* (Londres e Nova York: Verso, 2015).
47. Deborah Cowen, *The Deadly Life of Logistics*. Minneapolis, MN: University of Minnesota Press, 2014.
48. Bernard Stiegler, *Technics and Time 1: The Fault of Epimetheus*. Redwood City, CA: Stanford University Press, 1998, citado em Alexander Galloway, "Brometheanism", *boundary* 2, 21 jun. 2017, boundary2.org.

6. Cognição [pp. 156-84]

1. Jeff Kaufman, "Detecting Tanks", postagem em blog, 2015, jefftk.com.
2. "New Navy Device Learns by Doing", *New York Times*, 8 jul. 1958.
3. Joaquín M. Fuster, "Hayek in Today's Cognitive Neuroscience". In: Leslie Marsh (Org.), *Hayek in Mind: Hayek's Philosophical Psychology*. Advances in Austrian Economics, vol. 15, Emerald Books, 2011.
4. Jay Yarow, "Google Co-Founder Sergey Brin: We Will Make Machines That 'Can Reason, Think, And Do Things Better Than We Can'", *Business Insider*, 6 jul. 2014, businessinsider.com.
5. Quoc V. Le et al., "Building High-Level Features Using Large Scale Unsupervised Learning", *Proceedings of the 29th International Conference on Machine Learning*, Edimburgo, Escócia, Reino Unido, 2012.
6. Tom Simonite, "Facebook Creates Software That Matches Faces Almost as Well as You Do", *MIT Technology Review*, 17 mar. 2014, technologyreview.com.
7. Xiaolin Wu; Xi Zhang, "Automated Inference on Criminality Using Face Images", *ARXIV*, nov. 2016, arxiv.org.
8. Id., "Responses to Critiques on Machine Learning of Criminality Perceptions", *ARXIV*, maio 2017, arxiv.org.
9. Stephen Wright; Ian Drury, "How Old Are They Really?", *Daily Mail*, 19 out. 2016, dailymail.co.uk.
10. Wu; Zhang, "Responses to Critiques on Machine Learning", op. cit.
11. Id., "Automated Inference on Criminality Using Face Images", op. cit.
12. "Racist Camera! No, I Did Not Blink... I'm Just Asian!", postagem em blog, maio 2009, jozjozjoz.com.
13. "HP Cameras Are Racist", vídeo no YouTube, usuário: wzamen01, 10 dez. 2009.
14. David Smith, "'Racism' of Early Colour Photography Explored in Art Exhibition", *Guardian*, 25 jan. 2013, theguardian.com.
15. Phillip Martin, "How A Cambridge Woman's Campaign Against Polaroid Weakened Apartheid", *WGBH News*, 9 dez. 2013, news.wgbh.org.
16. Hewlett-Packard, "Global Citizenship Report 2009", hp.com.
17. Trevor Paglen, "re:publica 2017 | Day 3 — Livestream Stage 1 — English", vídeo no YouTube, usuário: re:publica, 10 maio 2017.

18. Walter Benjamin, "Theses on the Philosophy of History". In: *Walter Benjamin: Selected Writings, Vol. 4: 1938-1940*. Cambridge, MA: Harvard University Press, 2006.

19. PredPol, "5 Common Myths about Predictive Policing", predpol.com.

20. G. O. Mohler et al., "Self-Exciting Point Process Modeling of Crime", *JASA*, vol. 106, 2011.

21. Daniel Jurafsky; James H. Martin, *Speech and Language Processing: An Introduction to Natural Language Processing, Computational Linguistics, and Speech Recognition*. 2. ed. Upper Saddle River, NJ: Prentice Hall, 2009.

22. Walter Benjamin, "The Task of the Translator". In: Marcus Bullock; Michael W. Jennings (Orgs.). *Selected Writings Volume 1 1913-1926*. Cambridge, MA; Londres: Belknap Press, 1996. [Ed. bras.: "A tarefa do tradutor". Trad. de Susana Kampff Lages. In: Werner Heidermann (Org.), *Clássicos da teoria da tradução vol. 1: Alemão-português*. Florianópolis: UFSC, 2010. pp. 202-33]

23. Murat Nemet-Nejat, "Translation: Contemplating Against the Grain", *Cipher*, 1999, cipherjournal.com.

24. Tim Adams, "Can Google Break the Computer Language Barrier?", *Guardian*, 19 dez. 2010, theguardian.com.

25. Gideon Lewis-Kraus, "The Great A.I. Awakening", *New York Times*, 14 dez. 2016, nytimes.com.

26. Cade Metz, "How Google's AI Viewed the Move No Human Could Understand", *Wired*, 14 mar. 2016, wired.com.

27. Iain M. Banks, *Excession*. Londres: Orbit Books, 1996.

28. Sanjeev Arora et al., "RAND-WALK: A Latent Variable Model Approach to Word Embeddings", *ARXIV*, 12 fev. 2015, arxiv.org.

29. Alec Radford; Luke Metz; Soumith Chintala, "Unsupervised Representation Learning with Deep Convolutional Generative Adversarial Networks", *ARXIV*, 19 nov. 2015, arxiv.org.

30. Robert Elliott Smith, "It's Official: AIs Are Now Re-Writing History", postagem em blog, out. 2014, robertelliottsmith.com.

31. Stephen Levy, "Inside Deep Dreams: How Google Made Its Computers Go Crazy", *Wired*, 12 nov. 2015, wired.com.

32. Liat Clark, "Google's Artificial Brain Learns to Find Cat Videos", *Wired*, 26 jun. 2012, wired.com.

33. Melvin Johnson et al., "Google's Multilingual Neural Machine Translation System: Enabling Zero-Shot Translation", *ARXIV*, 14 nov. 2016, arxiv.org.

34. Martín Abadi; David G. Andersen, "Learning to Protect Communications with Adversarial Neural Cryptography", *ARXIV*, 2016, arxiv.org.

35. Isaac Asimov, *I, Robot*. Nova York: Doubleday, 1950. [Ed. bras.: *Eu, robô*. Trad. de Aline Storto Pereira. São Paulo: Aleph, 2014.]
36. Chris Baraniuk, "The Cyborg Chess Players That Can't Be Beaten", *BBC Future*, 4 dez. 2015, bbc.com.

7. Cumplicidade [pp. 185-213]

1. Nick Hopkins; Sandra Laville, "London 2012: MI5 Expects Wave of Terrorism Warnings before Olympics", *Guardian*, jun. 2012, theguardian.com.
2. Jerome Taylor, "Drones to Patrol the Skies above Olympic Stadium", *Independent*, 25 nov. 2011, independent.co.uk.
3. "£13,000 Merseyside Police Drone Lost as It Crashes into River Mersey", *Liverpool Echo*, 31 out. 2011, liverpoolecho.co.uk.
4. FOI Request, "Use of UAVs by the MPS", 19 mar. 2013. Disponível em: <www.whatdotheyknow.com>.
5. David Robarge, "The Glomar Explorer in Film and Print", *Studies in Intelligence*, vol. 16, n. 1, pp. 28-9, mar 2012.
6. Citado no parecer escrito de autoria do juiz J. Skelly Wright, Phillippi v. CIA, United States Court of Appeals for the District of Columbia Circuit, 1976.
7. Ou acesse @glomarbot no Twitter, uma busca automática criada pelo autor.
8. W. Diffie; M. Hellman, "New Directions in Cryptography", *IEEE Transactions on Information Theory*, vol. 22, n. 6, pp. 644-54, 1976.
9. "GCHQ Trio Recognised for Key to Secure Shopping Online", BBC News, 5 out. 2010, bbc.co.uk.
10. Dan Goodin, "How the NSA Can Break Trillions of Encrypted Web and VPN Connections", *Ars Technica*, 15 out. 2015, arstechnica.co.uk.
11. Tom Simonite, "NSA Says It 'Must Act Now' Against the Quantum Computing Threat", *Technology Review*, 3 fev. 2016, technologyreview.com.
12. Rebecca Boyle, "Nasa Adopts Two Spare Spy Telescopes, Each Maybe More Powerful Than Hubble", *Popular Science*, 5 jun. 2012, popsci.com.
13. Daniel Patrick Moynihan, *Secrecy: The American Experience*. New Haven, CT: Yale University Press, 1998.
14. Zeke Miller, "JFK Files Release Is Trump's Latest Clash With Spy Agencies", *New York Times*, 28 out. 2017, nytimes.com.
15. Ian Cobain, *The History Thieves*. Londres: Portobello Books, 2016.
16. Ibid.
17. Ibid.
18. Ian Cobain; Richard Norton-Taylor, "Files on UK Role in CIA Rendition Accidentally Destroyed, Says Minister", *Guardian*, 9 jul. 2014, theguardian.com.
19. "Snowden-Interview: Transcript", NDR, 26 jan. 2014, ndr.de.

20. Glyn Moody, "NSA Spied on EU Politicians and Companies with Help from German Intelligence", *Ars Technica*, 24 abr. 2014, arstechnica.com.

21. "Optic Nerve: Millions of Yahoo Webcam Images Intercepted by GCHQ", *Guardian*, 28 fev. 2014, theguardian.com.

22. "NSA Offers Details on 'LOVEINT'", *Cnet*, 27 set. 2013, cnet.com.

23. Kaspersky Lab, *The Regin Platform: Nation-State Ownage of GSM Networks*, 24 nov. 2014. Disponível em: <www.securelist.com>.

24. Ryan Gallagher, "From Radio to Porn, British Spies Track Web Users' Online Identities", *Intercept*, 25 set. 2015, theintercept.com.

25. Andy Greenberg, "These Are the Emails Snowden Sent to First Introduce His Epic NSA Leaks", *Wired*, 13 out. 2014, wired.com.

26. James Risen; Eric Lichtblau, "Bush Lets U.S. Spy on Callers Without Courts", *New York Times*, 16 dez. 2005, nytimes.com.

27. James Bamford, "The NSA Is Building the Country's Biggest Spy Center (Watch What You Say)", *Wired*, 14 mar. 2012, wired.com.

28. "Wiretap Whistle-Blower's Account", *Wired*, 6 abr. 2006, wired.com.

29. "Obama Admits Intelligence Failures Over Jet Bomb Plot", BBC News, 6 jan. 2010, news.bbc.co.uk.

30. Bruce Crumley, "Flight 253: Too Much Intelligence to Blame?", *Time*, 7 jan. 2010, time.com.

31. Christopher Drew, "Military Is Awash in Data From Drones", *New York Times*, 20 jan. 2010, nytimes.com.

32. "GCHQ Mass Spying Will 'Cost Lives in Britain', Warns ex-NSA Tech Chief", *The Register*, 6 jan. 2016, theregister.co.uk.

33. Ellen Nakashima, "NSA Phone Record Collection Does Little to Prevent Terrorist-Attacks", *Washington Post*, 12 jan. 2014, washingtonpost.com.

34. New America Foundation, "Do NSA's Bulk Surveillance Programs Stop Terrorists?", 13 jan. 2014, newamerica.org.

35. Jennifer King; Deirdre Mulligan; Stephen Rafael, "CITRIS Report: The San Francisco Community Safety Program", UC Berkeley, 17 dez. 2008. Disponível em: <www.wired.com>.

36. K. Pease, "A Review Of Street Lighting Evaluations: Crime Reduction Effects", *Crime Prevention Studies*, vol. 10, 1999.

37. Stephen Atkins, "The Influence Of Street Lighting On Crime And Fear Of Crime", Crime Prevention Unit Paper 28, UK Home Office, 1991. Disponível em: <www.popcenter.org>.

38. Julian Assange, "State and Terrorist Conspiracies", *Cryptome*, 10 nov. 2006, cryptome.org.

39. Caroline Elkins, *Imperial Reckoning: The Untold Story of Britain's Gulag in Kenya*. Nova York: Henry Holt and Company, 2005.

40. "Owners Watched Fort McMurray Home Burn to Ground Over iPhone", vídeo no YouTube, usuário: Storyful News, 6 maio 2016.

8. Conspiração [pp. 214-44]

1. Joseph Heller, *Catch-22*. Nova York: Simon & Schuster, 1961. [Ed. bras.: *Ardil 22*. Trad. de A. B. Pinheiro de Lemos e Mariana Menezes. Rio de Janeiro: Best Seller, 2010.]

2. Ver James Bridle, "Planespotting", postagem em blog, 18 dez. 2013, booktwo. org e outros textos do autor.

3. Para um bom resumo do julgamento, ver: Kevin Hall, *The ABC Trial* (2006), publicado originalmente em ukcoldwar.simplenet.com, arquivado em archive.li/IxfT4.

4. Richard Aldrich, GCHQ: *The Uncensored Story of Britain's Most Secret Intelligence Agency*. Nova York: HarperPress, 2010.

5. Duncan Campbell, "GCHQ" (resenha), *New Statesman*, 28 jun. 2010, newstatesman.com.

6. Chris Blackhurst, "Police Robbed of Millions in Plane Fraud", *Independent*, 19 maio 1995, independent.co.uk.

7. US Air Force, "Weather as a Force Multiplier: Owning the Weather in 2025", 1996, csat.au.af.mil.

8. "Take Ur Power Back!!: Vote to Leave the EU", vídeo no YouTube, usuário: Flat Earth Addict, 21 jun. 2016.

9. "Nigel Farage's Brexit Victory Speech in Full", *Daily Mirror*, 24 jun. 2016, mirror.co.uk.

10. Carey Dunne, "My Month with Chemtrails Conspiracy Theorists", *Guardian*, maio 2017, theguardian.com.

11. Ibid.

12. International Cloud Atlas, cloudatlas.wmo.int.

13. A. Bows; K. Anderson; P. Upham, *Aviation and Climate Change: Lessons for European Policy*. Nova York: Routledge, 2009.

14. Nicola Stuber et al., "The Importance of the Diurnal and Annual Cycle of Air Traffic for Contrail Radiative Forcing", *Nature*, vol. 441, jun. 2006.

15. Patrick Minnis et al., "Contrails, Cirrus Trends, and Climate", *Journal of Climate*, vol. 17, 2006. Disponível em: <www.areco.org>.

16. Ésquilo, *Prometeu acorrentado*, aprox. 430 a.C., 477: "Esclareci as muitas mensagens contidas nos voos de aves de rapina — as favoráveis e as agourentas".

17. Susan Schuppli, "Can the Sun Lie?". In: *Forensis: The Architecture of Public Truth*. Forensic Architecture, Berlim: Sternberg Press, 2014, pp. 56-64.

18. Kevin van Paassen, "New Documentary Recounts Bizarre Climate Changes Seen by Inuit Elders", *Globe and Mail*, 19 out. 2010, theglobeandmail.com.

19. SpaceWeather.com, Time Machine, situação em 2 de julho de 2009.

20. Carol Ann Duffy, "Silver Lining", *Sheer Poetry*, 2010, sheerpoetry.co.uk.

21. Lord Byron, "Trevas", 1816. [Trad. de Castro Alves.]

22. Richard Panek, "'The Scream', East of Krakatoa", *New York Times*, 8 fev. 2004, nytimes.com.

23. Leo Hickman, "Iceland Volcano Gives Warming World Chance to Debunk Climate Sceptic Myths", *Guardian*, 21 abr. 2010, theguardian.com.

24. David Adam, "Iceland Volcano Causes Fall in Carbon Emissions as Eruption Grounds Aircraft", *Guardian*, 19 abr. 2010, theguardian.com.

25. "Do Volcanoes Emit More CO_2 than Humans?", *Skeptical Science*, skepticalscience.com.

26. J. Pongratz et al., "Coupled Climate-Carbon Simulations Indicate Minor Global Effects of Wars and Epidemics on Atmospheric CO_2 between AD 800 and 1850", *Holocene* 21:5 (2011).

27. Simon L. Lewis; Mark A. Maslin, "Defining the Anthropocene", *Nature*, vol. 519, mar. 2015, nature.com.

28. David J. Travis; Andrew M. Carleton; Ryan G. Lauritsen, "Climatology: Contrails Reduce Daily Temperature Range", *Nature*, vol. 418, ago, 2002, 601.

29. Douglas Hofstader, "The Paranoid Style in American Politics", *Harper's*, nov. 1964, harpers.org.

30. Fredric Jameson, "Cognitive Mapping". In: C. Nelson; L. Grossberg (Orgs.), *Marxism and the Interpretation of Culture*. Champaign, IL: University of Illinois Press, 1990.

31. Hofstader, "The Paranoid Style in American Politics".

32. Dylan Matthews, "Donald Trump Has Tweeted Climate Change Skepticism 115 Times. Here's All of It", *Vox*, 1 jun. 2017, vox.com.

33. Tim Murphy, "How Donald Trump Became Conspiracy Theorist in Chief", *Mother Jones*, nov./dez. 2016, motherjones.com.

34. *The Alex Jones Show*, 11 ago. 2016. Disponível em: <www.mediamatters.org>.

35. US Air Force, "Weather as a Force Multiplier".

36. Mike Jay, *The Influencing Machine: James Tilly Matthews and the Air Loom*. Londres: Strange Attractor Press, 2012.

37. Edmund Burke, *Reflections on the Revolution in France*. Londres: James Dodsley, 1790.

38. V. Bell et al., "'Mind Control' Experiences on the Internet: Implications for the Psychiatric Diagnosis of Delusions", *Psychopathology*, vol. 39, n. 2, pp. 87-91, 2006.

39. Will Storr, "Morgellons: A Hidden Epidemic or Mass Hysteria?", *Guardian*, 7 maio 2011, theguardian.com.

40. Jane O'Brien; Matt Danzico, "'Wi-Fi Refugees' Shelter in West Virginia Mountains", BBC, 13 set. 2011, bbc.co.uk.

41. "The Extinction of the Grayzone", *Dabiq* 7, 12 fev. 2015.

42. Murtaza Hussain, "Islamic State's Goal: 'Eliminating the Grayzone' of Coexistence between Muslims and the West", *Intercept*, 17 nov. 2015, theintercept.com.
43. Hal Brands, "Paradoxes of the Gray Zone", Foreign Policy Research Institute, 5 fev. 2016, fpri.org.

9. Concomitância [pp. 245-72]

1. Adrienne Lafrance, "The Algorithm That Makes Preschoolers Obsessed with YouTube", *Atlantic*, 25 jul. 2017, theatlantic.com.
2. Paul McCann, "To Teletubby or Not to Teletubby", *Independent*, 12 out. 1997, independent.co.uk.
3. Christopher Mims, "Google: Psy's 'Gangnam Style' Has Earned $8 Million On YouTube Alone", *Business Insider*, 23 jan. 2013, businessinsider.com.
4. "Top 500 Most Viewed YouTube Channels", SocialBlade, out. 2017, socialblade.com.
5. Ben Popper, "Youtube's Biggest Star Is A 5-Year-Old That Makes Millions Opening Toys", *Verge*, 22 dez. 2016, theverge.com.
6. Blu Toys Club Surprise, canal do YouTube.
7. Play Go Toys, canal do YouTube.
8. Samanth Subramanian, "The Macedonian Teens Who Mastered Fake News", *Wired*, 15 fev. 2017, wired.com.
9. "Finger Family", vídeo no YouTube, usuário: Leehosok, 25 maio 2007.
10. Bounce Patrol Kids, canal do YouTube.
11. Charleyy Hodson, "We Need To Talk About Why THIS Creepy AF Video Is Trending On YouTube", *We The Unicorns*, 19 jan. 2017, wetheunicorns.com.
12. Em novembro de 2017, depois que publiquei uma matéria sobre o assunto, o Toy Freaks e vários outros canais citados no texto foram retirados do YouTube. À época em que escrevi, contudo, ainda era possível encontrar muitos canais e vídeos similares na plataforma. Ver "Children's YouTube Is Still Churning Out Blood, Suicide and Cannibalism", *Wired*, 23 mar. 2018, wired.co.uk.
13. "Freak Family", página no Facebook administrada por Nguyễn Hùng, facebook.com/touyentb2010.
14. Sapna Maheshwari, "On YouTube Kids, Startling Videos Slip Past Filters", *New York Times*, 4 nov. 2017, nytimes.com.
15. David Remnick, "Obama Reckons with a Trump Presidency", *New Yorker*, 28 nov. 2016, newyorker.com.
16. Subramanian, "The Macedonian Teens Who Mastered Fake News".
17. Lalage Harris, "Letter from Veles", *Calvert Journal*, 2017, calvertjournal.com.

18. "The Name Game", *Economist*, 2 abr. 2009, economist.com.

19. "Macedonia Police Examine Death Threats Over Name Dispute", *International Herald Tribune*, 27 mar. 2008. Disponível em: <www.archive.li/nkYzJ>. Acesso em: 2 ago. 2019.

20. Joanna Berendt, "Macedonia Government Is Blamed for Wiretapping Scandal", *New York Times*, 21 jun. 2015, nytimes.com.

21. "Macedonia: Society on Tap", vídeo no YouTube, usuário: Privacy International, 29 mar. 2016.

22. Adrian Chen, "The Agency", *New York Times*, 2 jun. 2015, nytimes.com.

23. Adrian Chen, "The Real Paranoia-Inducing Purpose of Russian Hacks", *New Yorker*, 27 jul. 2016, newyorker.com.

24. YouGov Poll, "The Times Results EU Referendum 160613", 13-14 jun. 2016.

25. Andrew Griffin, "Brexit Supporters Urged to Take Their Own Pens to Polling Stations Amid Fears of MI5 Conspiracy", *Independent*, 23 jun. 2016, independent.co.uk.

26. Carole Cadwalladr, "The Great British Brexit Robbery: How Our Democracy Was Hijacked", *Guardian*, 7 maio 2017, theguardian.com.

27. Carole Cadwalladr, "Trump, Assange, Bannon, Farage... Bound Together in an Unholy Alliance", *Guardian*, 27 out. 2017, theguardian.com.

28. Robert Booth et al., "Russia Used Hundreds of Fake Accounts to Tweet about Brexit, Data Shows", *Guardian*, 14 nov. 2017, theguardian.com.

29. Marco T. Bastos; Dan Mercea, "The Brexit Botnet and User-Generated Hyperpartisan News", *Social Science Computer Review*, 10 out. 2017.

30. Alessandro Bessi; Emilio Ferrara, "Social Bots Distort the 2016 U.S. Presidential Election Online Discussion", *First Monday*, vol. 21, n. 11, nov. 2006, firstmonday.org.

31. Annalee Newitz, "The Fembots of Ashley Madison", *Gizmodo*, 27 ago. 2015, gizmodo.com.

10. *Cumulus* [pp. 273-85]

1. Matthew Holehouse, "Bilderberg Group 2013: Guest List and Agenda", *Telegraph*, 6 jun. 2013, telegraph.co.uk.

2. Eric Schmidt, "Action This Day — Eric Schmidt, Zeitgeist Europe 2013", vídeo no YouTube, usuário: ZeitgeistMinds, 20 maio 2013.

3. Ibid.

4. William Ferroggiaro, "The U.S. and the Genocide in Rwanda 1994", The National Security Archive, 24 mar. 2004, nsarchive2.gwu.edu.

5. Russell Smith, "The Impact of Hate Media in Rwanda", BBC, 3 dez. 2003, news.bbc.co.uk.

6. Keith Harmon Snow, "Pentagon Satellite Photos: New Revelations Concerning 'The Rwandan Genocide'", *Global Research*, 11 abr. 2012, globalresearch.ca.

7. Keith Harmon Snow, "Pentagon Produces Satellite Photos Of 1994 Rwanda Genocide", *Conscious Being*, abr. 2012, consciousbeingalliance.com.

8. Florence Hartmann; Ed Vulliamy, "How Britain and the US Decided to Abandon Srebrenica to Its Fate", *Observer*, 4 jul. 2015, theguardian.com.

9. "Srebrenica: The Days of Slaughter", *New York Times*, 29 out. 1995, nytimes.com.

10. Ishaan Tharoor, "The Destruction of a Nation: Syria's War Revealed in Satellite Imagery", *Time*, 15 mar. 2013, world.time.com.

11. Samantha Power, "Bystanders to Genocide", *Atlantic*, set. 2001, theatlantic.com.

12. Ofeiba Quist-Arcton, "Text Messages Used to Incite Violence in Kenya", *NPR*, 20 fev. 2008, npr.org.

13. Jan H. Pierskalla; Florian M. Hollenbach, "Technology and Collective Action: The Effect of Cell Phone Coverage on Political Violence in Africa", *American Political Science Review*, vol 107, n. 2, maio 2013.

14. Michael Palmer, "Data Is the New Oil", postagem em blog, ANA, nov. 2006, ana.blogs.com.

15. "The World's Most Valuable Resource Is No Longer Oil, But Data", *Economist*, 6 maio 2017, economist.com.

16. David Reid, "Mastercard's Boss Just Told a Saudi Audience That 'Data Is the New Oil'", CNBC, 24 out. 2017, cnbc.com.

17. Stephen Kerr, MP, Kevin Brennan, MP, discussão sobre "Leaving the EU: Data Protection", 12 out. 2017, transcrição.

18. Palmer, "Data is the New Oil".

19. Para detalhes sobre classificação imperial e batismo forçado, ver James C. Scott, *Seeing Like a State* (New Haven, CT: Yale University Press, 1998).

20. Arundhati Roy, "The End of Imagination", *Guardian*, 1 ago. 1998, theguardian.com.

21. Sandia National Laboratories, "Expert Judgment on Markers to Deter Inadvertent Human Intrusion into the Waste Isolation Pilot Plant", relatório, SAND92-1382/ UC-721, page F-49, wipp.energy.gov.

22. *And into Eternity... Communication Over 10000s of Years: How Will We Tell our Children's Children Where the Nuclear Waste Is?*, Zeitschrift für Semiotik (em alemão), Berlim: Deutschen Gesellschaft für Semiotik 6:3 (1984).

23. Michael Madsen (Dir.), *Into Eternity*, Films Transit International, 2010.

24. Ver projeto Rocky Flats Nuclear Guardianship, "Nuclear Guardianship Ethic Statement", 1990, rev. 2011, rockyflatsnuclearguardianship.org.

Agradecimentos

A minha parceira em tudo, Navine G. Khan-Dossos, obrigado por todo o apoio e paciência, pelas ideias impetuosas e pelo amor abnegado. Agradecimentos especiais a Russell Davies, Rob Faure-Walker, Katherine Brydan, Cally Spooner e Charlie Lloyd, que fizeram a gentileza de ler as primeiras versões e dizer o que achavam. Obrigado a Tom Taylor, Ben Terret, Chris Heathcote, Tom Armitage, Phil Gyford, Alice Bartlett, Dan Williams, Nat Buckley, Matt Jones e às trupes da RIG, da BRIG, da THFT e da Shepherdess, por todas as conversas, e a todo mundo do Infrastructure Club. Obrigado a Kevin Slavin, Hito Steyerl, Susan Schuppli, Trevor Paglen, Karen Barad, Ingrid Burrington, Ben Vickers, Jay Springett, George Voss, Tobias Revell e Kyriaki Goni, pelo que fizeram e por nossas conversas. Obrigado a Luca Barbeni, Honor Harger e Katrina Sluis, pela confiança em meu trabalho. Obrigado a Leo Hollis, pelo convite, e a todo mundo na Verso, por fazer acontecer. Obrigado a Gina Fass e a todos da Romantso em Atenas, onde a maior parte da obra foi escrita, e a Helene Black e Yiannis Colakides da Neme, em Limassol, que me apoiaram nos últimos capítulos. E obrigado a Tom e Eleanor, Howard e Alex, e a meus pais, John e Clemancy, pelo apoio e pelo entusiasmo inabaláveis.

Índice remissivo

D

Créditos das imagens

capa Dansende SKELETTEN, Michel Wolgemut/ Rijksmuseum

p. 37 PJF Military Collection/ Alamy Stock Photo

pp. 40-1 Cortesia da International Business Machines Corporation (IBM) © International Business Machines Corporation, 1948

p. 47 Cortesia de Flightradar24.com

p. 60 Landsat/ Nasa Earth Observatory

p. 62 CDC/ Teresa Hammett/ Public Health Image Library

p. 80 © Crown, Met Office and for outside the UK © British Crown, Met Office. Contém informação do setor público licenciada de acordo com Open Government Licence VI.0

p. 84 *Concorde L449-17*, 1997, Wolfgang Tillmans © Tate, Londres, 2019

pp. 122, 129 Acervo do autor

p. 134 Ben Roberts

p. 159 Cornell University News Services Records 4-3-15, Divisão de Coleções Raras e Manuscritos, Biblioteca da Universidade Cornell

p. 176 Google

p. 224 Karlona Plskova/ WMO

p. 225 Nasa

p. 283 Departamento de Energia dos Estados Unidos

capa
Celso Longo
tratamento de imagens
Carlos Mesquita
gráficos
Martin Lubikowski/ ML Design
preparação
Silvia Massimini Felix
índice remissivo
Luciano Marchiori
revisão
Valquíria Della Pozza
Jane Pessoa

2ª reimpressão, 2023

Dados Internacionais de Catalogação na Publicação (CIP)

Bridle, James (1980-)
   A nova idade das trevas : A tecnologia e o fim do
futuro / James Bridle ; tradução Érico Assis. — 1. ed.
— São Paulo : Todavia, 2019.

   Título original: New Dark Age : Technology and the
End of the Future
   ISBN 978-65-80309-52-8

   1. Processos sociais. 2. Desenvolvimento científico
e tecnológico. 3. Futuro da humanidade. 4. Distopia.
I. Assis, Érico. II. Título.

CDD 303.483

Índice para catálogo sistemático:
1. Desenvolvimento da ciência e tecnologia
(comunicação, computação) 303.483

Bruna Heller — Bibliotecária — CRB 10/2348

todavia
Rua Luís Anhaia, 44
05433.020 São Paulo SP
T. 55 11. 3094 0500
www.todavialivros.com.br

fonte
Register*
papel
Chambril Avena 80 g/m²
impressão
Forma Certa Gráfica Digital